农业教育精品系列教材

新型职业农民创业实务教程

刘云海 编著

中国农业出版社

序

农业是安天下、稳民心的战略产业，没有农业现代化就没有国家现代化。当前，我国总体上已进入加快改造传统农业、走中国特色农业现代化道路的关键时期。建设现代农业，关键在科技进步。我们要为农业插上科技的翅膀，就要按照现代农业发展的要求，适时调整农业技术进步路线，加强农业科技人才队伍建设，大力培养新型职业农民。

近年来，我国农村劳动力加快向非农产业和城镇转移，农业兼业化、农民老龄化、农村空心化日益严重，种粮效益长期偏低，外出农民工特别是新生代农民工不愿回乡务农，农业后继乏人，“谁来种地”问题日益突出。而培养造就新型职业农民队伍，是解决“谁来种地”问题的基础性、战略性工作。大力培育新型职业农民，事关农业农村发展全局和方向，是保障国家粮食安全的战略选择，是构建新型农业经营体系的重要基础。大力培育新型职业农民，重点是要构建包括教育培训、认定管理、扶持政策等相互衔接、有机联系的国家制度体系。教育培训工作是培育新型职业农民的重要前提。根据农民年龄结构、能力素质、产业特点、经营规模、产出效益等各个方面，制定符合农民实际的教育培训计划和教材体系开发，是做好新型职业农民培育工作的关键环节和行动指南，更是我国新型职业农民培育发展的重大制度创新。

该教材是在我国农业向现代农业转变的关键时期，培养新型职业农民的重要教材之一，在编写过程中注重了农业特点、农村实际、农民特征，做到了内容的系统性、实践性、可操作性和创新性，充分吸收了农村改革实践、教学案例和农民教育教学成果，内容充实，语言简练，通俗易懂，是一本大胆改革创新的优秀教材。适用于农村大、中专学生创业和新型职业农民创业培训。

山东省是一个农业大省，新型职业农民培育工作任重道远。希望农业教育工作者充分发挥教材作用，切实做好农业教育和新型职业农民培育工作，为农村经济发展做出应有的贡献。也希望广大农业创业者，认真学习研读教材，学有所获，学有所用，在农村广阔天地里大有作为，建功立业！

山东省农业厅副厅长

2015年7月

前言

本教材是在新农村建设关键时期编写的教材，凝结了最新的新农村建设、农业生产实践、创业研究和教育教学研究成果。

本教材的基本定位是更新创业观念，强化创业理念，激发创业潜能，树立创业信心；借鉴成功创业经验，拓宽创业视野；学习创业原理，理清创业思路，明确创业环节及操作方法，增强创业技能，提高创业本领。本书涉及7个模块：农村创业是农业发展的必然、创业要求、把握商机实施创业、创业原理、创业程序、创业企业管理和农村资源典型项目。从模块内容上看，模块一和模块七贴合了“三农”实际，其他模块均运用了创业实践的一般原理。因此，本书不仅是新型职业农民实施创业的良师益友，也广泛适用于大、中专学生和社会各阶层创业实践活动。

本书具有以下特点：①通俗性。本书避免采用文言、方言等词句，力求通俗易懂。②现实性。为便于理解，在编写过程中坚持了贴近实践、贴近教学、贴近现实的“三贴近”原则，缩小了时空距离，使之更接地气、更容易接受。③创新性。创业实践是随着社会实践不断发展变化的。因此，创业理论与实践根据现实发展进行了大胆创新，使之更加与时俱进。④实践性。创业是一种社会实践活动，是对实践的总结，同时又对实践有指导作用。因此，创业理论都是围绕创业实践展开的。⑤操作性。本书尽量避免空谈理论，做到了理论与实践的统一，着重强调了实践环节的可操作性，使学习变得更加轻松和富有情趣。⑥完整性。本书对创业实施过程需要的各环节进行了系统论述，体现了整个创业的全过程，形成了较为完整的体系。⑦案例性。对于难以理解的理论，一般都跟随有教学案例，以便于读者在学习中理解掌握。

在编写过程中，广泛阅读了有关方面的教材，吸收了最新的创业研究成果，借助了一些网络资源，特别是得到了山东省济宁市高级职业学校部分专业教师的大力协助，在此一并表示感谢。

鉴于作者水平有限，加之编写过程时间仓促，书中肯定有许多不妥之处，敬请同行和读者多提宝贵意见，以便今后修改。

刘云海

2015年8月

目录

模块一

农村创业是农业发展的必然

学习目标：

1. 理解农业经济体制的内涵。
2. 了解我国农业经济体制的变革历程。
3. 了解建设社会主义新农村内涵和建设成果。
4. 从我国农民收入现状分析理解当前新型职业农民创业的必要性。

农村创业离不开农村现实情况和环境条件，当然也需要了解形成当前农村现状的历史背景。因此，了解农村现实的前因，对于把握现实具有重要意义。

项目一　农业经济体制发展演变历程

农业经济体制是在一定生产力水平及其相适应的生产关系基础上的整个农业经济运行的体系和制度的总称。农业生产经营活动，客观上要求存在与生产力水平相适应的经济体制。目前，我国农业经济体制已进入了社会主义市场经济体制阶段。

一、农业经济体制的内涵

农业经济体制的内涵理解有多层次含义，主要有以下几方面：

第一，农业所有制形式是农业经济体制的重要内容。生产资料所有制形式，最终决定着劳动者在生产经营管理中的地位和产品的分配。

第二，农业经济体制是整个国家经济体制的组成部分，要遵循市场经济规律，同样也要受诸如计划、财政、信贷、税收等国家调节手段的制约。

第三，社会经济制度是农业经济体制的基础。我国经济制度的基本特征是生产资料公有制。因此，农业经济体制仍然要突出这一特征。

第四，生产要素配置机制是农业经济体制的重要内容。诸如劳动力、劳动资料、劳动对象、科学技术等自然资源和社会资源要素采用什么样的配置方式，才能高效组合，促进生产力的发展，是农业经济体制展现活力的晴雨表。当前，市场经济体制使得市场化资源配置机制日益突显其优越性，更加体现高效性和合理性。

第五，农业经济体制要体现生产力与生产关系的相互作用形式，形成互相促进、和谐发展的格局。

第六，农业生产经营状况在一定程度上受制于社会环境，营造有利于生产经营发展的外部环境尤为重要，给以政策上支持和必要的服务，对于促进其发展有着重要的意义。

第七，农业经济体制包含生产经营方式。在遵循社会主义公有制前提下，允许所有权和经营权分离，采用不同的生产经营方式，更有利于激活生产要素，促进生产力的发展。

第八，农业经济体制要对经济体内部各层次的权限进行划分，设置组织机构，既有利于保护公有制经济不受侵犯，又有利于调动积极因素，促进生产发展与社会和谐稳定。

另外，政治体制对经济体制有较大作用，对经济体制建立发展完善有着非常重要的影响。

二、我国农业经济体制的变革

自 1949 年中华人民共和国成立以来，我国农业经济体制虽然经历了多个不同的发展阶段，但从土地制度关系这一农业制度的主要指标来看，主要经历了两次大变革，一是建立社会主义农业制度，二是实行家庭联产承包责任制。

（一）建立社会主义农业制度

1. 社会主义农业制度建立之前的经济形式 社会主义农业制度建立之前，我国的农业经济制度的主要表现形式有以下几种：

（1）封建地主、富农土地占有制的经济形式。1950 年冬以前，我国农村人口中不足 10%的地主和富农，占有全国 70%～80%的土地，而占农村人口 90%以上的劳动农民，只占有全国土地的 20%～30%。这种不合理的土地占有关系，造成了地主、富农凭借占有的大量土地，以地租、劳役、高利贷等形式，对劳动农民进行残酷的剥削。这种封建地主、富农土地占有制的经济形式，严重地阻碍了农业生产力的发展。

（2）个体小农经济形式。从 1950 年冬起，至 1952 年底止，中国共产党带领广大农民进行土地改革，废除封建的地主、富农土地所有制，实行了“耕者有其田”的土地制度，即土地个体私有的家庭生产经营的经济形式。土地改革，使占农村人口60%～70%的无地或少地的农民，获得了大约0.46亿公顷耕地，免除了农民每年向地主交纳的约350亿千克粮食的地租，铲除了封建地主剥削制度，促进了农业生产力的迅速发展。

农民所有的土地所有制，是以小面积土地所有制为基础的小农经济。小农经济是个体私有的封闭式的自然经济，在当时经济条件下，有其积极的成分，也有其不利于发展的弊端。

(3) 农民个体占有土地基础上的劳动合作经济形式。1952年底至1955年夏，一家一户的个体占有土地的农民，自愿组织互助组，组建初级农业生产合作社，此时仍保留农民私有制形式，实行劳动环节上的合作。

互助组是由几户或十几户农民按照自愿互利原则组织起来的生产经营方式。其特点是：土地等生产资料仍归农民私人所有，个体分散经营，实行集体劳动，产品和收入归农户个体所有和支配。

初级农业生产合作社是在互助组的基础上，以个体农民自愿组织起来的半社会主义性质的集体经济组织。它的特点是土地入股，耕畜、农具作价入社，由社实行统一经营；社员参加集体劳动，劳动产品在扣除农业税、生产费、公积金、公益金和管理费用之后，按照社员的劳动数量和质量及入社的土地等生产资料的多少进行分配。中华人民共和国成立以后，在部分地区试办。1953年发展到15 053个，参加的农户27.2万户。最多时（1956年1月），达到139.4万个，参加的农户5 903.4万户。

初级农业生产合作社的最高管理机关是社员大会。《农业生产合作社示范章程草案》规定：社员大会行使以下职权：①通过和修改合作社章程；②选举和罢免合作社主任、管理委员会委员、监察委员会主任和委员；③决定土地和其他生产资料入社的报酬、股份基金的征集、全年收入的分配；④决定生产计划和预算、各种工作定额和各种工作定额所应得的劳动日、对外签订的重要合同等；⑤审查和批准管理委员会和监察委员会的工作报告；⑥通过新社员入社；⑦决定对社员的重大奖励和处分，决定开除社员；⑧决定合作社的其他重大事务。社员大会选出的管理委员会管理社务，并选出社主任负责日常工作。初级社为建立公有制经济积累了经验，奠定了基础。

2. 我国农业制度的建立　从1955年底起至1956年底止，我国1.2亿农户，占全国农户总数的96%，都参加了高级农业生产合作社，实行土地和主要生产资料完全归集体所有，农民集中劳动的经济体制，我国农村建立起了社会主义集体公有的经济制度，这一过程大致经历了如下两个阶段：

（1）1956年底至1958年的高级农业生产合作社阶段。高级农业生产合作社简称高级社，是社会主义性质的集体经济组织。其特点是：农民入社的土地，无偿转为集体所有，取消土地报酬；耕畜、大农具作价入社转为集体公有；实行集中劳动，统一经营；产品除缴纳农业税和扣除提留外，完全实行按劳分配。高级社就成为集体所有制的合作经济。至1956年底，全国农村基本上实现高级社化。但正当全国尚沉浸在社会主义改造胜利的欢呼声中时，曾几何时，被认为“蕴含了极大社会主义积极性”的农民，却掀起了“闹社”“退社”的风波，在这种情况下，国家对农村政策做了一定的调整。这些调整，在当时适应了农村的现状，是对合作化后高度统一的农村生产方式的第一次改革，农村生产责任制亦在此萌芽。但由于主客观的原因，这次调整又有不足和缺欠，1957年10月以后就中止了。随后，中国农村又掀起以“一大二公”为特征的人民公社化运动的大潮，以致农村中存在的问题长期没能获得解决。1958年进一步发展为农村人民公社。

（2）1958年至1960年秋的农村人民公社阶段。1958年5月，中共八大二次会议召开，提出了“鼓足干劲，力争上游，多快好省地建设社会主义”的总路线，力图在探索我国建设社会主义的道路上打开一个新局面。会后，“大跃进”运动迅速在全国范围内发动起来。在“大跃进”浪潮中，全国农村一哄而起，大办人民公社。在没有经过试验的情况下，只用一个多月全国就基本实现公社化。同年底，全国74万个农业合作社合并为2.6万个人民公社。农村人民公社是实行“政社合一”高度集中的经济体制。提倡“一大二公”、“一平二调”、“大跃进”，高指标、瞎指挥、浮夸风、“共产风”盛行。提出“超英赶美”的奋斗目标，农业战线连续放出亩产万斤粮的“卫星”，形成全民大炼钢铁热潮，给农业生产和国民经济造成了严重的损失。

尽管这期间出现一些波折，但从1949年初期打破封建的土地所有制至此建立农村人民公社，应该说社会主义农业公有制经济地位已经确立，真正建立实现了社会主义农业制度。

（二）实行家庭联产承包责任制

如果说建立社会主义农业制度使广大农民从私有制受压迫的苦难中解放出来，那么家庭联产承包责任制的实行，开创了我国农业发展史上的黄金时代，是我国农业生产力的第二次大解放。粮食总产量1978年为6 095亿斤*，到

* 斤为非法定计量单位，1（市）斤＝500g。

1984 年就达到 8 146 亿斤，我国农业以占世界 7%的土地养活了占世界 22%的人口，这一奇迹的出现，令世界瞩目。但这一模式的成功实施，并非一帆风顺，公有制经济建立后，经过 20 余年的风风雨雨和不断探索，才终于找到了适合中国国情的农村发展模式——家庭联产承包责任制。

1. 家庭联产承包责任制产生的背景　1960 年秋至 1978 年底“三级所有、队为基础”的经济体制。“三级所有”，即生产资料和产品分别归公社、生产大队和生产队三级集体所有；“队为基础”，即在人民公社的三级集体所有制中，生产队一级的所有制是基本的。“三级所有、队为基础”的集体所有的农业经济体制，是对当时“人民公社”“一大二公”的改革发展，“队为基础”符合实际农业生产力水平。同时，保留了大队、公社已形成的公有财产和劳动积累，为发展和壮大集体公有制经济创造了条件。但是，随着生产力的发展这种管理体制，也日益暴露出弊端，“大呼隆”的集中劳动，“大锅饭”的平均主义分配，严重地挫伤了广大农民的生产积极性，农业生产发展缓慢，农民的收入生活水平徘徊不前，到了 1977 年，农民人均口粮还没达到 1957 年的水平，在一些地方，农民为了解决温饱问题，自发开始了改革农业原有经济体制的尝试。而家庭联产承包责任制就是在这样的背景下，在安徽凤阳的小岗村最先试行的。

2. 家庭联产承包责任制的产生　1978 年以前的小岗村，是全县有名的“吃要靠返销，用钱靠救济、生产靠贷款”的“三靠村”，每年秋收后几乎家家外出讨饭。1978 年安徽大旱，大部分地区已有 10 个月没有下雨，400 多万人口饮水告急，秋种无望。1978 年 11 月 24 日晚上，安徽省凤阳县凤梨公社小岗村 18 位农民在村民严立华家里召开了一次秘密会议。大家签订了一份不到百字的包干保证书。其主要内容有三条：一是分田到户；二是不再伸手向国家要钱要粮；三是如果干部坐牢，社员保证把他们的小孩养活到 18 岁。在当时的 1978 年，这样一个冒天下之大不韪的举动，绝对是一个勇敢而伟大的创举。令人难以置信的情景出现了，1979 年 10 月，小岗村打谷场上一片金黄，经计量，当年粮食总产量 66 吨，相当于全队 1966—1970 年 5 年粮食产量的总和。小岗村的这一举措真是一石激起千层浪。1979 年 9 月召开的党的十一届四中全会通过的《中共中央关于加快农业发展的若干问题的决定》，在政策上为此后的家庭联产承包责任制的产生打开了一个小的缺口。这个《决定》正式颁布后，生产责任制有了进一步发展，但形式仍然主要是小段包工和联产到组。因为包产到组还不能从根本上解决调动农民的积极性问题，因此，不少地方的群众、干部解放思想，从实际出发，采取了包产到户的责任制，要求包产到户的呼声越来越高。1980 年 5 月 31 日，邓小平在一次重要谈话中公开肯定了小岗村大包干的做法。1982 年 1 月 1 日，中共中央批转《全国农村工作会议纪要》，指出目前农村实行的各种责任制，包括小段包工定额计酬，专业承包联产计酬，联产到劳，包产到户、到组，包干到户、到组等，都是社会主义集体经济的生产责任制；1983 年中央下发文件，指出联产承包制是在党的领导下我国农民的伟大创造，是马克思主义农业合作化理论在我国实践中的新发展。农业家庭联产承包责任制确立。

实训与思考

1. 我国社会主义农业制度是怎样建立的？
2. 实行家庭联产承包责任制背景是怎样的？

项目二　家庭联产承包责任制带来的农村变化

一、从农民人均纯收入看农业发展经历的阶段

1. 高速增长阶段（1978—1984 年）　这一阶段高速增长的主要原因是家庭联产承包责任制的实施，使长期压抑的农民激情和干劲如火山一样迸发出来，劳动和物质的投入的巨大潜能，为农民收入增长带来了强大动力，短短 6 年间农民人均纯收入由 133.57 元增加到 355.33 元，增长 2.66 倍，年均递增 17.71%（表 1-1）。

表 1-1　1978—1984 年农民人均纯收入

单位：元

年份	全国农民人均纯收入	增幅（%）
1978	134	
1979	160	19.4
1980	191	19.4
1981	223	16.8
1982	270	21.1
1983	310	14.8
1984	355	14.5

注：资料来自国家统计局统计公报。

2. 缓慢增长阶段（1985—1990 年）　主要原因是劳动者积极性潜能充分发挥以后，农业生产技术不高、农村生产条件设施不完善等问题开始显现出来，农业生产出现徘徊。加之农业生产资料价格也逐年攀升，农业增产不增收的矛盾突出，农民收入在频繁的波动中缓慢增加。此阶段农民收入波动非常明显，农民人均纯收入由 1985 年的 397.6 元增长到 1990 年的 686.31 元，扣除物价影响，年均递增 2.97%（表 1－2）。

表 1－2　1985—1990 年农民人均纯收入

单位：元

年份	全国农民人均纯收入	增幅（%）
1985	398	
1986	424	6.5
1987	463	9.2
1988	545	17.7
1989	602	10.5
1990	686	14.0

注：资料来自国家统计局统计公报。

3. 快速增长阶段（1991—1996 年）　邓小平发表重要的南行讲话和党的十四大提出建立社会主义市场经济体制宏伟目标，市场对生产要素配置起基础性作用的力度加大，国民经济高速增长。从 1993 年 4 月起，全国统一废止使用粮票，粮食市场彻底开放。伴随着粮食市场开放的是市场粮价迅速上涨，并拉动农产品销售价格的整体大幅上升，带来农民收入的大幅度增长。同时，乡镇企业在国民经济的快速发展中也有了新的转机，大批剩余劳动力转向二、三产业，许多农民改变了就业观念，离乡寻求就业门路，农民收入高速增长。这 5 年间农民人均纯收入由 1991 年的 709 元增至 1996 年的 1 926 元，年均增幅高达 22.1%。成为改革开放以来农民收入增长最快的时期（表 1－3）。

表 1－3　1991—1996 年农民人均纯收入

单位：元

年份	全国农民人均纯收入	增幅（%）
1991	709	—
1992	784	10.6
1993	922	17.6

（续）

年份	全国农民人均纯收入	增幅（%）
1994	1 221	32.4
1995	1 578	29.2
1996	1 926	22.1

注：资料来自国家统计局统计公报。

4. 增速下降阶段（1997—2000 年） 1997 年农民收入增长 8.5%。1998 年继续下滑，增速只有 3.4%，1999 年增速进一步回落到 2.2%，2000 年收入增长速度只有 1.9%，农民收入增幅连续 4 年下降，是改革开放 20 多年来的第一次。主要原因是农民对市场经济的不适应，不能根据市场调整产业结构，面对农副产品跌价和价格一段时期持续低迷显得手足无措。事实上当时中国农产品长期短缺，供不应求的局面已基本结束，出现了持续的农产品结构性和地区剩余的新态势。一轮农产品价格的大幅度提升后，粮食、棉花、油料等大宗农产品的国内市场价格已赶上甚至超过国际市场价格，农民通过销售价格来增加收入的空间已非常小。再加上缺乏必要的配套政策，农村市场一度呈现萧条的局面，农民收入的增长进入了低速阶段（表 1－4）。

表 1－4 1997—2000 年农民人均纯收入

单位：元

年份	全国农民人均纯收入	增幅（%）
1997	2 090	—
1998	2 162	3.4
1999	2 210	2.2
2000	2 253	1.9

注：资料来自国家统计局统计公报。

5. 增长回升阶段（2001—2004 年） 随着农民收入增长的趋缓，“三农”问题引起从中央到地方各级政府和社会各界的高度重视。减轻农民负担，增加农民收入成为各级政府的中心工作之一，并采取一系列重大的经济改革措施，主要包括：调整农业经济结构、延长土地承包期、改革粮食流通体制、推进农业产业化经营、实施农村税费改革等。2001 年农民人均纯收入为 2 366.4 元，比上年增加 113 元，增长 5%，扣除价格上涨因素影响，实际增长 4.2%，扭转了增幅连续 4 年下滑的局面。此后几年农民收入一直处于上升趋势（表1-5）。

表1-5　2001—2004年农民人均纯收入

单位：元

年份	全国农民人均纯收入	增幅（%）
2001	2 366	—
2002	2 476	4.6
2003	2 622	5.9
2004	2 936	12.0

注：资料来自国家统计局统计公报。

6. 快速增长期（2004—2013年）　农村居民人均纯收入增量实现了新中国成立以来首次连续10年（计算期为2003—2013）超过300元；2011—2013年农村居民人均纯收入增量均在千元左右。2004年2月8日中央下发《中共中央国务院关于促进农民增加收入若干政策的意见》，这是时隔18年后中央“一号文件”再次聚焦“三农”，再次把“三农”问题作为中央一号文件下发，从2004—2008年，中央又连续发布了5个关于“三农”问题的中央一号文件。主题分别是促进农民增收、提高农业综合生产能力、推进新农村建设、发展现代农业和加强农业基础建设，其核心思想是城市支持农村，工业反哺农业，实行城乡统筹的战略决策和“多予、少取、放活”的方针，重点强调农民增收，给农民平等权利，给农村优先地位，给农业更多反哺。这5个“一号文件”共同形成了新时期加强“三农”工作的基本思路和政策体系，构建了以工促农、以城带乡的制度框架，激发了亿万农民的生产积极性，为农民收入增长带来了强大的动力，促进农业和农村发展取得巨大成就，开创了中国农村改革发展的新局面（表1-6）。

表1-6　2004—2013年农民人均纯收入

单位：元

年份	全国农民人均纯收入	增幅（%）
2004	2 936	—
2005	3 255	10.9
2006	3 587	10.2
2007	4 140	15.4

（续）

年份	全国农民人均纯收入	增幅（%）
2008	4 761	15
2009	5 153	8.2
2010	5 919	14.9
2011	6 977	17.9
2012	7 917	13.5
2013	8 896	12.4

注：资料来自国家统计局统计公报。

二、全面建设社会主义新农村

（一）社会主义新农村的内涵

党的十六届五中全会提出了建设社会主义新农村的重大历史任务。“社会主义新农村”是指在社会主义制度下，反映一定时期农村社会以经济发展为基础，以社会全面进步为标志的社会状态。主要包括：一是发展农村经济、增加农民收入。产业支撑是推进社会主义新农村建设的物质基础，这是建设社会主义新农村的前提。二是建设农村新面貌和基础设施，改善环境。包括住房改造、垃圾处理、安全用水、水电管网、道路整治等生产生活设施和村镇规划、绿化等内容。三是扩大公益、促进和谐。主要是加快发展农村义务教育、农村养老、最低生活保障和新型农村合作医疗以及统筹城乡就业。四是培育新型农民，提高素质。要加强精神文明建设，发展农村文化设施，加强村级自治建设。它体现在5个“新”上。一是产业发展要形成“新格局”。加快建设现代农业，繁荣农村经济，提高农村生产力水平，是建设新农村的首要任务。二是农民生活水平要实现“新提高”。千方百计增加农民收入，改善消费结构，提高农民生活质量，是新农村建设的主要目标。三是乡风民俗要倡导“新风尚”。加强农村精神文明建设，发展农村社会事业，培养造就新型农民，是新农村建设的重要内容。四是乡村面貌要呈现“新变化”。搞好乡村建设规划，加强农村基础设施建设，改善农村人居环境，是新农村建设的关键环节。五是乡村治理要健全“新机制”。深化农村各项改革，加强基层民主和基层组织建设，创建平安乡村、和谐乡村、最美乡村，是新农村建设的有力保障。具体而言，“新农村”应体现“生产发展、生活富足、村容整洁、文明和谐、保障有力、民主自治”，几方面共同构成社会主义“新农村”的范畴。总之，社会主义新农村建设涉及农村物质文明建设、政治文明建设、精神文明建设和构建社会主义和谐农村四大方面。

1. 社会主义新农村建设目标要求　建设社会主义新农村中央提出5句话20字的目标要求，即“生产发展、生活宽裕、乡风文明、村容整洁、管理民主”。这也成为新农村建设的努力方向，同时也是检验是否为新农村的特征标准。这20字方针内涵十分丰富，既要求发展农村生产力，又要求调整完善农村生产关系；既要求加快农村经济发展，又要求加快发展农村社会事业；既要求加强农村物质文明建设，又要求加强农村精神文明、政治文明与和谐社会建设。总之，我们要建设的社会主义新农村，是经济建设、政治建设、文化建设、社会建设和党的建设协调推进的新农村，也是富裕、民主、文明、和谐的新农村。

2. 建立社会主义新农村的根本目标　促进社会全面进步是建立社会主义新农村的根本目标。包括发展农村经济、发展农村基础设施、发展农村社会事业、推进农村体制改革、建设农村现代文明和增加农民收入等。因此，新农村建设的立足点是农村问题，而不是其他。所以，进行社会主义新农村建设，其根本目标必须紧紧围绕促进农村社会全面进步。

3. 社会主义新农村建设特征　一是时代特征。这次新农村概念的提出，是在科学发展观、以人为本、构建和谐社会三大理念引领下的创新，是新农村最富时代特色的标志。二是综合特征。新农村不仅仅局限于某个生产领域或者某个环节，而是物质文明、政治文明、精神文明三个文明建设有机结合、综合协调的发展。三是联动特征。新农村建设的含义和工作部署，是城乡融为一体、作为一个系统工程来考虑的，而不是就农村论农村、就农业抓农业。四是渐进特征。新农村的建设绝不可能一蹴而就，各地的情况和状况都不一样，新农村建设必须通过科学制定规划来推进永续实施，有效确保社会主义新农村建设的连续性和持续性。五是动态特征。新农村建设立意十分高远、内容非常丰富，随着时代的发展，还将在实践中不断赋予新的内涵和新的内容。

（二）当前社会主义新农村建设成果

1. 农村经济全面繁荣，经济实力迅猛增长　改革开放30多年来，至2014年中央涉农下发了16个1号文，充分显示了对发展农业的重视程度，肯定了农业的基础和战略地位。围绕“发展现代农业”出台了一系列政策，对农村产业结构调整、产业升级、农村减负、社会保障等方面起到了积极的促进作用。正是党的富民政策，才拥有了今天农村经济的大发展。资料显示，1978 年中国人均 GDP 为 381 元，按照 1980 年 1 美元兑换 1.53 元人民币汇率计算，约合 149 美元。国家统计局 2014 年 1 月 20 日公布，2013 年我国国内生产总值 568 845 亿元，同比增长 7.7%。按 2013 年人民币对美元年平均汇率 6.1 932 计算，2013 年中国 GDP 约合 91 849.93 亿美元，人均 GDP 约为 6 767 美元。是改革开放前 1978 年的 45 倍还多。据国务院发展研究中心“中长期增长”课题组资料显示，2013 年中国粮食生产大丰收，其他农产品生产有增有减。全年全国粮食总产量突破 6 亿吨大关，实现总产量 60 193.5 万吨，比上年增加 1 235.6万吨，增长 2.1%，再创历史新高，实现自 2004 年以来“十连增”。根据国家统计局发布的报告，全年油料产量为 3 531 万吨，增长 1.6%；糖料 13 759 万吨，增长 2.0%；全年猪肉产量 5 493 万吨，增产 2.8%；牛羊肉 1 081万吨，增产 1.7%；蛋类 2 876 万吨，增产 0.5%。虽然 2013 年棉花和奶类小幅减产，这是国家经济政策和市场调控的原因所致。以粮食总产量为例，在耕地面积不断减少的情况下，2013 年总产量分别是 1949 年 1.13 亿吨和 1978 年 3.05 亿吨的 5.33 倍和 2 倍。其他产品增长更是十几倍、几十倍的增长，实现了农村经济总量和人均占有量的大幅度提升，农村经济呈现前所未有的繁荣景象。

2. 农民收入增长迅速，消费水平提高、消费结构优化 促进农民增收是我国农村政策的核心。2004 年 1 号文件以此破题，2009 年 1 号文件提出“促进农民持续增收”。全国农民人均纯收入 2013 年为 8 896 元，是 1978 年 134 元的 66.39 倍，是 1949 年 44 元的 202.18 倍。收入的大幅度增加使农民的消费水平不断提高、消费结构不断优化。农村居民消费主要有两部分构成：一是生产消费，二是生活消费。大部分农民受农业生产的风险性和农村社会保障能力不够强大的影响，消费仍然要“量入为出”，不过从总体上看消费水平在提高，这一点不容置疑；从恩格尔系数不断降低上看，消费结构在优化。农民的物质需求趋于高档化。改革开放初期农民盼望的“三大件”，即自行车、手表、缝纫机，现在取而代之的是“五大件”，即彩电、冰箱、空调、电脑和手机。过去这些高档商品对农民来说是梦想，而如今梦想变成了现实。当然各地也存在较大不均衡性，有不少地区的农民已经拥有楼房、轿车，家用电器一应俱全，过上了小康生活。

3. 村容村貌明显改善 住房情况不断改善。以前的土坯房变成了如今的砖瓦房、楼房，过去祖孙三代同居一室的现象不复存在，数代农民人居有其屋的愿望终于实现了，这是历史性的变化。中国农村家庭住房无论从人均建筑面积，还是人均房间数量，均呈不断增加趋势；从建房情况看，自建住房比重增加，且楼房数量呈增长态势，住房质量不断提高；住房水、电、暖、气配置率不断提高。这一切充分证明农村住房情况大有改善，舒适度不断增强（表1－7）。另外，乡村环境明显改善。各地结合本地实际，采取自建、统建、代建等灵活多样的方式进行建设的同时，统一规划、科学合理布局，加强基础设施配套建设，实现道路、供电、给水、排水、广播电视和通信畅通；拥有文化广场（村民活动和健身场地）、便民商业网点、医务室、垃圾收运点、农家书屋、幼儿园等便民设施。农村基础设施得到极大改善，特别是实现了公路村村通。改革开放初期，农村交通非常滞后，大多是土路，晴天一街土，雨天一路泥，农产品运不出去，需要的生产资料运不进来。而如今高速公路、国道和乡村公路连接在一起形成连接城乡的公路网，四通八达，使物资交流有了可靠的保障。有条件的农民新村，实现燃气供应、社区管理，公共服务趋于城镇化，社会主义新农村日益呈现无穷魅力。

表1－7　中国农村住房变化情况

项　目	2000年	2005年	2010年
人均建筑面积（m^2）	22.99	28.90	31.73
人均房间数量（间）	0.79	1.02	1.09
自建房比重（%）	93.41	94.17	94.22
建筑房屋平房比例（%）	82.40	76.13	69.98
钢及钢筋混凝土结构比例（%）	5.41	8.01	9.83

注：资料来自《不动产研究》第1卷第1期《中国农村家庭住房状况的时空变迁分析》。

4. 以群众文化为核心，崇尚文明蔚然成风　为满足群众日益增长的物质文化生活需求，各地结合实际，把农民健身与“健脑”结合起来，把农民“找乐”与“找路”结合起来，广泛开展积极向上，群众喜闻乐见的文体活动。以农村“乡风文明”为基点，突出品味，创新文体活动形式，通过建设群众文化载体，组织开展群众性文体活动和完善村规民约等途径，丰富农民的业余文化生活，引导农民破除陈规陋习，移风易俗，逐渐养成了科学文明、健康向上的良好生活习惯。建立了以文化学习为目的的“文化大院”、“科技书屋”，既满足农民业余精神生活需求，又能提高科技致富的能力；建立了以健身娱乐为目的的活动场所。例如，门球场、篮球场、乒乓球室、台球室、棋牌室、跳舞场地、音乐广场等不同类型的活动场所，并成立了各种文体活动组织，通过聘请专业教练帮助开展活动，提高活动技能和参与热情。有些地区对农村演出、放映加大投入，派文化艺术演出团、电影放映下乡，解决农民“看电影难”、“看戏难”的问题；有的挖掘农村文化资源，组织乡村群众开展乡村歌舞、乡村竞技、乡村风情、乡村婚俗、乡村观光等表演和竞赛活动；有的组织开展了以“知荣辱，树新风”、“道德新风评议”为主题的乡风评议活动，通过道德评议和文明实践，破除农村陋习，引导广大群众树立文明新风尚，取得了积极进展；有的根据乡风文明主题，编写了宣传标语、乡风文明新风歌，制作了形象生动的墙景图片，倡导社会主义荣辱观、《公民道德建设实施纲要》，发挥了文化宣传阵地作用，收到了理想效果；组织制订《村规民约》、《文明礼仪守则》，成立了“禁赌会”、“破旧会”，反赌破除迷信成了村民们的自觉行动。开展文明创建活动，组织评选“文明户”、“五好家庭”、“好婆婆”、“好媳妇”等活动。通过打造乡村文化产业和丰富多彩的文体活动，倡导了文明新风，对于社会主义新农村建设，真正起到了繁荣农村文化、促进农村社会和谐稳定的重要作用。

5. 惠民政策，富民强基　1998 年 10 月 14 日中国共产党第十五届中央委员会第三次全体会议通过的《中共中央关于农业和农村工作若干重大问题的决定》指出：“切实减轻农民负担。这是保护农村生产力，保持农村稳定的大事。坚持多予少取，让农民得到更多的实惠。农村各项建设都要尊重群众意愿，量力而行”。最早地提出了“多予少取”惠民思想。2004 年中共中央一号文件关于《中共中央国务院关于促进农民增加收入若干政策的意见》中，将“多予、少取、放活”正式确立为指导农村工作的方针，开辟了我党富民兴邦的新篇章，各项富民强基的惠民政策陆续出台。

(1)“多予”惠及多层面。2004 年开启了我国农业直接补贴的先河，从“三补贴”扩大到“四补贴”：粮食直补、良种补贴、农机具购置补贴、农资综合直补。一是加大良种补贴力度。提高补贴标准，实现水稻、小麦、玉米、棉花全覆盖，扩大油菜和大豆良种补贴范围；二是大规模增加农机具购置补贴。补贴范围覆盖全国所有农牧业县；三是加大农资综合补贴力度，完善补贴动态调整机制，根据农资价格上涨幅度和农作物实际播种面积，及时增加补贴。2004 年中央直接补贴投入 451 亿元，2008 年提高到 1 028 亿元，2013 年仅粮食直补和农资综合补贴资金达 1 222 亿元。2001 年“两免一补”义务教育开始实施，2005 年，中央和地方财政安排“两免一补”资金 70 多亿元，共资助中西部贫困家庭学生 3 400 万人。至 2007 年，全国农村义务教育阶段家庭经济困难学生均享受到了“两免一补”政策。2002 年 10 月，《中共中央　国务院关于进一步加强农村卫生工作的决定》明确指出：要“逐步建立以大病统筹为主的新型农村合作医疗制度”，“到 2010 年，新型农村合作医疗制度要基本覆盖农村居民”，补助标准也不断提高。2013 年起，各级财政对新农合的补助标准从每人每年 240 元提高到每人每年 280 元。政策范围内住院费用报销比例提高到 75%左右，并全面推开儿童白血病、先天性心脏病、结肠癌、直肠癌等 20 个病种的重大疾病保障试点工作。实施新型农村社会养老保险制度。2009 年 1 号文件提出：“抓紧制定指导性意见，建立个人缴费、集体补助、政府补贴相结合的新型农村社会养老保险制度”。有统计数据显示，截至 2012 年 12 月底，新农保参保人数达到 4.6 亿人。虽然我国用 3 年时间实现了新农保制度的全覆盖，建立了有史以来覆盖人数最多的养老保险制度，但仍有几千万符合参保条件的农民没参保。这些人大多是年轻人，要进一步调动他们的参保积极性，还需进一步完善激励机制。实施农村最低生活保障政策。由地方政府为家庭人均纯收入低于当地最低生活保障标准的农村贫困群众，按最低生活保障标准，提供维持其基本生活的物质帮助。国发〔2007〕19 号文《关于在全国建立农村最低生活保障制度的通知》中对农村最低生活保障政策实施做了明确要求，对于因病残、年老体弱、丧失劳动能力以及生存条件恶劣等原因造成生活常年困难的农村居民实施基本生活帮助，解决其后顾之忧。除此之外，还实施了粮食最低收购价政策、主产区奖励补助政策、最严格的耕地保护政策等。

(2)“少取”聚焦农民利益。2000 年国务院颁布了《关于进行农村税费改革试点工作的通知》，全国最先由安徽省开始试点。2003 年全面推开农村税费改革，从 2004 年的“两减免”到 2005 年的“三减免”，再到 2006 年的“四取消”(农业税、牧业税、农业特产税、屠宰税)，结束了 2 600 多年农民种地纳税的历史。2006 年与 1999 年相比，农民共减免税费负担 1 200 多亿元，每年人均减负增收 120 多元。

(3)“放活”抓住农村社会重点。当前和今后一个时期，推进农村改革发展，关键是要在以下 3 个方面取得重大突破。一是要大力加强制度建设，不断完善有利于农村发展的体制机制；二是要大力发展现代农业，不断提高农业综合生产能力；三是要大力发展农村公共事业，统筹城乡公共资源分配，不断促进农村社会全面进步。

实施以促进农民转移就业为核心的增收政策。农村劳动力大规模转移就业，亿万农民工成为产业工人重要组成部分。改革开放前，我国农业劳动力向制造业及相关部门的转移，从结构意义上讲，是相当微弱的。1952—1978 年，在我国社会总产值中，农业所占份额由45.4%下降到20.4%，而同期农业劳动力占社会总劳动力的份额只由83.5%下降到73.8%，就业结构变动异常滞后于产出结构的变动。从20世纪80年代中期开始，乡镇企业异军突起，大量农村劳动力“离土不离乡”，形成了就地转移的浪潮。1996年乡镇企业的从业人员达到1.35亿人，比1978年的社队企业从业人员数量增加了1亿以上。尽管20世纪90年代中期以后乡镇企业吸收农村富余劳动力的增长速度开始减缓，但仍是转移农村富余劳动力的重要途径。2007年年末，全国乡镇企业从业人员达1.5亿人，占全国农村劳动力的比重达到28%。离开本乡镇、到外地就业的农村劳动力数量已超过1.3亿人，加上在本地乡镇企业就业的劳动力，全国转移出来的农村劳动力总量已超过2.2亿人，已占到农村劳动力总数的46%，亿万农民工成为产业工人的重要组成部分。在促进劳动力转移过程中，从鼓励“离土不离乡、进厂不进城”到“离土又离乡、进厂又进城”到“鼓励农民融入城市”，采取了以下积极措施：一是公平就业和收益保障权益。2004提出消除对进城农民的歧视性规定和收费；2006年建立工资保障金制度，解决农民工的工资拖欠问题。二是增加财政对农民工的就业培训投入。2008年12月，国务院发出了《关于做好当前农民工工作的通知》，主要是：解决企业的经营困难，帮助企业少解雇农民工；开展免费的技能培训；城乡基础设施建设和新增公益性就业岗位，要尽量多使用农民工；落实农民工返乡创业扶持政策。如小额信贷、减免税费、工商登记等。根据国家《财政部国家发展改革委教育部人力资源社会保障部关于扩大中等职业教育免学费政策范围进一步完善国家助学金制度的意见》财教〔2012〕376号文件精神，从2012年秋季学期起，对公办中等职业学校全日制正式学籍一、二、三年级在校生中，所有农村（含县、镇）学生、城市涉农专业学生和家庭经济困难学生免除学费。

大力发展现代农业。现代农业生产要素投入大幅增加，农业现代化水平显著提高。农机装备总量快速增长，2007年与1978年相比，农机总动力增长了5.5倍，拖拉机保有量从193万台增加到1 834万台。农机作业水平持续提高，1978年全国机耕、机播、机收综合机械化水平为19.7%，2007年提高到41%。化肥施用量（折纯）从884万吨增加到4 766万吨，增加3 882万吨，增长439.1%。同时，国家做出全面深化改革的决定，对现代农业生产产生重要影响，特别是提出让市场在资源配置中起决定性作用，健全市场体系，深化政府行政管理体制、财税金融体制改革，加快构建新型农业经营体系、加快生态文明制度建设等，将农村改革引向深入，激发了社会农业投资与技术进步的积极性。发展现代农业，必须大力培育合作经济组织，财政补贴、金融支持、减免税费等配套改革措施应进一步跟进。加快构建农业社会化服务体系，是我国家庭经营的农业走上现代化道路的必由之路。

稳定土地承包关系，促进土地合理流转。针对农民的土地权益缺乏保障，土地流转不规范、征地补偿不合理、建设用地短缺等现象，国家制定了一系列政策。如，对农村集体土地所有权、集体建设用地使用权、土地承包经营权、林权和房屋所有权进行确权登记，使之成为农民法定的资产。农民可以享有土地的使用权、流转权、转让权和收益权。在产权期限内，按规定用途，可依法使用、经营、流转土地，也可作价、折股作为资本从事股份经营、合作经营或抵押担保。针对工商企业进入农业出现的圈占大量土地，甚至违规操作，搞乡村酒店、房地产等问题。提出“有条件的地方可以发展专业大户、家庭农场、农民专业合作社等规模经营主体”等。主要目的是维护现有土地承包关系要保持稳定并长久不变，同时，要根据农民的意愿，在坚持依法自愿有偿的前提下，允许农民以多种形式流转土地承包经营权，发展适度规模经营。

6. 村级民主管理日益规范　村民自治是我国历史上一项前所未有的伟大民主实践，是中国共产党为推进中国特色社会主义民主政治而进行的伟大探索。村民自治自20世纪80年代全面推进以来，逐步形成了以村民直接选举为主要方式的民主选举制度；以村民代表会议为主要载体的民主决策制度；以村规民约为主要依据的民主管理制度；以村务公开、村主任任职承诺、村民委员会定期报告工作为主要内容的民主监督制度等制度体系。初步实现了基层政府的行政管理与基层群众自治的有效衔接和良性互动，有力地推动了中国基层民主向纵深发展。在新形势下推动我国农村村民自治的深入发展，必须从以下5个方面着手：一是完善法律体系和救济制度等村民自治的法规体系；二是规范民主选举、民主决策、民主管理、民主监督等村民自治的运行机制；三是通过加大财政转移支付力度、加快农村配套制度改革等，健全村民自治的保障制度；四是通过转变乡镇职能、规范村“两委”关系、改善党的领导方式等，营造村民自治的宽松环境；五是通过加强对村民和村干部的教育引导，培育村民自治的合格主体。

（三）现代农业需要新型职业农民

1. 新型职业农民的特征　新型职业农民是指具有科学文化素质、掌握现代农业生产技能、具备一定经营管理能力，以农业生产、经营或服务作为主要职业，以农业收入作为主要生活来源，居住在农村的农业从业人员。新型职业农民既具有职业农民的特点，又具有新型性和时代性特征。一般认为职业农民具有的特点：（1）长期居住于农村社区；（2）主要收入为农业生产与农业产业经营；（3）长期占有一定面积耕地或拥有使用权、经营权；（4）将农业生产与经营作为职业，大部分时间和精力用于农业生产与经营。除具备上述特点外，新型职业农民更突出其“新型性”、“时代性”。因此，还应具备以下几个特征：一是具有现代农业的大市场观念。现代农业是基于当前社会信息技术、科技成就、经济基础条件下，进行农业生产经营和实现发展的，新型职业农民组织生产经营要研究市场需求和社会条件，就必须登高望远具有宽泛的视野，不仅要了解本行业内部产前、产中、产后情况，掌握行业本地、外地、国内、国际市场，还要清楚与本行业生产相关产业的发展情况。只有树立大市场观念和竞争意识，始终以市场为导向组织农业生产与经营，才能在市场竞争中把握先机，减少风险损失，取得好的经济效益。二是具有现代农业的职业素养。首先，新型职业农民应具有较高的思想政治素质。几千年来，农民一直处于贫穷落后的生活状态，封闭自守，安于现状，恐惧风险，思维狭隘，缺乏远见。而新型职业农民，是在党的富民政策指引下成长起来的新一代农民，他们掌握或熟悉党和国家对“三农”及其相关工作的方针政策、法律法规，有劳动致富的梦想，有追求自由幸福生活的思想觉悟，有对美好未来的向往和更高的物资精神追求，既不迷信，也不盲从。有较高思想政治素质和远大的理想抱负。其次，新型职业农民应具有较高的科学文化素质。传统农民没有也不需要掌握太多的科学文化知识，他们技术单一，生产主要是自产自销，也不懂得经营，不谋求更多的收益和更高的利润。应该看到，现阶段我国农业正处于又一次重要发展调整阶段。社会主义新农村建设成为农村工作的重中之重，随着我国经济的发展，更多的农业劳动力从事非农产业，从农业中分离出来，原来的一家一户的“小农经济”将退出“历史舞台”，特别是 2014 年 7 月 30 日国家公布取消城镇和农村户口差异，实行统一的居民户口登记，将推动加快农业人口向城镇转移，必然进一步促进土地流转，土地的相对集中将会使得家庭农场、农业企业等规模农业经济实体得到较快发展，农业的区域化、规模化发展将日益显现。当然，经济发展的不平衡，有的地区实现较快，有的地区也可能需要一个较长的过程，但发展趋势是必然的。显然新型职业农民面对的是科技发展日新月异状态下的现代农业，必须具有相应的科学文化知识，具有一定的现代农业生产与经营方面的一技之长，才能成为适应市场经济的高素质的劳动者和带头人，成为建设社会主义新农村的中坚力量。当然身体健康、具有体力这是基本条件，但更重要的是指发展现代农业应具备的智力和智慧。如果说拥有现代农业技术是职业素养的核心，懂经营、会管理则是职业素养的支撑点。而我国农业长期的生产经济形式，使得农民的职业素养缺少发展的环境条件，也没有得到重视，加上农民普遍文化程度不高，致使整体职业素养有着较大的提升空间，尽管近些年国家进行了“阳光工程培训”、“农村创业培训”、“就业培训”以及“新型职业农民培训”等多种形式的培训工作，但由于时间短、受益人群受局限，远远不能适应现代农业发展的需要，新型职业农民培训还有较长的路要走。第一，新型职业农民应具有较高的文明素质。中国农民勤劳善良、朴实无华。新型职业农民要继承发扬优良品行传统，更要有新的道德观和现代文明生活习惯，自觉遵从“八荣八耻”为核心内容的国民新道德规范标准，建立社会主义荣辱观，知耻明荣，勤劳致富，展现新时代中国新型职业农民的良好形象，为建设富饶美丽的社会主义新农村增添靓丽的色彩。第二，新型职业农民应有具较高的民主法律素质。改革开放之前在计划经济体制下，农业生产经营活动由国家和集体来组织，农民缺乏必要的自主性、主动性、开放性和创造性，缺乏独立判断和创造性思维，没有竞争压力和利益驱动力。他们对自身权利和义务知之甚少，更不知道如何维护自己的合法权益。新型职业农民要能够用现代眼光来看待事物，分析问题，掌握用法律手段来维护自身的合法权益，同时，也应该是守法经营的实践者，是诚信友爱、知法守法的社会主义新农村建设者。三是具有现代农业责任感。①首先，新型职业农民要担当起发展现代农业的历史重任。现代农业相对于传统农业有着无法比拟的先进性和科学性，对于劳动者各方面同样也有着更高的要求。新型职业农民要敢于面对新的挑战，知难而进，积极调整适应现代农业的发展要求，努力提高自身素养，在发展现代农业的进程中，披荆斩棘，一往无前。②其次，新型职业农民肩负现代农业的可持续发展重任。新型职业农民相对于传统农民、兼业农民和工商资本投资者有较大的不同。传统农民有时主观上不一定愿意对生态环境造成破坏，不利于可持续发展，受“小农意识”、思想觉悟、文化水平的影响，很可能客观上导致不利的局面；兼业农民，则把农业作为“副业”，在生产上更关注的是农业带来的收入，他随时可放弃农业生产，对自然生态环境和土地的永续利用关心较少；工商资本投资者，直接的目的是从农业项目上尽快获得更大的利益，短期行为非常明显，对土地存在掠夺经营的思想。而新型职业农民却是作为永久职业来经营的，必然对土地的永续利用更加关注，更加注重农业生产的可持续发展，更加注重对生态环境的保护，不仅关系自己职业生存，也影响子孙后代。③第三，新型职业农民对消费者负有重责。食品质量安全的第一环节是农业生产，许多产品直接进入消费者餐桌，新型职业农民要换位思考，站在消费者的角度，遵守国家食品安全标准和农业标准化生产要求，加强职业道德建设，提高责任意识和农产品质量意识，以高度的责任感，本着对消费者负责的态度，生产生态环保绿色健康食品，为百姓提供放心安全食品，共建幸福美好生活。四是具有现代农业创新能力。现代农业是由现代科技作为支撑的，发展处于日新月异的时代。同时，农业与其他产业一样，时刻处于激烈竞争的状态之中，缺乏创新就意味着淘汰。对此，新型职业农民在当今时代要时刻拥有危机感，不断进行理念创新、技术创新、生产经营方式创新和服务形式创新等，掌握各项事业发展动态，在创新中发展，在创新中成就事业。

2. 新型职业农民主要类型 按照新型职业农民从事的行业特点和生产经营类型可以分为生产型职业农民、经营型职业农民和服务型职业农民。生产型职业农民是指掌握一定的农业生产技术，有较丰富的农业生产经验，直接从事作物栽培、鲜活食品和经济类植物项目生产的群体。主要是专业生产大户、家庭农场主、农民生产合作社等。经营型职业农民有资金或技术，掌握农业生产技术，有较强的农业生产经营管理经验，主要从事农业生产的经营管理工作的群体。主要指农业经济实体中中高层农民职业管理人员。在农业经济体发展中进行组织、计划、指挥、协调等，发挥着管理运营功能作用。服务型职业农民掌握一定农业服务技能，并服务于农业产前、产中和产后的群体。并以此为主要收入来源。主要是农村信息员、农村经纪人、农机服务人员、统防统治植保员、村级动物防疫员等农业社会化服务人员。

3. 加强新型职业农民培养

（1）新型职业农民培养的重要意义。培育新型职业农民是社会主义新农村建设的重要基础。社会主义新农村建设步伐和现代农业发展进程，取决于新型职业农民职业文化素养，正如温家宝总理所指出的那样，我国农村全面建设小康社会根本在于提高农民素质。我国建设小康社会，最终取决于农民是否过上了小康生活。因此，新时期加快新型职业农民培养，事关农村战略发展全局，是农村再发展、实现新跨越的第一步，是建设社会主义新农村，全面建设小康社会的重要基础。

培育新型职业农民是发展现代农业的客观要求。提高农民素质，能够加快传统农业向现代农业转变，是从根本上解决“三农”问题的关键所在。一方面在农村发展改革的转型期，促进农村富余劳动力、推进工业化和城镇化、将人口压力转化为人力资源优势，为新农村建设下一步发展奠定基础。另一方面现代农业面临的新技术和新农村建设出现新问题，都需要由新型职业农民自己实践探索，没有过硬的本领和基本素养，很难肩负起改革发展重任。发展现代农业客观上要求全面提高职业农民的素质，实现职业农民向新型职业农民的转变。

培育新型职业农民是增加农民收入的有效措施。现代农业最大的特点是科学技术的快速发展和强大支撑，大量的农业科技成果最终要被农民所掌握，才能转化成为现实生产力。广泛开展各种形式的农业实用技术培训、职业技能培训、劳动力转移培训，是农民增加收入的有效措施和良好途径。

（2）新型职业农民培养目标和内容。新型职业农民培养的目标是：社会主义新农村的建设者；科技致富的实践者；“爱国诚信、文明守法”的劳动者；农村生产经营与社会事业的管理者。

新型职业农民培养内容包括：①思想政治素养。学习国家发展战略，解读党的新农村建设和富民政策。②科技致富素养。主要是现代农业技术、农业经营与管理、农村创业等。③新农村建设素养。主要是村民自治管理、新农村精神文明、法律法规、村务管理等。④健康生活素养。主要是饮食、休闲、保健、文体活动等。

（3）新型职业农民培养的实施措施。政府组建新型职业农民培养专门领导管理机构。大力培育新型职业农民是建设新型农业生产经营体系的战略选择和重点工程，是促进城乡统筹、社会和谐发展的重大制度创新，是转变农业发展方式的有效途径，更是有中国特色农业发展道路的现实选择。要认识到新型职业农民培养的战略性和前瞻性，这关系到新农村建设步伐和成败，最终影响到全面建设小康社会的宏伟目标。因此，新型职业农民培养必须成为各级政府农村工作的第一要务。要充分认识到该项工作的重要性和长期性，必须成立专门的领导组织机构，采取“一把手工程”，将工作落到实处，绝不能认为能够一蹴而就，更不能走过场。

建立新型职业农民培养教育培训规划制度。结合当地实情，搞好调查摸底工作，全面掌握当地农业劳动力状况，根据不同类型新型职业农民从业特点及能力素质要求，科学制定地域特色的教育培训规划，分阶段、分批次、有计划组织实施。要切实按照培养计划，制定出切实可行的培养工作配档表，认真落到实处。要建章立制，对整个培养工作实行总体统筹，分部门、分区域、分层级、分项目专项工作责任制，详细分工责任。实行专项工作奖惩制度，对于工作得力，成效突出的集体和个人要给予不同形式的奖励和表彰。对于敷衍塞责，工作推动不力者，予以追责处理，保证新型职业农民培养见成效、出成果。

构建新型职业农民教育培训机构体系。要结合当地实际，摸排农业教育培训机构资源，充分利用当地农业高等院校及高、中等农业职业院校教育资源优势，大力推进送教下乡，采取进村办班、半农半读等多种形式，将学生来上学变为下基层去教，吸引留乡务农农民，特别是村组干部、经纪人、种养大户及农村青年在家门口就地就近接受正规化、系统化职业教育。构建和完善农业广播电视学校、农民科技教育培训中心等农民教育培训功能，发挥农技推广服务机构、农业科研院所、农业企业和农民合作社辅助助推作用，科学构建新型职业农民培养教育培训机构体系，不断提高新型职业农民教育培训机构专业化、标准化水平。采取学历教育与专项技能培训相结合、长期与短期相结合，统筹各类教育培训资源，广泛参与新型职业农民教育培训，满足新型职业农民多层次、多形式、广覆盖、经常性、制度化的教育培训需求。

科学规划培训内容。结合新型职业农民素质要求，按照“与党的新农村建设政策结合”、“与当地农村经济实际结合”、“与农民实际情况结合”、“与当地教育资源结合”、“与培养规划结合”的“五结合”原则，科学设计培训内容，做到既满足“三农”现实需要，又能科学合理安排布局；既能达到理想效果，又注重现实可操作性。

加大资金扶持力度。加大农业教育院校培训机构资金支持投入力度是提高新型职业农民培养教育效果的基础和前提。农民教育有其特殊性，文化程度低，自由度高，务实性以及农活和家庭实际情况等都是影响其学习动力和培训效果的因素。如果政府在资金上不能加大投入，就不能调动教育培训机构的积极性，也很难激发农民的参与热情。目前，国家也实施了系列教育培训项目，如“送教下乡”、“阳光工程”、“农民创业培训”等项目，受资金的限制，受益人群仍有较大的局限性。要将新型职业农民培养作为今后一定时期尤为重要的工作提上政府工作台面，教育培训经费列入财政预算并逐年有所增加。同时，鼓励和支持农业龙头企业、民办培训机构参与职业农民培训工作，建立政府、企业和个人共同投入的多元化投入体制，解决新型职业农民教育培训经费不足的问题。

实训与思考

1. 农民增收经历了怎样的历程？

2. 新农村建设内涵是什么？当前建设的成果体现在哪些方面？

3. 新型职业农民有哪些特征？如何加强新型职业农民的培养？

项目三　农民收入现状和创业必然选择

农民家庭收入是反映农民在一定时期内实际收入水平的重要指标。总收入和纯收入是衡量农民收入水平的两个主要指标。总收入是指农民年内从各种渠道得到的全部收入。按照《中国统计年鉴》定义的农户家庭总收入指调查期内农村住户和住户成员从各种来源渠道得到的收入总和。按收入的性质划分为工资性收入（劳动报酬收入）、家庭经营性收入、财产性收入和转移性收入4类。其中转移性收入是指农民无须付出任何对应物而获得的货物、服务、资金或财产所有权等，不包括无偿提供的用于固定资本形成的资金，一般指农民在二次分配中的所有收入。我们这里研究农民家庭总收入从另一角度进行划分，它的界定看是否来源于农业生产项目、看是否参与了农业生产过程，将其分为农业收入和农业外收入。农业收入是指从事农业生产项目取得的收入，即农户第一产业收入中农业类项目取得的收入。不属于农业收入的部分，无论是围绕农业生产项目经营获得的收入，还是与农业生产项目无关的项目（非农业生产项目）取得的收入，只要脱离第一产业农业类收入的均属于农业外收入的范畴。简而言之，农业外收入就是农户从事农业生产项目以外的生产经营项目和非生产经营项目所取得的收入。

这里研究农民家庭总收入的目的是为了分析各类收入在家庭收入的重要程度，分析其原因，以便于农民在实现家庭收入增长时抓住重点，找到增长家庭收入的办法和途径，或者说能够对实现家庭收入增长拓展思路，寻找快速致富的途径。因此，农民家庭总收入指标是研究对象。

由以上分析可知，农民家庭总收入主要由农业收入和农业外收入两个方面构成。

即，农民家庭总收入＝农业收入＋农业外收入

按照农民家庭总收入这种内容构成类别，细化其组成，分析影响农民家庭总收入增长因素，以便找到实现农民家庭总收入更快增长的办法和途径。

一、农业收入

农村家庭既是农村社会的基本生活组织，也是目前农村社会占绝大多数的基本生产组织。在生产上享有自主的生产经营权，这就决定了隔壁邻居假如在人均耕地面积相同、人口数量相同、劳动力数量相同、生产所处的环境条件也一样的情况下，由于他们选择的生产项目和类别不一样，家庭收入就会有较大的

差异。这是由所选的农业生产项目的比较效益有较大差异造成的。目前，农业生产项目归纳起来主要有种植收入和养殖收入。其中，种植收入又可以分为作物种植收入和林果种植收入；养殖收入又可以分为养殖畜禽收入和养殖水产品收入。

即，农业收入＝种植收入（作物收入＋林果收入）＋养殖收入（畜禽收入＋水产品收入）

任何一家农户受生产要素和生产条件的限制，在农业收入上都会根据自身情况和当地生产实际在农业收入的项目中选择一个项目作为主导项目，而其他项目只能作为补充项目。所以，农村家庭从农业收入的角度分为作物种植类、林果种植类、畜禽养殖类和水产品养殖类。但不管哪一类在农业收入项目中都是以该业为主，其他收入就很少。以作物种植类农户为例，家庭农业收入就是种植的作物收入，而林果、畜禽、水产品生产可能存在，但收入相对于作物收入就显得很少了。受当前家庭经营规模和能力的局限，能够同时发展两类以上生产项目的农户不多。其他的农户类型可以类推，不再一一列举。

目前在农村家庭中，由于每户都拥有土地这一基本生产资料，再加上作物种植是传统项目，而且在一般情况下，生产也不需要更复杂的技术条件。因此，当前大多数农户在农业收入项目上选择的是作物种植项目。以作物种植类农户分析农村家庭的农业收入具有较强的典型性和代表性。家庭农业收入的其他类型分析方法与此基本相同。下面就以作物种植类农村家庭为例，实际分析农业收入的基本情况。

1. 作物收入　当前多数农村家庭受耕地面积的影响，规模比较小，专业化程度不高，多数仍具有“小而全”的特点，作物种植也是“多种经营”，因此，作物收入是多种作物收入之和。

即，作物收入＝∑单种作物收入

因为作物收入计算公式是：作物收入＝耕地面积×单产×农产品价格

所以种植业收入的计算公式又可以为下面的形式：

种植业收入＝∑［单种作物耕地面积×单产×农产品价格］

从上面的公式可以看出，每种作物的收入都与耕地面积、单产、农产品价格呈正相关关系。显然，三种因素的每一数值增加均能够实现作物收入增长。那么究竟三种因素的增收作用有多大，还要做进一步分析。

（1）增加耕地面积实现增收潜力小，土地流转后劲大。耕地面积增收眼下潜力小。耕地是农业生产的基本生产资料，特别是种植业是必要条件。当前从整个国家耕地面积的情况来看，我国总的耕地面积排世界第3，仅次于美国和印度。据2013年12月31日新华网公布国新办就第二次全国土地调查主要数据成果举行新闻发布会数据显示，2009 年全国耕地面积总量约 20.32 亿亩*，比 1996 年统计的总量多出 2 亿亩；但人均耕地却呈下降趋势，1996 年我国人均耕地面积 1.59 亩，2009 年则下降到人均 1.52 亩，不到世界人均耕地 3.38 亩的一半。同时发言人强调，数据总量增加了，但并不是说我国实有耕地数量真的增加了，而是相当一部分耕地已经在现有的播种面积中体现出来了。此外，还有大约 5 000 万亩耕地受到中、重度污染，大多不宜耕种；还有一定数量的耕地因开矿塌陷造成地表土层破坏、因地下水超采，已影响正常耕种。因此，适宜稳定利用的耕地也就是 1.2 亿多公顷（约 18 亿亩）。2009 年 2 月 26 日，国土资源部公布的 2008 年全国土地利用变更调查结果显示，截至 2008 年 12 月 31 日，全国耕地面积为 18.2 574 亿亩，又比上一年度减少 29 万亩。一方面是我国人口增长过快，另一方面是可开垦的后备土地资源不多。加上生态被破坏后，导致耕地沙漠化、荒漠化；退耕还林还草；基础设施建设和经济建设用地占用耕地等原因，耕地每年减少的速度大于开垦的速度，耕地面积总量呈下降趋势，而且减少的基本都是良田，增加的均为耕种条件较差的土地，耕地面积形势不容乐观。据统计，目前我国已经有 664 个市、县的人均耕地在联合国确定的人均耕地 0.8 亩的警戒线以下。国土资发〔2014〕18 号《国土资源部关于强化管控落实最严格耕地保护制度的通知》指出："党的十八大、十八届三中全会和中央经济工作会议、城镇化工作会议、农村工作会议就严防死守 18 亿亩耕地保护红线、确保实有耕地面积基本稳定、实行耕地数量和质量保护并重等提出了新的更高要求"。《通知》要求："我国经济已经到了必须在发展中加快提质增效升级的重要时期，粗放扩张、浪费资源、破坏环境的老路不能再走，严守耕地红线、节约集约用地比以往任何时候都更为重要和紧迫"。可见，从国家总的耕地面积情况来看，依靠增加耕地实现种植收入增长不现实。同时，农村大量存在的现实的一家一户的生产经营形式，在近期内仍将存在，多年的承包期限不变制度，以及房前屋后、河沟滩涂等开垦开发早已无潜力可言。因此，农户在不能通过土地流转的情况下，增加耕地面积几无可能。近期多数农户靠增加耕地面积实现作物收入增长的条件尚需完善。

土地流转后劲大。十八届三中全会《中共中央关于全面深化改革若干重大问题的决定》在深化城乡发展一体化体制机制中提到：加快构建新型农业经营体系。坚持家庭经营在农业中的基础性地位，推进家庭经营、集体经营、合作经营、企业经营等共同发展的农业经营方式创新。坚持农村土地集体所有权，

---

* 亩为非法定计量单位，1 公顷=15 亩。

依法维护农民土地承包经营权，发展壮大集体经济。稳定农村土地承包关系并保持长久不变，在坚持和完善最严格的耕地保护制度前提下，赋予农民对承包地占有、使用、收益、流转及承包经营权抵押、担保权能，允许农民以承包经营权入股发展农业产业化经营。鼓励承包经营权在公开市场上向专业大户、家庭农场、农民合作社、农业企业流转，发展多种形式规模经营。显然对于家庭农场不再是一个家庭经营的内涵，而是包含家庭经营、集体经营、合作经营、企业经营几种创新型的家庭农场，土地规模化发展能够节约成本使土地产生更大的效益。在目前统计的家庭农场 87.7 万个，经营耕地面积达到 1.76 亿亩，占全国承包耕地面积的 13.4%。平均每个家庭农场有劳动力 6.01 人，其中家庭成员 4.33 人，长期雇工 1.68 人。家庭农场平均经营规模达到 200.2 亩，是全国承包农户平均经营耕地面积 7.5 亩的近 27 倍。其中，经营规模 50 亩以下的有 48.42 万个，占家庭农场总数的 55.2%；50～100 亩的有 18.98 万个，占 21.6%；100～500 亩的有 17.07 万个，占 19.5%；500～1 000 亩的有 1.58 万个，占 1.8%；1 000 亩以上的有 1.65 万个，占 1.9%。2012 年全国家庭农场经营总收入为 1 620 亿元，平均每个家庭农场为 18.47 万元。在今后的一定时期内，国家将根据农村发展的实际，加大调控力度，鼓励社会资本和农民增加农村土地规模化经营投资，促进土地流转，这样即使作物生产利润低，只要规模足够大，一样能够取得高收入。因此，利用国家土地流转政策，扩大生产规模，实现作物种植增收后劲大。

土地流转速度和进程要以当地整体经济发展状况为依据，特别是要取决于城乡经济统筹情况。在当前，大多数农村实行土地流转还要遵循“循序渐进”的原则，不可盲目冒进。可见，增加耕地面积实现作物增收眼下潜力小，后劲大。

（2）提高单产实现作物增收难度较大。农作物是有生命的植物体，其生产需要一定的生长条件。其产量取决于作物自身的内因和外部环境条件。在整个生长期内，作物种子是关键、是内因，其质量对作物产量影响至关重要。好的作物品种可以使作物产量成倍增长，其他因素再怎样努力也达不到良种增产的效果。但作物的品种性状在一定技术条件下，通常保持相对的稳定。品种改良通常也是非常困难，培育一个好的品种，常常要耗费较大的精力、财力和需要较长的周期。所以，作物的单产在没有更优质良种出现的情况下，即使外部影响因素都非常理想，也很难出现明显的增长。除了作物品种对作物产量有关键影响之外，还有作物生长的环境条件，例如，水、肥、气、热、土壤状况、劳动力投入量及自然力等因素的影响。环境条件和人们管理正常的情况下，作物单产是比较稳定的，不会出现起伏较大的情况（表 1-8）。

表 1-8 全国夏粮单产情况统计表

单位：kg/亩

年份	2010 年	2011 年	2012 年	2013 年	2014 年
夏粮单产	297.29	305.47	314.17	318.73	329.9

注：资料来自新华网农业部数据。

从表 1-8 中可以看出，尽管每年单产有所增加，但上升幅度有限，农户生产的经验也表明，在没有良种更新的情况下，依靠提高单产实现作物增收难度较大。

（3）提高农产品价格增收难以掌控。农民作物收入的多少，种植面积和单产决定其产量，而仅仅产量增加，如果没有农产品价格提高做基础，就会造成“增产不增收”的局面，同样实现农业作物增收就没有保障。因此，农产品价格对作物增收影响至关重要。

新中国成立以来，中国对农产品价格的管理制度经历了两个发展阶段。第一个阶段是农产品供应短缺时的市场流通管制下的政府主导和市场调节为辅的农产品价格管理制度。这一阶段从新中国成立以来直到 20 世纪 90 年代末期，很长一段时间内，农产品供不应求，而农产品价格也是偏低的或较低的，价格低于价值，工业品价格高于价值，形成工农产品价格剪刀差，为促进国民经济稳步增长及社会和谐稳定做出了重要贡献。国家对农产品价格管理实行统一领导、分级管理方针，对农产品收购价格逐步提高，对农产品销售价格逐步放开。第二个阶段是农产品供应相对丰富时的市场流通放开下的市场主导和政府调节为辅的农产品价格管理制度。改革开放以后，国家不断提高农产品收购价格，经过 20 世纪 70 年代末、80 年代初，特别是 90 年代中期以后，农产品供应进入相对充足的阶段，农产品供求关系发生重大变化，国家引入新的农产品价格支持政策和价格调控体系，逐步全面放开农产品收购市场，几次大幅提高价格以后，对农业生产发展产生了重要推动作用。

我国农产品价格管理制度的趋势目标是要顺应形势发展变化新需要，创新保供应、稳价格的方式，加强农业基本经营收益保护，持续提高农业综合生产能力，减少政府干预对市场配置资源的不利影响，同时更好地发挥政府在市场建设、战略储备和应急调控中的功能，实现保供稳价、开放高效、有管有调、管调结合，保证国民经济各方面和谐稳定、协调、可持续发展。

可见，农产品是稳经济、保民生的基础，保持价格的适度提高和稳定是国民经济各方面协调发展的基本要求。任何国家在农产品价格的政策和管理方式基本一致。这就决定了在一定时期内农产品价格一方面要政府实行调控，保证其价格的基本平稳；同时，由于受市场影响的程度更大，农民生产要真正适销对路，并非容易。影响更为突出的是受技术条件、传统思想及各方面环境因素的影响，农民种植项目往往在一定时期有相对的稳定性，缺乏以市场为导向进行农产品生产的意识和勇气，常常市场已发生了很大变化，生产却不能随之应变，造成与市场脱节、对市场变化反应不够敏锐或时间滞后。因此，对市场变化反应的被动性，也较大程度地影响了农民种植收入的增长。尽管近些年国家实行了主要农作物的最低收购价政策（表 1-9），但农民在作物增收方面仍然不理想。据来自农业部的资料显示，2011 年小麦、水稻、玉米每亩净利润分别仅为 118 元、371 元和 263 元。种一亩小麦付出半年的劳动，结果不如外出打工一天的收入，就是残酷的现实。显然，农产品市场价格对农民种植收入有着重要影响，但农民受各方面因素制约，农产品价格难以掌控却是现实。

表 1-9　国内小麦的最低收购价市场价格及其年度上涨幅度

年度	最低收购价（元/t）	价格上调幅度（%）	年度均价（元/t）	年度涨幅（%）	扣除货币因素涨幅（%）
2007	1 440	0.00	1 535	7.01	6.30
2008	1 640	13.89	1 684	9.69	13.52
2009	1 740	6.10	1 855	10.10	17.47
2010	1 800	3.45	1 988	7.27	9.07
2011	1 900	5.56	2 082	4.77	3.74
2012	2 040	7.37	2 172	4.28	11.93

注：资料来自新华社特约经济分析师：马文峰《2012 年中国小麦行情回顾及 2013 年行情分析》。

2. 林果、畜禽、水产品生产收入　对于作物种植户类的农户而言，作物种植是其主导项目，至于林果项目及养殖类的畜禽和水产品项目即使存在，也是为了弥补作物种植不能利用的较少量的资源所做的必要补充。相对于作物收入所占的绝对比重微不足道，对于农户家庭收入中的农业收入没有太大的影响。

3. 优化种植结构和种植制度实现收入增长　无论作物种植户类、林果种植户类、畜禽养殖户类和水产品养殖类哪种农业生产类型都有一个结构优化的问题。这是因为不管哪种类型，如果专业化程度不高，生产的项目中都可能不仅仅是一种产品，多数是生产产品的品种有多种。这样不同品种间由于存在比较利益的不同，就会造成不同产品品种结构类型产生不同的经济效益。例如，农户家庭共有10亩地，在华北南部地区种秋季作物时，可以种5亩玉米、种5亩大豆是一种方案；也可以种7亩玉米、种3亩大豆又是一种方案；还可以种4亩玉米、种3亩大豆、种3亩芝麻这又是一种方案等，如此类推，会有很多种种植方案，每种方案都会产生一种收益。这就需要农户根据市场行情、自身条件等各种影响因素，分析权衡制定出收益最大化的方案。同样，其他生产季节也是如此。不仅每个生产季节都会有多种方案可以选择，而且不同的季节如果采用科学的轮作换茬，还可以提高复种指数，提高土地利用率，有效增加收入。例如，在华北南部地区，还是10亩地，一年生产周期可以实行夏粮小麦—秋粮玉米的种植模式，复种指数为2，10亩耕地有20亩地的播种面积。若实行初夏大蒜—仲夏西瓜—秋粮玉米的种植模式，复种指数为3，10亩耕地就会有30亩地的播种面积。可见，同样的耕地如果根据条件科学安排，就会有不同的复种方案，进而产生不同的经济效益。一般情况下收入与播种面积成正比，但在安排轮作换茬种植模式时要避免“三三得九不如二五一十”［如，3 000元/(亩·茬)×3茬/年＝9 000元/(亩·年)＜5 000元/(亩·茬)×2茬/年＝10 000元/(亩·年)］现象发生。优化农业生产结构，获得最大利益，是农业生产追求的目标。

可见，无论优化农业生产结构，还是调整种植制度使复种指数更加科学合理，都是增加农村家庭农业收入的有效途径。但是，在实现优化调整的过程中必须考虑主客观条件，既要注重经济性，又要注重可行性，具体有以下方面：

（1）自然条件。《晏子春秋·杂下之十》：“婴闻之：橘生淮南则为橘，生于淮北则为枳，叶徒相似，其实味不同。所以然者何？水土异也。”比喻环境变了，事物的性质也变了。任何植物生长都有其环境的适应性，在调整优化种植结构和制度时，引种新的植物类型要首先研究其地域适应性，必要时可以少量种植，观察其在本地的表现性状，研究其在本地对水、肥、气、热等环境要素是否有特殊要求。切不可只注重植物本身可观的经济效益，忽视其在本地的生产可行性。否则，不仅得不到预想的收益，很可能造成不必要的损失。

（2）技术条件。调整优化种植结构和制度，要考虑方案中涉及新品种的技术要求。一方面要分析自身或当地技术力量是否能满足生产的需要，又要了解新品种生产所要求的设施等环境条件是否能够得到满足。

（3）经济分析。调整优化种植结构和制度，最终是要取得好的经济效益。新方案有关新品种生产要做深入细致的经济分析。不仅要分析新品种引种价格成本，还要分析由此产生的新设施、新生产环节、技术人员工资、新增加的物资和用工等费用。在综合分析之后，如果具备经济可行性，还要考虑规模经济的投资能力。有些新项目前期需要有较大的投资，要掌握资金的筹措渠道情况。当然，生产规模可大可小，在全面分析的基础上，可以量力而行、循序渐进。

（4）劳动力状况。很多情况下，农业生产效益低，与当前劳动力费用上升速度太快有直接关系。当然各种项目生产过程特点不同，用工量有很大区别。要认真研究新方案新品种其增加的用工情况。对于劳动密集型的生产项目，不仅要核算增加的用工费用，还要搞清楚增加的用工量是否能够得到满足。

（5）市场条件。实现生产效益的先决条件是产品适销对路。调整优化种植结构和制度时新增加的生产项目，要切实做好市场调研，了解“两个市场”，要根据消费者消费水平和消费结构变化趋势分析“两个市场”的变化情况。俗话说，“隔行如隔山”，进入新的生产领域要深入了解该行业的市场规律和运行特点，才能做到“知彼知己”，才能在市场经济竞争激烈的情况下，占领先机，争取主动，构建健全销售网络，实现产品畅销不衰。

二、农业外收入

按照农业外收入的内涵，从农业外收入的来源可以划分为非农业生产经营项目收入、非生产经营收入。

（一）非农业生产经营项目收入

主要分为两类：一类是农村家庭根据当地情况和自身条件所进行的农产品加工业和农业生产产前、产中、产后的服务业。例如，粮食、蔬菜、果品、肉食、水产品等加工企业，还有农资营销、农机服务、农技服务、产品购销等农业服务行业，这些收入虽然与农业相关，但都不是农业生产过程的产出收益，故称为农业外收入。另一类是围绕农村生产生活所进行的非农生产经营项目和服务业。如，服装厂、砖瓦窑场等生产经营项目以及酒店、生活用品商店、浴池、理发店等服务业。

非农业生产经营项目是增加家庭收入的有效途径。有的能够认识到一些项目的增收潜力，但为什么不能付出实施，原来通常这些项目都有一定的限制因素，不是想做就能做的。一般来说，实施项目需具备的条件或限制因素主要有以下方面：

1. 特定的技术　每一门行业都有自己的专业技术特点，所谓“术业有专攻”、“外行看热闹，内行看门道”就是这个道理。无论看起来多么简单的产品或服务项目，不入行门，就不会理解里面所独有的技术内涵和行道行规，就不可能生产出质量优良的产品，就不能按照服务规范从事服务业。再加上现代科技发展日新月异，掌握科技发展的动态就是抓住了生产发展的牛鼻子。原来农村的传统项目也嫁接了现代技术手段，人工日益由机械化、自动化所取代。现代科技装备下的生产项目，无论是生产效率，还是产品质量、传统工艺都无法与之相比，按照原来的工艺流程生产产品很难与现代技术条件下的项目生产展开竞争。

现阶段，掌握现代科学技术恰恰是当前农民的短板。一方面文化知识水平低，掌握现代科技的能力不足；另一方面“小富即安”的小农意识，使得缺乏大发展的魄力，没有大市场的视野，缺少主观能动性、积极性和上进心。这就是为什么非农业生产经营项目不能迅速发展的原因。

2. 相应的资金　目前，大多数农户基本生活有保障，手中有了部分“富余钱”，但原来长期的苦日子痕迹根深蒂固，手中靠艰苦努力获得的所谓“富余钱”来之不易，所以用起来也就慎之又慎。规避风险是一个原因，更重要的是这点“富余钱”作为投资新项目是否能取得预期效果不说，常常还需要增加更多的投资，不仅要用光自己的“富余钱”，还要借贷，这是很多农民都不敢尝试的。另外，即使敢于尝试，有时筹措资金的渠道不能满足需要，使得一些项目也只能不了了之。

3. 合适的场所　任何生产项目和服务形式，都是有一定规模的组织，都需要有其生产经营的场所设施。根据生产项目的不同，项目所需要的房舍等设施要求也不尽相同。有的项目需要的场所简单，但却不一定适合；有的项目适合，可能需要的场所设施又不一定符合要求。因此，真正要实现项目的实施，场所也是重要的因素。

4. 一定数量的人员帮手　往往许多生产项目都不是靠个人能够完成的，需要多人合作才能完成工艺流程或服务项目。这就要对家庭劳动力数量与项目岗位需要做好分析，看看是否能满足需要。如果需要外部劳动力，渠道是否能够得到落实。除了数量上的要求外，有些项目还要考虑劳动力的基本素质及特殊要求，一些农业外收入项目，往往在劳动力方面，不能满足要求，限制了生产项目的实施。

5. 有一定的销售渠道和服务对象　有一些非农业生产经营项目看起来并不复杂，但是却学不来，在一定程度上由于有些项目是祖传项目，这些项目一方面技术不外传，另一方面有特定的服务对象，别人经营得不到客户的认可。另外，有些即使能够从事这个项目，缺乏销售渠道，不能建立起自己的营销网络和服务体系就很难站稳脚跟。因此，非农业生产经营项目离开了销售渠道和服务对象，如同“无源之水、无本之木”。

理解了非农业生产经营项目所需的条件和限制因素。积极排除不利因素，就会使项目得以顺利实施，实现收入增长。

（二）非生产经营收入

非生产经营收入主要是指非生产经营所得和非借贷性收入，包括从国家财政得到的收入、从集体经济中（包括乡村企业）得到各款项、出售财物收入、亲友赠送收入、获奖收入、非借贷性收入、务工收入等。

1. 国家财政得到的收入 主要指从国家财政得到的救济资助、涉农补贴、养老补贴等收入。民政部〔2007〕92号文《关于进一步建立健全临时救助制度的通知》规定，对因遭受意外事故、自然灾害、重大疾病等造成家庭生活特别困难的农村家庭，分不同类别情况给以经济上的贫困救济资助。我国从2004年开始实施“四补贴”，即粮食直补、良种补贴、农机具购置补贴、农资综合直补。又根据农村发展新形势适时实施了政策性、鼓励性“特色项目”补贴等。〔2007〕19号文《关于在全国建立农村最低生活保障制度的通知》中对农村中因病残、年老体弱、丧失劳动能力及生存条件恶劣等原因造成生活常年困难的农村居民实施基本生活帮助。

2. 从集体经济中（包括乡村企业）**得到各款项** 集体经济实力较好的情况下，农户可以从中得到福利以及集体用各种方式以工补农的化肥、良种、农药等实物折款。

3. 出售财物收入 主要指出售农业生产项目产品以外的财物收入。

4. 非借贷性收入 指家庭拥有的动产（如银行存款、有价证券）和不动产（如房屋、车辆、收藏品等）所获得的收入。包括出让财产使用权所获得的利息、租金、专利收入；财产营运所获得的红利收入、财产增值收益等。借贷性和暂时性收入不属于收入范围。如银行贷款、乡村投资、农民投资等，这些都是用于发展生产的借贷或暂收款项，将来必须归还，故均不应计算在收入之内。

5. 亲友赠送收入。

6. 获奖收入 主要指农村家庭由于生产或精神文明等方面做出突出的成绩，从国家或集体得到的现金或实物奖励以及参加的社会各方面有奖活动获得的现金或实物形式的奖励收入。

7. 务工收入 指家庭人口当中，在本地和外地务工获得收入，一般按照与农活的脱离程度分为临时务工和长期务工。当然务工的对象可能是非农产业，也可能是农业产业，有较大的随机性。通常在外人口寄回、带回的收入都是长期务工收入。目前，我国农村正处于家庭小规模生产向集约化、规模化大农业发展的调整过渡期，农业比较效益低，农户外出务工成为家庭收入的重要来源。

（1）临时务工。指以家庭农业生产为主，利用农闲空余时间就近做工获得收入的劳动形式。

临时务工的特点：一是以家庭农活为主，务工为辅。农忙务农、农闲务工。家庭中有农活，以农活为重，不外出务工。农闲外出务工既能有效利用时间，又能获得部分收入作为收入的补充。二是自主性强。由于以家庭农活为主，因此是否务工自己能做主。农忙时能不去务工，农闲的时候，也能自己做主是否去务工。三是连续做工时间短。由于以农活为主，只有在农闲的时间做工，农活的特点是有季节性，一旦农活出现，就得抽身忙农活。所以，农活的季节性决定临时务工不可能有较长的连续时间。四是“走工式”。一般距离较近，不需要居住。以农活为主，做工是“副业”的基本特性，要求必须时刻关注农业生产情况，做工之余也要到生产现场观察农情，以便随时解决生产问题。这一特点决定了临时务工一般都是“走工式”。

临时务工的优点就是能够随时关注家庭农业生产、照顾家庭、补充家庭收入。一般按天计酬，收入兑现及时且有保障（一是了解雇主情况，二是不兑现可以不做）。缺点就是农闲务工有不确定性。农闲时不一定能够如意找到工作。

（2）长期务工。指脱离家庭农业生产或只能利用务工空余时间进行农业生产，以务工为主获得收入的劳动形式。

长期务工特点：一是完全脱离农业生产或基本脱离农业生产。以做工为主，主要时间和精力要服从务工要求，农业生产无暇顾及。二是自主性较差。“端谁的碗服谁管”，遵守劳动纪律和工作制度是务工的基本要求。“三天打鱼，两天晒网”是任何组织都不允许的。“不务正业”干别的事情，影响了本职工作还如数付给报酬是任何雇主都不情愿的。因此，只要准备长期干下去，只有服从，别无选择。三是做工时间较长。因为长期务工或临时务工是按照与农业生产的脱离程度划分的，从这个意义上，长期务工的时间一般应该理解为超过一季农产品的生长周期。四是“居厂”特征。长期务工岗位职责性较强，时间和精力标准要求较高。因此，“居厂”能够对圆满完成工作任务提供保障。当然家庭就近另当别论。

长期务工的优点就是工作状态稳定，规律性较强。缺点却也不少：一是出行不方便。在外地打工的农民工拖家带口，又要肩扛臂挎着沉重的行囊，每年都形成民工潮。离家较近在家居住的主要交通工具是机动三轮车、摩托车、电动车，每天往返、早出晚归且有一定的安全隐患。二是作业环境恶劣。无论是高温酷暑，还是数九寒冬，有时迎风冒雪照样坚守岗位。大部分是又苦又累又脏的低层次工作，常常面临的是危险作业。一般在建筑、力工、服务等行业；从事文教卫生、零售业、机械制造等行业比例较少；而在公司销售部门、从事行政管理、文秘、通信工程、财会等工作的农民更少；特别是在计算机、金融保险、人事行政管理等行业部门工作的农民微乎其微。由此来看，农民工所从事的行业大多数是城市人不愿做的又脏又累又苦的最低层次的工作。从农民工工作单位类型看，以自由职业为多；其次是私营企业和国有企业；再者是个体户，事业单位、集体企业比例较少。从从事的工作层次看，从事操作层占74.6%，为绝大多数；从事技术工作的只占18.3%；而从事中层以下管理工作的仅占7%；从事高层管理的基本没有。三是粗茶淡饭，住所简陋。四是任务繁重，工作时间长。五是农民是弱势群体，工资收入低、缺乏保障。

【教学案例】

2011年5月份某商报刊发了一文，主要内容是说，“有一个化名为小英的女工在某厂上了近1个月的班，至少干满了14天的活，却只拿到9元工资”。记者接到报料后，和小英及其原同事们一起，到工作的某厂讨薪。

小英手上的工资单非常简单，只有“加班工资”389元，“扣旷工3天”380元，最终“应发总工资”为9元。在另外一位讨薪者的工资单上，记者看到其“应发总工资”为115元。而其他讨薪者，工资条上都显示只有数百元不等。

最终，在记者的介入下，经当地劳动监察大队快速协调，欠薪的某厂以底薪1 100元支付了讨薪者的工资。

【案例分析】

打工者一般远离故土，举目无亲，属于弱势群体，利益容易受到侵害。就这一案例而言，在新闻媒体和社会有关部门的协调之下，这些打工者算是有了能够接受的结果。但是，大多数打工者遇到这种情况常常是束手无策，有些打工者实在忍不下承受的心痛，采取一些过激行为也时有发生，这也构成了社会不稳定因素。如何保证打工者权益，近些年政府也做了大量的工作，要真正确保有实效，必须建章立制，形成有约束力的长效机制。

三、农村创业是新型职业农民的最佳选择

（一）创业是增加农村家庭收入的有效途径

有前面分析可知，农村家庭收入由农业收入和农业外收入两部分构成，要实现农村家庭收入的增长必须从这两方面入手。

1. 增加农业收入实现农村家庭增收需要创业　通过分析影响农业收入的因素——耕地面积、单位面积产量、农产品价格和优化种植结构和种植制度，可以清楚地认识到，在当前农村家庭的生产模式下，土地面积不可能有较大增加，实现家庭收入增长难以实现，但要依靠当前土地流转的新政策，增收潜力无限；单位面积的产量，在没有新的优良品种出现的情况下，实践表明通过精耕细作虽然略有增长，但增长数量较少，增收空间不大；农产品价格虽然影响农业收入很大，但从这些年情况来看，国家对农产品价格实施调控的结果显示，农产品价格也略有增长，在一定时期内相对稳定。因此，在一定生产规模情况下，依靠农产品价格实现增收潜力有限，而且由于农民对农产品市场价格预测和敏感度都不够，实现绝对增收没有把握。从优化种植结构和种植制度上看，因作物的比较效益有很大差别，靠优化种植结构和合理种植制度，确有很大的空间，但这需要更新观念，科学运作。

可见，实现农业收入增长的有效途径主要有：一是适应新农村建设的发展的新要求，抓住土地流转的新机遇，扩大生产规模，增收有巨大潜力，但这取决于单位面积有一定收益的前提条件。因此，在实现规模扩充之前，要做好项目论证，不可盲目。二是优化种植结构和种植制度，也具有较大的增收空间，这也需要根据情况做科学分析。因此，选择这两方面作为生产者增收的突破口至关重要。当然其他两个影响因素虽然也能够实现增收，但只是靠生产经营者主观努力不那么容易做到。需要指出的是真正实现农业增收，研究单产和农产品价格也是必修的功课。

从前面分析的情况来看，实现农业增收无论是依靠土地流转增加耕地面积，还是优化结构，都需要农民更新观念，提高素质，增强胆识，科学运作，靠知识和能力实现农业生产的规模和效益的扩大，而这一过程就是实现农村创业的过程。因此，创业是农业增收的有效途径。

【教学案例】

河南省商丘市有一位王姓农民。1999 年初，开始在自家责任田里繁育日本斤柿等小杂果树苗，并获得成功。无奈耕地有限，难以扩大种植规模。2000

年初，乡党委政府为推进乡农业结构调整进程，决定建立高效农业开发园区。他承包了园区100亩土地，自筹资金和乡政府扶植贷款，先后投10万元，在园区内建了几间房屋，健全了电力系统，打了两眼灌溉机井，购齐了农业机械和病虫害防治的器具，并发展了一座蜂场，已为果木做媒传粉。

先后几十次到山东、山西、北京等十余个省、自治区、直辖市，引进果树新品种21个，脱毒甘薯品种9个，建成了以小杂果和脱毒甘薯为主的两个繁育基地。

种植的脱毒甘薯25亩平均亩产达到5 000千克，比一般品种增产40%左右，并取得了实验单株重25斤的好成绩。并在全乡推广种植近千亩。

种植的40亩小杂果基地是又一成功之作。柿为日本斤柿，个大丰产，美观可口，营养价值高。李子为黄甘柳李，成熟早且香气扑鼻。桃为八月贡桃，八月成熟，单果重1.2斤，味道甜爽，口感极佳。杏主要为金太阳杏、红丰杏。还有泰国石榴、无核爱党梨、大雪枣等其他果木，真可谓百果争鲜。这些果木吸引了各地客商前去定购，亩产值能够达到5 000元至1万元。

为在全乡大面积推广这些优质果木，他建成了集有许多品种的苗圃20亩，嫁接繁育优质果苗5万余株，推广栽培面积5 000余亩，有力地推进了该乡产业结构的调整。

【案例分析】

该农民抓住了乡政府产业结构调整契机，成功利用土地流转政策，承包100亩地有胆识；调整产业结构有思路；在自己田里试种有成功经验后，再承包土地规避了风险；重视技术，抓住了重点，同时善于不断创新是成功的关键。

2. 增加农业外收入需要创业　通过分析在农业外收入项目中包含非农业生产经营项目收入和非生产经营收入。在这些收入的项目中，非农业生产经营项目收入属于农业生产以外的收入项目，如果运作良好，对增加农业外收入效果明显，但这需要生产者拓宽视野，发现和探索，实现增收项目“从无到有”的跨越，而这一过程显然就是创业。在非生产经营收入项目中，国家财政得到的收入、集体经济中（包括乡村企业）得到的各种款项、亲友赠送收入、获奖收入其数量都是外界因素起决定作用，主动权不掌握在自己手中。因此，不具有可靠性。出售财物收入通常情况下数量有限，对非生产经营收入影响不大。非借贷性收入在规模有限情况下，这部分根本没有或很少，如果该项目成为非生产经营收入的重要影响因素，那一定是创业实现规模扩大的结果。至于务工收入虽然是增加非生产经营收入的不错途径，通过前面的分析，可以看出劳动付出与劳动所得明显不对称，有时有一定的风险性，而且靠务工收入也很难实现财富快增长、大增长。

可见，在农业外收入项目中真正实现财富的巨大增长，挖掘非农业生产经营项目，实施创业是切实可行的途径。但也要根据实际情况认真分析研究，规避风险。

（二）农民创业是新农村建设形势下的需要

1. 农民创业促进家庭收入快速增长　在市场经济条件下，农民作为自主经营、自负盈亏的商品生产者和经营者，在现有一家一户的“小生产模式”下，在目前国家惠农政策大力扶持下，已经充分发挥了其生产要素的潜力，在现有情况下再实现大得飞跃难度很大。要实现农民家庭收入的快速增长必须转变农业增长方式。农业增长方式无非有两条途径，一是实行规模经营，二是集约经营。无论实行哪一种增长方式的转变，都意味着要突破一家一户的“小生产模式”的格局，而打破原有格局，就要进行生产要素的重组，进一步提高生产能力和管理水平，这些都需要农民去实践去实施，只有适应这种挑战，才能顺利实现转变。而农民改变自身实践的过程，是实现产业升级的过程，所以就是创业的过程。可见，创业是农民实现增长方式转变和增加家庭收入的必由之路。要充分认识农民创业的现实意义。推动农民创业，是实现经济社会发展新突破的重要举措。推动农民创业，把蕴藏在广大农民群众中的创业积极性充分调动起来，放手让一切劳动、知识、技术、管理和资本的活力竞相迸发，让一切创造社会财富的源泉充分涌流，形成干事创业的良好氛围，促进经济社会全面、协调、可持续发展。推动农民创业，是解决“三农”问题的根本出路。当前，农村农业发展面临着不少新情况新问题，农业基础薄弱的局面还未从根本上得到改变，农民收入增长的速度仍低于城镇居民，农民持续增收的长效机制还没有完全建立，促进农民增收的任务还非常艰巨。收入是核心指标，这个问题不解决，不仅影响建设全面小康目标的实现，而且直接影响和谐稳定。农民增收难的症结，就在于创业不充分，因此必须大力推进农民创业。推进农民创业，对区域而言，是发展之策；对农民来讲，是致富之本。

政府要迅速转变观念，改善环境，不断增加农民的创业收入。农民是中国特色社会主义的重要建设者，是我国农村改革发展和农业生产的主力军，是农村社会稳定的重要因素。然而，由于种种原因，我国农民收入水平低，成为我国低收入阶层的主体。因此，提高农民收入已成为当务之急。我们一定要转变观念，改善环境，不断增加农民创业收入。努力克服农民固步自封、因循守旧、小富即安、多子多福等陈旧观念，树立市场经济、时间、价值、效率、审美、开放等现代观念。大力改善农民创业的政策、法律等环境，提高政府部门的办事效率，实行投资倾斜、小额信贷、税收减免等支农、惠农、强农政策，为农民增加创业收入创造良好的外部环境。

2. 农民创业助推现代农业快速发展 农民创业是促进现代农业发展的强大动力，对新时期我国农村由传统农业向现代农业转变起到积极的推动作用。

（1）农民创业是发展现代特色农业的需要。相对于传统农业，现代农业正在向观赏、休闲、美化等方向扩延，假日农业、休闲农业、观光农业、旅游农业、低碳农业等新型创意农业形态也迅速发展成为与产品生产农业并驾齐驱的重要产业。这就要求新型职业农民不仅要掌握现代农业专业知识，还要有适应现代农业发展趋势所需要的创新能力和创业能力。

（2）提高农民创业能力是推进现代农业发展的重要途径。现代农业发展的主力军是农民，农民是推动现代农业发展的主要因素和根本保证。提升农民创业能力，将一批具有创业创新精神的种养大户、农民合作经济组织的组织者、农业实业创建人，培育成为农民合作经济组织的法人或企业法人，将农民创业带头人培育成为有技术、懂经营、会管理的农民企业家，由传统的农民身份向业主、老板、企业家的身份转变，可提高农村自身发展能力，促进农村经济快速增长，能够解决现代农业发展人才短缺的突出问题，能够发挥创业人才的骨干作用。因此，促进农民创业活动，提高农民创业能力是推进现代农业发展的重要途径。

3. 农民创业加快新农村建设的步伐 创业是一个国家、一个民族、一个地区繁荣昌盛的源泉。创业是生产发展的具体体现，是创造社会财富的动态过程，农民创业能力是创业活动成功实现的保障。农民作为新农村建设的主体，激发其创业热情、提高其创业能力对于建设新农村至关重要。

创业能力是新农村建设的动力源泉。新农村建设的首要任务是积极发展现代农业，实现的关键是提升农村生产力。农民创业是推动农村生产力发展的重要因素，农民创造能力的提升对于推动农村生产力进步有重要作用。

转移农村劳动力，促进土地流转，加快新农村建设。提升创业能力是开拓就业新渠道的有效途径。通过提升创业能力，开展创业性生产经营活动，能大幅度地增加就业机会。一个人去创业就能带动一批人就业，很多人去创业，就会创造出更多的就业岗位，实现就业的倍增效应。特别是非农产业的创业能有力地促进农村劳动力转移，为土地顺利流转创造条件，有利于促进土地规模化、区域化、专业化、现代化水平提高，最终加快新农村建设的步伐。

农民创业促使资金、技术、信息、人才等流向农村，为新农村建设发展注入新活力。通过对农业的资金支持，提高了农业的技术装备水平，改善了农业的基础条件；扩大了农业经营规模；通过发展农产品加工业，参与农业产业化经营，带动农产品原料基地和营销网络建设，延长农业产业链条，有力地促进了工业和农业、城市和农村、农业和商业的有机衔接与结合。有利于各级政府部门、社会各界力量形成合力，共同关注新农村创业、支持新农村创业，营造新农村创业的良好环境和氛围。从而带动农业生产向产业化、规模化、专业化、标准化方向发展，这无疑会使技术、信息、人才流向农村，为农村发展注入新活力。

促进乡村城镇化，加快新农村发展。一些发达国家在推进城乡一体化进程中的实践经验充分说明，创业是吸纳农村大量富余劳动力的有效途径。农民创业无论在城镇，还是在乡村，都能促进当地产业的发展、经济的繁荣。其直接表现：生产经营项目数量增加；项目生产经营的生产、技术、管理水平提高；对当地的财政收入贡献增加；对当地人均收入贡献增大等。最终的结果就是乡村经济发展、农民收入及生活水平赶超城镇水平，进而促进乡村城镇化发展，成为新农村建设的加速器。

实训与思考

1. 农民收入构成包括哪些方面？
2. 为什么农村创业是新型职业农民的必然选择？

模块小结

项目一 农业经济体制发展演变历程

一、农业经济体制的内涵

二、我国农业经济体制的变革

（一）建立社会主义农业制度

1. 社会主义农业制度建立之前的经济形式

（1）封建地主、富农土地占有制的经济形式。

(2) 个体小农经济形式。

(3) 农民个体占有土地基础上的劳动合作经济形式。

2. 我国农业制度的建立

(1) 1956 年底至 1958 年的高级农业生产合作社阶段。

(2) 1958 年至 1960 年秋的农村人民公社阶段。

(二) 实行家庭联产承包责任制

1. 家庭联产承包责任制产生的背景

2. 家庭联产承包责任制的产生

项目二 家庭联产承包责任制带来的农村变化

一、从农民人均纯收入看农业发展经历的阶段

1. 高速增长阶段（1978—1984 年）。

2. 缓慢增长阶段（1985—1990 年）。

3. 快速增长阶段（1991—1996 年）。

4. 增速下降阶段（1997—2000 年）。

5. 增长回升阶段（2001—2004 年）。

6. 快速增长期（2004—2013 年）。

二、全面建设社会主义新农村

(一) 社会主义新农村的内涵

社会主义新农村是指在社会主义制度下，反映一定时期农村社会以经济发展为基础，以社会全面进步为标志的社会状态。主要包括：一是发展农村经济、增加农民收入。二是建设农村新面貌和基础设施，改善环境。三是扩大公益、促进和谐。四是培育新型农民，提高素质。它体现在五个“新”上：一是产业发展要形成“新格局”。二是农民生活水平要实现“新提高”。三是乡风民俗要倡导“新风尚”。四是乡村面貌要呈现“新变化”。五是乡村治理要健全“新机制”。几方面共同构成社会主义“新农村”的范畴。

1. 社会主义新农村建设目标要求　即“生产发展、生活宽裕、乡风文明、村容整洁、管理民主”。

2. 建立社会主义新农村的根本目标　促进社会全面进步是建立社会主义新农村的根本目标。

3. 社会主义新农村建设特征　一是时代特征，二是综合特征，三是联动特征，四是渐进特征，五是动态特征。

（二）当前社会主义新农村建设成果

1. 农村经济全面繁荣，经济实力迅猛增长。

2. 农民收入增长迅速，消费水平提高、消费结构优化。

3. 村容村貌明显改善。

4. 以群众文化为核心，崇尚文明蔚然成风。

5. 惠民政策，富民强基

（1）“多予”惠及多层面。

（2）“少取”聚焦农民利益。

（3）“放活”抓住农村社会重点。

6. 村级民主管理日益规范

（三）现代农业需要新型职业农民

1. 新型职业农民的特征　一般认为职业农民具有的特点：（1）长期居住于农村社区；（2）主要收入为农业生产与农业产业经营；（3）长期占有一定面积耕地或拥有使用权、经营权；（4）将农业生产与经营作为职业，大部分时间和精力用于农业生产与经营。除具备上述特点外，还应具备以下几个特征：一是具有现代农业的大市场观念，二是具有现代农业的职业素养，三是具有现代农业责任感，四是具有现代农业创新能力。

2. 新型职业农民主要类型　按照新型职业农民从事的行业特点和生产经营类型可以分为生产型职业农民、经营型职业农民和服务型职业农民。

3. 加强新型职业农民培养

（1）新型职业农民培养的重要意义。

（2）新型职业农民培养目标和内容。

（3）新型职业农民培养的实施措施。

项目三　农民收入现状和创业选择

农民家庭总收入主要由农业收入和农业外收入两个方面构成。

即，农民家庭总收入＝农业收入＋农业外收入

一、农业收入

农业收入＝种植收入（作物收入＋林果收入）＋养殖收入（畜禽收入＋水产品收入）

1. 作物收入

作物收入＝∑单种作物收入

因为作物收入计算公式是：作物收入＝耕地面积×单产×农产品价格

所以种植业收入的计算公式又可以为下面的形式：

种植业收入＝∑［单种作物耕地面积×单产×农产品价格］

（1）增加耕地面积实现增收潜力小，土地流转后劲大。

（2）提高单产实现作物增收难度较大。

（3）提高农产品价格增收难以掌控。

2. 林果、畜禽、水产品生产收入。

3. 优化种植结构和种植制度实现收入增长。

二、农业外收入

农业外收入的来源可以划分为非农业生产经营项目收入、非生产经营收入。

（一）非农业生产经营项目收入

主要分为两类：一类是农村家庭根据当地情况和自身条件所进行的农产品加工业和农业生产产前、产中、产后的服务业；另一类是围绕农村生产生活所进行的非农生产经营项目和服务业。

（二）非生产经营收入

非生产经营收入主要是指非生产经营性所得和非借贷性收入，包括从国家财政得到的收入、从集体经济中（包括乡村企业）得到各款项、出售财物收入、亲友赠送收入、获奖收入、非借贷性收入、务工收入等。

三、农村创业是新型职业农民的最佳选择

（一）是增加农村家庭收入的有效途径

农村家庭收入由农业收入和农业外收入两部分构成，要实现农村家庭收入的增长必须从这两方面入手。

1. 增加农业收入实现农村家庭增收需要创业。

2. 增加农业外收入需要创业。

（二）农民创业是新农村建设形势下的需要

1. 农民创业促进家庭收入快速增长。

2. 农民创业助推现代农业快速发展。

（1）农民创业是发展现代特色农业的需要。

（2）提高农民创业能力是推进现代农业发展的重要途径。

3. 农民创业加快新农村建设的步伐。

模块二

创 业 要 求

学习目标：

1. 了解创业者素质要求包括哪些方面。
2. 掌握创业者创新思维方法。
3. 掌握常见的创业创新技法。

项目一　创业者素质要求

创业是创业者整合资源进行经济活动、创造社会价值的过程。它是由创业者具体操作实现的。创业者是指利用某种可用的信息、资源、机会，通过借用相应的平台或载体，以一定的方式转化、创造更多的财富、价值，并实现某种追求或目标的人。无论创业者创立的企业所涉及的行业在当前社会是否存在，它都是实现企业从无到有的过程，包括后来的成长和发展都是一种创新活动。正如人是一切生产经营活动的决定因素一样，在整个创业的过程中创业者起着决定作用。可见，创业者素质事关创业的成败。因此，创业者必备的创业素质是创业的关键所在。

人的素质是指心理素质、身体素质、知识素质和能力素质的统称。创业者是社会进步的引领者，其素质必然有较高的要求。

一、心理素质

所谓心理素质是指创业者的心理条件，包括自我意识、性格、气质、情感等心理构成要素。创业之路，是充满艰险与曲折的，这需要创业者具有非常强的心理调控能力，能够持续保持一种积极、沉稳的心态。创业的成功在很大程度上取决于创业者的创业心理品质。宋代大文豪苏轼说："古之成大事者，不唯有超世之才，亦必有坚韧不拔之志”。只有具有处变不惊的良好心理素质和愈挫愈强的顽强意志，才能在创业的道路上自强不息、顽强拚搏，才能闯出属于自己的一片天地。成功创业者心理素质主要有以下方面的一些个性品质：

（一）自信

有自信就能保持乐观向上的心态，就能保持持久的创业激情，就有战胜困难争取胜利的决心，就能感染创业团队凝心聚力，创造辉煌。

（二）独立

思维和行动不受外界因素干扰，面对复杂情况能够独立思考，甄别是非。

（三）坚韧

在创业的道路上难免会遇到困难和挫折，优秀的创业者总是能够在最艰难的时刻咬紧牙关，以坚韧不拔的毅力，坚持不懈，战胜艰难困苦，赢得最后的胜利。

（四）胆识

很多情况下，有些人也具备创业的条件，但总是机遇擦肩而过，好多时候是由于没有足够的勇气和胆略去尝试。往往利益与风险成正比，有时创业者能成功创业就是因为具有他人不具备的胆识。

（五）诚信

诚实守信是中华民族的美德。子曰：“人而无信，不知其可也”。诚实守信是立业之本。良好口碑能够带来滚滚财源。在商战中失去诚信也许可获得一时之利，却会失去永久的商誉，最终被市场淘汰。

（六）沉稳

稳重是一个人成熟的标志。忍耐力和克制力是衡量一个人有无坚强意志的标志。控制自己的情绪、情感，约束自己的行为是大智大勇的表现；韩信忍胯下之辱终于成就了春秋大业。无论出现任何情况，保持冷静和理智，就能增加创业成功的概率。

（七）积极

保持积极的心态是成功创业的保障。积极品格是创业动力的源泉。百折不挠视失败为成功之母，就能置之死地而后生。任何创业活动不可能没有坎坷，成功需要不断积累经验，创业的过程就是在失败中跌打滚爬，不断积累经验财富、不断前行，有了积极的态度，就会把失败看成是磨练，总是相信困难和波折都是暂时的，总是认为“冬天来了，不久就是春天”，也许成功就要到来。如果没有积极的心态，在困难面前很快就会败下阵来，很难取得事业的成功。

（八）责任

责任就是担当。责任心是做好一切工作的基础。创业者一旦创业，就会把事业当成一种责任，肩负的是企业资产的命运、员工的未来、社会的责任。正是有了这种责任感，才能有效整合资源，才能为社会提供满意的需求，才能使企业焕发生机与活力，才会使创业者有超出常人百倍的努力和付出，才会打拼出企业美好的前途。

（九）爱心

富有爱心，不仅是一种美德，更重要的是能够广结善缘，树立自身和企业的良好形象，能与公众建立良好的互动关系，增强企业活力和竞争力，被称为创业成功的“催化剂”。

（十）吃苦

创业是一项艰苦的工作。创业初期创业者本人常常身兼数职，工作千头万绪，整天被资金、市场、竞争等一些企业管理要素，折磨的寝食难安。各项工作不理顺、不定型，事不亲躬就会出差错。工作起来常常夜以继日，条件也很艰苦，“白天当老板，晚上睡地板”是常有的事。事事也证明创业者没有脚踏实地的作风，没有吃苦耐劳的敬业精神，要取得事业成功几乎是不可能的。

（十一）公正

创业者是企业的领导、是领路人，带领团队南征北战，攻坚克难。需要打造一支敢于拼搏，能打硬仗的战斗团队。需要汲取大家的智慧，凝聚大家的力量，这就要求创业者必须处事公道，以身作则，赏罚分明，不徇私情，倡导公平正义，论功行赏，营造比学赶帮超工作氛围，树正气，鼓励大家干事创业。

（十二）奉献

任何图大业者都是以事业为出发点，处理一切事情都要站在事业的高度、集体利益的高度。不把创业看成是自己的事，而将创业当作带领大家共同奋斗干成一项事业。要谨记“财聚人散，财散人聚”的深刻道理。处理利益攸关的事项要舍私利、取大义，高风亮节，不为一己之私、一时之利制造矛盾，涣散军心。克己奉公，不谋私利，有失才会有得。

（十三）务实

创业者要取得事业的成功就必须能够审时度势，做到与时俱进。市场风云是多变的。从实际出发，在恰当的时间做出正确的判断，适时做出正确的决策是创业者明智的选择。灵活调整，自我转换是创业者科学的态度。抱残守缺、优柔寡断、好高骛远，任何不切实际的做法都是空中楼阁，都会酿成不良的后果。

（十四）全面

创业是一项复杂的工作，一方面要求创业者具有较全面的综合素质，另一方面还要思考做事细致周到。这样，在复杂的条件下，才能左右逢源，分析解决问题才有可能注意到细枝末节，才能统筹兼顾，全盘考虑，才能实现企业平衡运作，协调良性发展。

（十五）自省

很多创业者在初期取得了不俗的战绩，但好景不长，昙花一现，很快失去了创业成功的光环，当然有些原因是复杂的，但有时候创业者被创业成功的喜悦冲昏了头脑，沾沾自喜，没有看到企业发展潜在的危机，“吃老本”也是重要原因。创业者要时刻保持清醒的头脑，树立危机意识，才能保持企业发展长盛不衰。

二、身体素质

健康的体魄是创业的身体保证，创业过程常常需要创业者东奔西走的体力，还要错综复杂的问题需要全面思考，没有充分的精力做保证是难以承受精神压力和劳动负荷的。因此，健康的体质来源于父母的先天性，当然也有后天的养成。保持健康的体质主要有以下方面：

（一）劳逸结合

创业虽繁忙，往往夜以继日，寝食难安，要科学安排，学会“忙里偷闲”，注重体力恢复；否则，长时间超负荷，就会积劳成疾，不但影响工作，还会影响事业发展。

（二）任务分解

一定规模的创业工作是繁杂的，单枪匹马很难使工作见成效，必须调动团队的力量，发挥助手的作用，才能群策群力，呈现事半功倍的效果，才能游刃有余，不至于陷入分身乏术、疲惫劳作的忙碌境地。

（三）适度锻炼

选择适合自己且喜爱的运动项目进行适度锻炼，是增强体质、缓解压力的有效办法。

（四）健康饮食

身体健康需要健康的饮食做保证。创业者工作繁忙，有时饮食时间无规律、质量无保证，长期透支，不利于身体健康。合理饮食规律习惯和科学营养搭配，保证身体健康需要是非常必要的。

（五）保证睡眠

睡眠是体力和精力恢复的有效办法。保证身体健康需要一定时间的睡眠。创业者无论工作再忙，必须留有必要的睡眠时间。

（六）精神保健

参加积极健康丰富的文体娱乐活动，能够挣脱工作繁忙，带给自己精神愉悦的感受，是缓解压力，保持身心健康的需要。

三、知识素质

知识素质反应创业者对于涉及的创业活动的专业认知程度和对行业了解程度及相关知识的储备情况，对创业者组织开展创业活动有着直接的影响。特别是知识经济时代，面对纷繁复杂的创业环境，决策行动需要博专结合的知识结构，凭靠经验、勇气、热情或单一的知识很难取得创业的成功。创业者知识素质一般应具备以下方面：

（一）政策法规知识

掌握政府政策和法律规定是创业者必修课程。只有了解政府政策和法律才能用足、用活政策，做到依法办事。争取政府政策扶持，得到法律保护，为企业赢得有利的发展成长环境。

（二）行业专业知识

创业者虽然不一定是创业行业的技术专家，但必须掌握行业技术的发展情况和动态，在科技发展日新月异的今天，才能寻找技术制高点，才能在竞争日益激烈的情况下，占领技术高地。

（三）市场经济知识

企业发展处于国内外大环境的经济背景之下，都不可能游离于大环境之外，都需要对市场营销、财政金融、国际贸易等知识有一定程度的了解。恶劣的市场环境都不可能独善其身。掌握必要的市场经济知识，知彼知己做出正确的判断和决策，才能赢得成功。

（四）企业管理知识

企业管理是创业者日常工作的重要内容。管理需要多学科知识综合运用。技术、人才、资源、资产、财务、生产、销售等方面管理都需要创业者具有一定的专业知识，运用相关知识，通过掌握管理规律和制度，采用科学方法，解决管理中遇到的问题，对企业实施有效管理。

（五）综合知识

创业企业发展是一项复杂的经济活动，在企业内部管理、企业外部环境、市场营销、消费者心理等方面，很难说会用到一些不常用的知识，这就要求创业者对一些有关国内外人文地理、社会生活、文学、艺术等方面的知识有一定程度的了解，尤其是涉及本行业方面的知识要给以关注和重视。在知识的储备上没有什么捷径，只有平时的积累，当然是“韩信将兵，多多益善”。

四、能力素质

能力素质是创业者综合水平的体现，是创业者成功创业的决定因素，主要有以下方面：

（一）规划目标的能力

创业者要“胸怀企业，放眼世界，放眼未来”，能够根据当前情况，合理确定发展方向和阶段目标，依据市场环境和企业自身条件，制定出可行性的企业发展目标。制定目标时要做到长、中、短各期目标衔接合理。只有创业者有企业发展的蓝图，目标明确，才能驾驭全局带领团队有计划、有步骤地开展工作，才能使企业从胜利走向胜利。

（二）预测决策能力

市场外部环境是瞬息万变的。创业者要以敏感的视觉，观察周围情况的变化，采用科学的分析方法，对影响企业发展的各项因素做出及时准确预测，采用恰当的决策，找出应对外部环境变化的可行措施手段，引导企业良性发展。

（三）组织管理能力

企业组织管理是多层面的，需要创业者的管理能力也是多方面的。主要有下列方面：

1. 计划管理能力 干工作要做到有条不紊，按部就班需要制订计划。制定科学合理的计划就能使工作目标明确、工作任务清晰、完成时限具体、人员责任到位，落实起来自然就忙而不乱，推进有序，效果明显。

2. 组织指挥能力 团队工作业绩很大程度上要看组织者的领导才干和组织能力。当然影响组织指挥能力除了个人威信、权限、报酬、制度机制、工作任务难易程度、执行者素质等因素外，还有科学的组织管理方法也是重要因素，这是领导者运用管理艺术，发挥组织协调能力的重要体现。

3. 选人用人能力 知人善任能够发挥个人潜能，调动和激发员工积极性，又能满足岗位需求，实现各方面工作协调运转。善于发现、使用、培养人才，调动大家的主观能动性，是管理者管理的重中之重，也是企业希望所在。

4. 建立健全管理制度能力 创业企业一切都是全新的，要想使企业走上科学规范的轨道，企业运行必然要有章可循。制度就是规范企业各项工作的章程。创业者要能够根据企业各方面工作特点，结合团队情况，吸收同类企业管理制度经验，制定出具有本企业特色的管理制度体系。并做到与时俱进不断完善，才能使企业各项工作推进有序，持续发展。

5. 管理信息能力 信息是企业发展的晴雨表。建立广泛的信息渠道和快速信息传输方式是企业生存发展的重要环节，特别是现代企业竞争日益激烈，外部环境瞬息万变，面对快速多变的市场，如果企业不能借助信息做出快速反应，将会贻误战机，将企业带入困难境地。创业者对信息的管理能力在当今社会事关企业生死存亡。管理信息能力主要指管理者对信息的敏感捕捉能力、信息编码识别能力、信息处理能力和信息利用能力。信息管理就是利用这些能力为企业各方面管理服务，提高企业应变能力。

6. 激励能力 激励能力是领导者运用一定的激励方式鼓励员工，对员工振奋精神、增添士气、增强干劲、责任心、提高工作水平所起到的一种推动作用。激励能力反应领导者号召力、威信和凝聚力。领导者增强激励能力要提高个人威信，同时要掌握激励的方法，还要了解员工及其所处的环境特点，才能发挥应有的作用。

7. 理财能力 开源节流都能“增收”。创业者不仅要知道怎样挣钱，更要学会花钱。该花的钱一定要花，不该花的钱一点都不能浪费。要做到这些，创业者要掌握一定的财会知识，例如，能够看懂账务和报表，了解生产各方面开支情况，挖掘节能降耗潜力。树立节约每一滴水、每一度电的思想。养成聚少成多、勤俭节约的习惯。其次，要学会管理资金。一是要把握好资金的预决算。做到量力而行，科学合理；二是要把握好资金周转。确保资金周转环节顺畅，使用合理；三是把握好资金投入的论证。要对投入资金进行可行性论证，确保投资方式合理，投资金额恰当，实现资金使用效益最大化。

8. 项目管理能力 企业管理涉及方方面面，为提高管理效率，有时需要对工作局部进行切块实行专门管理，即项目管理。实行项目管理，一是提高重视程度；二是加大管理力度；三是提高管理效果。创业者要根据企业发展的需要，科学适时实行项目管理，能够增强管理者的责任心和工作力度，提高管理效果。

9. 机构设置能力 组织机构是发挥管理职能的重要载体。整个企业管理是由各管理部门分别承担完成的。要做到管理高效，一要科学设置管理部门。既不能部门太多造成机构臃肿，人浮于事，也不能部门配置不足，造成管理真空。二要科学设置机构权限，防止职责重叠和遗漏。三要合理人员配备，做到以责定岗。

10. 专业技术能力 专业技术能力是创业者掌握和运用专业知识进行专业生产的能力。专业技术是企业发展的要素之一，它是企业生产效率和产品质量的保证。从长远看，创业者要实现组织有效的管理，“外行领导内行”是远远不够的。只有具备专业技术能力，创业者才能对生产中出现的问题能够分析清楚发生的原因，才能制定出切实可行的措施，实施有效管理。专业技术能力的形成具有很强的实践性。创业者要善于向实践学习，重视创业过程中积累专业技术知识，提炼职业技能训练成果，逐步提高发展、完善自己，适应企业管理需要。

（四）创新能力

创业本身就是创新实践活动。成功的创业者要使企业获得生存空间，并得到成长和发展，必须有自己突出的特点。例如，在生产技术、生产工艺、产品功能，结构质量、服务等方面与其他同类产品相比，本企业产品能满足消费者特殊功能的需求，或者高出一筹的质量，或者在外观上更符合消费者审美个性。创业者只有保持与时俱进的创新能力，才能使企业充满生机与活力，才能在激烈的市场竞争中，保持竞争优势，获得企业的可持续发展。要进行创新活动，创业者必须要对生产技术和管理进行非常深入的了解，同时对于行业发展现状和发展趋势要十分清楚，还要分析消费者需求变化趋势，在此基础上，结合本企业特点，发掘本企业优势，就会不断实现创新活动，赢得市场竞争的主动。

（五）合作能力

现代企业是开放型的系统，每个企业都是开放系统的组成元素，在这个系统中借助于系统能量生存发展，同时也影响着系统。“他山之石可以攻玉”，创业者要恰当进行企业定位，积极争取外部资源加入本企业系统，为企业注入活力，借势发展。同时，要充分发挥自身优势，通过合资、合营、合作、控股、兼并等形式积极开展对外合作，扩大企业影响力，让企业合作遍地开花结果。

（六）谈判沟通能力

谈判行为是一项很复杂的人类交际行为，是创业者开展对外合作的基本技能。要取得谈判的主动，必须制定周到的谈判方案，确定理想目标和最低目标，分析自己和对手的优势与劣势趋利避害。对可能出现的情况进行假设，并制定采取的对策。当然即使准备再充分，肯定也会有临场变故，这就要充分利用谈判经验，通过观察对方表现，分析对方心里，采用恰当的方法，利用雄辩的口才，敲开对方心灵之门，争取谈判主动。创业者要重视对外合作谈判，争取利益最大化。

（七）表达能力

表达能力是创业者最基本的技能，包括语言表达能力和文字表达能力。是创业者实现有效沟通的重要工具。语言表达能力主要是指口头表达能力，包括演讲、讨论、答辩、谈判、日常对话交流等。文字表达能力主要是指书面文字表达能力，主要是指企业发展规划、战略报告等公文应用写作能力。表达能力是创业者实现有效沟通的基础能力，要注意日常积累和实践训练提高。

（八）学习能力

创业者是企业的引路人，要带领企业不断前进和发展，就必须了解新技术、新的管理知识经验，对行业发展现状和未来有清醒的认识，对产品和消费者需求变化要十分熟悉。所有这些都需要创业者走在员工前面，走在竞争者前面，需要创业者有较强的学习能力。创业者要充分认识学习能力的重要性。要采用现代学习手段，运用科学学习方法，利用可能利用的时间和机会，为自己“充电”，只有这样，才能适应现代企业发展速度的变化需求，带领企业创造美好的未来。

（九）人际交往能力

人脉被称为有效的资源。美国斯坦福研究中心一份调查报告指出：一个人赚的钱，12.5％的来自知识，87.5％来自人脉。《西游记》中孙悟空保护唐僧西天取经，路上经过九九八十一难，正是因为孙悟空拥有广泛的人脉能够上天入地，降妖捉怪，才扫除了种种障碍，得以逢凶化吉。创业也是如此，广织人脉，就能赢得商机。现代企业正在走向多维合作、多向发展的时代。俗话说：“多一个朋友多一条路”。扩大社交圈，通过朋友掌握更多信息、寻求更大发展，日益成为成功创业的捷径。心理学家称：应酬的最高境界是在毫无强迫的气氛里，把诚意传达给别人，使别人受到感应，并产生共识，自愿接受自己的观点。创业者在从事经济活动过程中，通过各种社会交往活动，扩大企业影响，能够提高企业的经济效益。

良好的人际交往能力对外能够改善与公众（政府、新闻媒体、消费者等）之间的关系，对内能够协调所属各部门成员之间的关系，营造内外环境的和谐氛围，为成功创业打好基础。

人际交往能力是一种社会实践能力，需要在实践中学习，不断积累总结经验。这种能力的形成：一是要向善于交际的人学习借鉴人际交往经验和方法。二是多参加聚会交流，增强自信，锻炼能力。三是善于总结思考和观察，提高人际交往技巧，指导人际交往实践活动。持之以恒、坚持不懈就会提高人际交往能力。

（十）应变能力

孙子兵法说：“兵无常势，水无常形”，企业发展受到内外因素的综合作用，时刻都会出现新情况，产生新问题，创业者要能够根据发生的情况，利用企业和环境积极因素，及时调整战略或采取有效措施，使企业向着有利的方向运转。在企业有重大机遇时，能够把握机遇乘势而上。当企业面临危机时，能够规避风险，使企业转危为安。

创业者的素质能够增加创业成功的砝码，但绝不是具备了以上素质就一定能够创业成功。创业活动是非常复杂的经济活动，任何偶然的因素都可能导致创业的失败，何况没有任何完全相同的创业活动。如，张三看似与李四属于同项的创业活动，可能看起来张三条件还不如李四优越，最终结果可能是张三取得了成功，而李四却创业失败，也许这就是"创业"的含义。

实训与思考

1. 创业者素质要求包括哪些方面？
2. 创业者应具备哪些心理素质和能力素质？

项目二 创业者创新思维

一、常见的思维障碍

正确的思维来自于思考能力和思考的主观能动性。但有时一些思维的习惯和思维方式也一定程度上影响了正确思维。正确认识思维误区，克服思维障碍，对形成正确思维具有重要意义。常见的思维障碍主要有思维定势、直线型思维、崇拜思维等。

（一）思维定势

思维定势是指思考问题时按照同类或相似问题的思维渠道、习惯或方式进行，所形成的一种程式化、固定性的思维模式。

在环境不变的条件下，定势使人能够应用已掌握的方法迅速解决问题。而在情境发生变化时，它则会妨碍人采用新的方法。消极的思维定势是束缚创造性思维的枷锁。消极思维定势是一种封闭的、狭隘的、落后的思维方式。常常不愿接受事物新变化，不能全面认识事物，因而容易造成思维错误。在思维方式上要尽量避免思维定势带来不利影响。造成思维定势的原因有经验主义、思维惯性、懒惰思想、从众心理、见识狭窄等。

1. 经验主义 有经验的人常常否定新情况出现的可能性，不管事物是否发生新变化，也不论老方法是否适用，常用老经验模式生搬硬套，复制以前所谓的成功经验。“我过的桥比你走过的路都多”就是典型的经验主义。

2. 思维惯性 长期的思考同类问题，常常形成了一定套路和模式，遇到类似情况习惯成自然，不由自主地沿着习惯做法考虑问题。

【教学案例】

汽车是1868年研制的，至1895年才由德国和英国正式研制成功。期间，汽车的应用前景引起了人们的关注。

1875年，美国国会对此有个专项讨论记录，结论是不宜发展。理由有两个：一是汽车用的是汽油，汽油易燃易爆，一个随时会爆炸的怪物在街上到处窜岂不危险；二是汽车的使用会取代马车，这样马就会失业下岗，从而摧毁农业。

因此，美国的汽车工业比欧洲落后了16年。

【案例分析】

对于当时汽车工业现状美国国会做出了不宜发展的决定，主要对于汽车发展的未来缺乏认识，仍然停留在马车繁荣时代，是典型的思维惯性。

3. 懒惰思想 用现成的方式，不用劳神费力，墨守成规更省事，不愿意接受改变。

4. 从众心理 这样的思维出发点是：大家都这样做就是对的。不愿带头另辟企径，一副随大流的心态。

5. 见识狭窄 不具备开拓思维的能力，很难有新颖的、超前的创意。在思考时突破思维定势，要警惕和排除寻求新思维可能遇到的束缚，有意识地抛开思考类似问题所形成的思维程序和模式，要敢于尝试思维新方式、开发新思路，不断进行创新思维训练。

【教学案例】

从前有个贫穷的人，一生中吃过的最好的东西是芝麻饼。有一天他告诉别人说：“如果我当了皇帝，我要天天吃芝麻饼。”

【案例分析】

穷人当了皇帝成为至高无上的人，还要天天吃芝麻饼，不是他不想吃更好的东西，实在是因为“穷”没有见识过更好吃的东西，所以就说不出更好吃的东西来。因此，见识狭窄是影响思维的重要因素。

（二）直线型思维

直线型思维是指思考线路呈线条状，思路直来直去，不能迂回曲折思考的思维方式。例如，A=B，B=C，则 A=C，这样的思维方式就是直线型思维。

直线型思维比较单一，不能多方位、多渠道、婉转地、迂回地观察思考事物，形成的认识有一定的局限性。

突破直线型思维，要学会多种思维方式，多参加复杂事物的思维活动，在实践中不断提高。

（三）崇拜思维

对常用的工具、常见的现象有时默认为是正常的、是正确的，往往没有人怀疑。主要是大家对事物形成的现状产生了崇拜。正是因为这种崇拜，没有人质疑其正确性，违背了“事物都是发展”的这一基本规律，影响了创新思维，进而影响了对事物认识的正确性。崇拜的形式主要有领袖崇拜、权威崇拜、自我崇拜。

1. 领袖崇拜 由于对领袖人格魅力和能力等方面的欣赏和推崇，造成对领袖思维上高度信任。人们常拿领袖说的话、做的事成为自己学习或教育他人的模板，造成思维障碍。如，有时一场战争失败，虽然可能另有多种原因，但有时出于领袖崇拜，没有人挑战领袖思维也是重要原因之一。

2. 权威崇拜

（1）专家权威崇拜思维。行业发展往往是有一些人对行业理论或实践有着引领作用，往往形成行业内的尊敬甚至崇拜，这就形成了行业权威。权威比一般人涉入行业时间长，对事物认识更清楚、更深刻。因此，大家有一种“高山仰止”的感觉也很正常，但是任何事物都是处于不断变化之中，专家权威认识的正确性也离不开当时的背景条件，不敢越权威雷池一步，不敢怀疑权威的理论和观点，往往影响了思维发展和行业发展，影响了社会进步。

（2）书本知识权威崇拜思维。书本是人们对实践认识的系统理论总结，常常被认为是成熟的理论，多数人对书本知识有一种认可或崇拜，容易造成思维障碍。应该看到受作者认识局限性和事物发展的变化性影响，有些不一定认识的全面或正确。对于书本上的知识，不要盲目崇拜，要做科学辩证分析，才能形成正确的创新思维。

3. 自我崇拜思维 有些人长期担任领导职务或行业内带头人，对管理范围内的业务起决定作用，久而久之，对自己的思维和见解有着充分的自信。有时无论事物怎样变化，总是愿意“一言堂”，大家只有照办执行，不得产生疑义。这样不免就会形成盲目自信、自我崇拜、固执己见的局面，造成思维上的惯性或封闭禁锢现象，影响创新思维。

当然除了盲目崇拜之外，认识上走向另一个极端的自卑，以及思维麻木僵化也影响创新思维。

要摆脱崇拜困扰，就要提高认识能力和思维方式水平，在实践中不断探索。

二、突破思维障碍，改造思维

思维障碍是我们进行创新的拦路虎，思维方法的改变决定于创业者自身。能不能实现创新思维又取决于两个方面，一方面是客观上具备创新思维能力，另一方面主观上有创新思维的努力。

（一）提高自身能力，客观上满足创新思维要求

1. 充实专业文化知识 思维是一种智力活动，创新思维更是高级的思维形式。创业者要具备一定的文化基础，特别要掌握与创业相关联专业知识，才能将政治、经济、社会、文化、人文、历史、生产、生活等方面进行联系起来，实现创新思维。不断学习积累相关专业文化知识具备创新思维文化基础能力是实现创新思维的必要条件。

2. 学习创新思维方法 创新思维方法是创业者能够创新思维的方法能力基础。创业者学会科学的创新思维方法，实现创新思维可能更容易、更有效。

（二）努力实现创新思维

1. 更新观念 在观念上改变认识，敢于打破传统思维模式，树立正确的创新思维观念，这就要求要突破狭隘的自我思维观念，进一步超越自我。要占领时代的制高点，超越时空的限制，在正确认识客观规律基础上，对事物的发展趋势做出正确的判断，既不要拘泥于现实而墨守成规，也不要脱离实际凭空幻想。实现观念更新要做到以下方面：一是用发展的眼光看现有理论。理论常常是一定时代的产物，都是在特定的历史和认识能力条件下产生的，需要随着历史的发展和社会实践的变化得以丰富和发展。二是养成良好的思维习惯。传统的思维习惯可能禁锢着我们，俗话说："习惯成自然"。思维上的习惯有可能在无意识地引导思维走老路。这就要有意识地改变思维上的老习惯，不断加强创新思维训练，破旧立新，养成创新思维好习惯。三是突破传统经验。经验是阅历与认识的积淀，也是宝贵的财富。但要看到事物的时代性和发展性，不要陷入抱残守缺的思维怪圈，要善于总结自己的经验，冲破传统经验的禁锢，解放思想，实事求是，打破常规，做到与时俱进，思维创新。四是超越自我。每

个人在某些方面有可能有自己的专长，也可能做出了一定成绩，但要看到“事易时移”，不要躺在原有的功劳簿上或唯我独尊的思维方式上。要不断丰富发展完善自己，不断向他人、向社会、向实践学习。谨记“谦虚使人进步，骄傲使人落后”警句，超越自我，不断创新。五要正确把握现实。创新思维既要立足现实，又要超越现实；既要注意现实要求，又要有前瞻性和长远性，做到立足现在，放眼未来。

2. 创新思维方式 创新思维仅仅主观上有努力愿望和观念还不够，还要具有科学的思维方法才能做到创新思维，这就需要创业者摒弃传统思维方式，采用新的思维方式。

一种思维方式由视点、视角、思考线路方向组成。视点就是观察思维的切入点。视角就是从视点出发，观察思考事物形成的角度。思考线路方向指形成的思考线路的正反方向。思维方式影响着创新思维效果，主要原因：一是事物存在不同的侧面，从不同的角度认识事物，会产生“横看成岭侧成峰”的效果，会使我们认识事物更全面，更容易认识事物的本质。二是事物是发展变化的。认识和思维要符合事物变化的规律。三是常见事物已有成型的思维，改变思维方式可能有不同的效果。四是事物存在普遍联系性，与周围的其他事物有着千丝万缕的联系。往往从联系的事物上能够产生认识和思维上的突破。

影响思维正确性的因素：一是观察的事物本身思维层面数量，二是观察事物每个思维层面的思维方式，三是跳出思维事物本身看事物。

（1）增加观察事物层面。从不同的层面观察事物可能存在不同的认识，综合观察事物各层面的认识，整合“立体思维”认识可能有利于认识事物本质，形成更客观的创新思维。

（2）变化思维方式

①变换思维视点。事物的每个层面有多个视点，视点影响认识的位置。变换不同的视点，更有利于从不同点观察事物，产生更多的思维见解。

②改变思维角度。从一个视点产生的思维角度能够反映思维的方向，变化思维角度能够改变观察事物的视野范围。变化不同的视角能够看到不同的内容，产生不同的认识。盲人摸象的综合，才能真正体现大象的真实面貌。

③思维线路实行双向思维。每一个思考线上有正反两个方向。有时思考问题往往按照常情、常理、常规，或者按照事物发生的时间、空间顺序思考，这是一种正向思维。在原有正向思维基础上进行逆向思维，凡事向相反的方向去思考，会形成交叉思维，更有利于形成正确的创新思维。

（3）跳出事物看事物。事物发生不是孤立的，要通过事物之间的这种联系，变直接为间接，进行“旁敲侧击”、“迂回战术”可能会收到意想不到的效果。

三、常见创新思维形式

创新思维是人们社会实践活动中根据事物内在规律性和发生的具体情况所进行的有别于通常思考方式的新想法、新思想。它是一种能够打破常规，积极向上，寻求获得新成果的思维活动。它具有的特点：一是批判性，对传统见解有不同认识，提出新的看法；二是联动性，具有联系其他因素分析思考的特点，能够由此思彼、举一反三、触类旁通；三是多维性，善于从不同角度、不同层面想问题，善于用灵活多变的方法思考问题。

（一）发散思维

发散思维是最基本的创新思维方法，是创新思维的核心，是一种开放型思维。心理学家吉尔福特把发散思维定义为：从所给定的信息中，产生信息，从同一来源中产生各式各样的为数众多的输出。它是指针对事物某一方面或特点从多个视点、不同视角、不同思维线路方向、不同方位层面以及相关事务联系性上进行思考，产生多种思考设想和方案的思维方式。又称为扩散思维、辐射思维等。

1. 发散思维的特征

（1）流畅性。流畅性是指发散思维产生的过程顺畅，对提出的问题反应敏捷，能够在短时间内形成多种思维方案，具有产生数量多、速度快的特性。

（2）变通性。变通性是指发散思维的思路具有较强的灵活性，能触类旁通、随机应变，能够迅速地进行转换，得到更多的思维方案，为选择方案提供更多的选择余地。

（3）独特性。独特性是指发散思维方案具有与众不同、独具匠心的特性。思维更新颖、独特、创新，是发散思维的灵魂，属于创新的高级阶段。

2. 发散思维主要形式

（1）立体思维。立体思维是指能够跳出点、线、面的限制，从各层面、全方位，像空间几何体那样思考问题的思维方式。如，雕塑艺术、多层建筑、立体农业等都是人们进行立体思维进行社会实践活动的成果。

（2）平面思维。平面思维是指各种思考线路或思维元素在平面上进行排列组合的思维方式。如，教师讲课在黑板上板书的内容及其布局就是平面思维形式。

（3）逆向思维。逆向思维是指沿着通常对事物思考线路的反方向思考认识事物的思维形式。如小孩掉进水缸里，按照正常思维应该把人从水缸中救起，让人脱离水；司马光救人是打破水缸，让水离开人，这就是逆向思维。

（4）侧向思维。侧向思维是指认识事物思考问题离开事物本身正面的焦点尖锐矛盾，从事物的侧面思考形成的思维方式。如，战国时期发生的“围魏救赵”的战例就是典型的侧向思维案例。

（5）横向思维。横向思维是指当事物在纵向思维难以奏效时，采用横向思考取得思维成果的思维方式。如，企业发展实行“一业为主，多种经营”的方式，就是一种横向思维。一个长方形的面积增加长能增加面积，增加宽同样也能增加面积。

（6）多路思维。多路思维是指对事物从多角度、多因素、多方面形成多条思路分别思考，形成多种思考方案的思维形式。如，分析一张纸的用途，它可以写字，可以包装物品，可以叠纸飞机……这就是多路思维。

（7）组合思维。组合思维是指把两项以上貌似不相关的事物加以连接，使之整合形成新的思考方案的思维方式。如，牛顿组合了开普勒天体运行三定律和伽利略的物体垂直运动与水平运动规律，从而创造了经典力学，引起了以蒸汽机为标志的技术革命。这就是组合思维的成果。

3. 发散思维的角度

（1）结构发散。结构发散是指以某事物的结构为发散点设想出事物该结构的各种可能性思维活动。

（2）材料发散。材料发散就是以某事物材料为发散点设想出多种材料可能性的思维活动。

（3）功能发散。功能发散就是以事物某种功能为发散点，设想出多种功能可能性的思维活动。

（4）方法发散。方法发散就是以人们解决事物某种问题的方法为发散点设想出解决事物问题的各种可能性方法的思维活动。

（5）因果发散。因果发散是以事物发展的因或果为发散点设想出因及果或果及因可能性的思维活动。

（二）收敛思维

收敛思维是指在解决问题的过程中，尽可能利用已有的知识和经验，把众多的信息和解题的可能性逐步引导到条理化的逻辑序列中去，最终得出一个合乎逻辑规范结论的一种思维方式。它与发散思维不同，发散思维是为解决某问题，从这一问题出发，尽量想出更多的办法。收敛思维是为了解决某问题，根据已有的知识经验，寻求解决问题的最好办法。

1. 收敛思维特征

（1）封闭性。发散思维的思考方向是以事物问题为原点向周围呈辐射状散射的，具有开放性。收敛思维则是把许多解决事物问题的方案、办法指向事物问题，寻求更合理的解决方案，具有封闭性。

（2）连续性。发散思维的过程，设想方案之间可以没有任何联系，是一种跳跃式的思维方式，具有间断性。收敛思维的进行方式则相反，是紧密联系的，具有较强的连续性。

（3）求实性。发散思维要求产生更多的设想或方案，有些是不成熟的，也是不符合实际的。收敛思维则是按照实用的标准对方案优化筛选所形成的，具有较强的实用性。

2. 收敛思维与发散思维的主要区别

（1）思维指向相反。收敛思维是从由四面八方聚焦问题中心的，发散思维是由问题的中心向周围辐射发散的。

（2）两者作用不同。收敛思维是一种求同思维，在对问题进行系统全面的考察基础上，通过把多种想法理顺、综合、优化、筛选，寻求一种最有实际应用价值的结果。发散思维是一种求异思维，围绕解决的问题，在广泛的范围内尽可能地设计更多的解决问题的方案和办法。

收敛思维与发散思维是对立统一的辩证关系。发散思维可以设计出较多的问题解决方案，使收敛思维更有选择的余地。没有发散思维，收敛思维就没有了加工对象，就无从进行。反过来，没有收敛思维的优化整理，发散思维的结果再多，也无法发挥作用，也不能形成有意义的创新结果。只有二者结合起来，才能形成有效的创新思维成果。

3. 收敛思维形式

（1）目标确定法。这种思维形式要针对问题首先确定问题需要解决到什么程度，也就是要达到的工作目标。其次，在众多的解决问题的办法中，结合解决问题要达到的目的性和解决方案的实际情况对每个方案进行分析评价。最后，比较各方案实际价值得出最好结果方案。

（2）求同思维法。如果一种现象在不同场合反复发生，而在各场合中只有一个条件是相同的，那么这个条件就是这种现象的原因，寻找这个条件的思维方法就叫求同思维法。

（3）求异思维法。如果一种现象在第一场合出现，第二场合不出现，而这两个场合中只有一个条件不同，这一条件就是现象的原因。寻找这一条件，就是求异思维法。

（4）聚焦法。聚焦法就是围绕解决问题焦点进行反复思考，甚至聚焦停止在问题上面，使信息量和思考力围绕问题焦点高度集中，赋予一定量的积累努力，形成思维的纵向深度和强大的穿透力，最终在解决问题上达到质的飞跃，顺利解决问题。

（三）想象思维

想象思维是指人体大脑通过形象化的概括作用，对脑内已有的记忆表象进行加工、改造或重组创造出新形象的思维活动。

1. 特征

（1）形象性。想象思维活动是由事物基本表象为基础的，通过表象结合自己阅历对于事物形成新的想法，这一过程都是通过发挥想象对事物的表象进行加工得来的。事物形象是想象的载体或者说想象是通过事物形象的演变实现的。

（2）概括性。想象思维是对事物表象的整合加工，这一过程包含对各种表象的重新抽象综合，形成新的概念或者形成对具体过程描述的反应形象。实际上是对事物形象的再造或新概念化。因此，想象思维具有很强的概括性。

（3）超越性。想象思维是借助于原有事物的表象作为基础，发生的超出事物本身外延的思维活动。事物本身的表象就像“发酵粉”，而真正想象的空间要远超过事物本身。它会围绕事物表象产生许多新的表象。

2. 想象思维类型

（1）无意想象。无意想象是指想象没有主观目的性，是随着原事物表象自由展开的，有很强的随机性，事先并不知道想象的结果是什么，是随意产生的。

（2）有意想象。有意想象是指对事物某一问题产生想象时，是按照一定的目的进行的，其想象结果也受到这一目的约束。整个想象思维活动都是在有目的的情况下进行的。有意想象又可分为再造型想象、创造型想象和幻想型想象。

①再造型想象。再造型想象是思想者根据他人描述的事物表象，在头脑中对事物形象再塑造形成的想象思维活动。

②创造型想象。创造型想象是指创造主体按照目的要求，通过对事物记忆表象进行加工、整理、改造、组合产生新思维想象的思维活动。

③幻想型想象。幻想型想象是指进行创造型想象时，进行不切实际、漫无边际的任意想象的一种思维形式。由于思维想象与现实有较大的距离，不靠谱或当前不具备实现的条件。因此，被称为幻想型想象。

（四）联想思维

联想思维是指思考者在头脑中从一定思维对象出发，根据事物间某种联系想到它事物。是人们通过存储在大脑中两种以上的记忆表象之间的某种联系，将它们联想在一起而形成的创新思维活动。

1. 联想思维特征

（1）连续性。联想思维的是由一事物联想到它事物的，事物之间有着某种信息作为纽带，形成了连接链条。所以，联想思维事物的表象之间是互相联系的，具有连续的特点。

（2）形象性。联想思维是事物形象因某种信息所进行的链接。这种信息是以形象作为载体的，头脑中反应的是一幅幅事物形象的链接。所以，联想思维和想象思维一样，具有十分生动鲜明的形象特征。

（3）概括性。联想思维也是一种创造性思维，它是对联想表象进行整合抽象形成新思维的过程，需要对事物表象进行浓缩、提炼，是一个创造过程，所以有很强的概括性。

2. 联想思维类型

（1）接近联想。接近联想是指事物在时间、空间上比较接近时产生的联想。

诗句“春江潮水连海平，海上明月共潮升。滟滟随波千万里，何处春江无月明”中春江、潮水、大海就是接近联想。

（2）相似联想。相似联想是指事物在外形、性质、意义等方面表现出比较相似时产生的联想。如，李白诗句：“床前明月光，疑是地上霜”就是相似联想。

（3）对比联想。对比联想是指由事物之间存在完全对立或某种差异所产生的联想。如，描写岳飞和秦桧的诗句“青山有幸埋忠骨，白铁无辜铸佞臣”就是对比联想。

（4）因果联想。因果联想是指两个事物存在因果关系而引起的联想。因果联想往往是双向的，可以由因想到果，也可以由果想到因。如，病与药就是因果联想。

（5）类比联想。类比联想是指通过一种事物与另一种事物富有的特性进行对比所产生的联想。它又可以分为直接类比法、间接类比法、幻想类比法、因果类比法、仿生类比法等。

3. 联想思维与想象思维区别与联系 想象力和联想力是创新思维的两大支柱。

（1）主要区别

①联想局限在已存入人脑记忆系统的表象之间进行，而想象则可以超出已有的记忆表象范围。

②想象能够形成新的记忆表象，而联想不能。

③想象思维的结果可以超越现实，联想思维的结果不能超越现实。

④联想思维过程是一维的、线性的、单向的，想象思维则可以是多维的、立体的、全方位的。

⑤联想思维活动是在联想的事物之间进行的，空间是封闭的、有限的。想象思维活动则可以超出事物外延范围，是开放的、无限的。

（2）联系

①它们都可以借助于形象展开，都属于形象思维的范畴。

②它们都可以表现为非逻辑形式。

③二者可以互为起点，即想象思维可以在联想到的事物上展开，同样，想象思维取得结果也可以进行新的联想。

（五）直觉思维

直觉思维，简言之就是直接的觉察，是人们对于事物直接领悟的思维。它是人脑对于突然出现在其面前的新事物、新现象、新问题及其关系的一种迅速的识别，是敏锐而深入的洞察，是直接对事物本质的理解和综合的整体判断，是人具备的一种心理机能。如，男女“一见钟情”就是直觉思维。

1. 主要特征

（1）直观性。直观思维是通过人的感官实现的，必须有感知的事物形象，有了解才能有感觉，才能产生直观思维。没有直观的对象，就不能产生直觉思维。

（2）豁然性。直觉思维是凭以往的经验、知识通过对事物了解进行判断思维的，可能对事物的个别信息比较敏感，某个因素往往能够引起对事物特点作出迅速反应，虽然不一定准确，但过程具有豁然性、快速性。

（3）跳跃性。直觉思维往往不是靠事物的多方面关联分析得出的，简化了一些中间环节推理程序，是思维的灵感和顿悟，他完全是大脑功能处于良好状态时的本能反应。因此，是简约的跳跃式思维。

（4）潜在性。直觉思维是在不由自主的状态下的思维活动，在没有意识到思维过程情况下得出的思维结果。

（5）猜测性。直觉思维不像逻辑思维那样，根据事物发生的事实，按照一定的思维形式推理产生，它是根据一些信息靠感觉判断的，缺乏论证的步骤，具有猜测性。

2. 主要类型

（1）艺术直觉。艺术直觉是指艺术工作者在创作过程中通过对事物了解产生的艺术形象特点的感悟。

（2）科学直觉。科学直觉是指科学工作者在研究事物的过程中，做出对事物本质、特点及其规律的自觉判断。

（六）灵感思维

灵感思维是指思考的问题没有得到解决时，受到事物的启发，忽然得出解决问题方案的思维活动。灵感是智慧积累的突然闪现，是人脑机能的瞬时反应，是人的思维形式长期积累、艰苦探索的一种必然性和偶然性的统一。

1. 灵感思维特点

（1）突发性。灵感是受到外界事物某种因素影响或一定时间思考后，突然产生的，是一种不能预定的思维活动，没有人能够知道灵感出现的时间。

（2）兴奋性。灵感是在人的大脑思维兴奋状态下的思维活动。处于高度兴奋状态下，人脑机能才能达到运转高效，才有可能激发灵感出现。

（3）跳跃性。灵感的出现没有预感，也不是连续思考就能一定产生，它既不与思考时间相关，也不与思考过程的思维逻辑关联，它是突然的，出乎意料的智慧火花，具有不确定性和跳跃性。

（4）创造性。灵感思维成果不是常见的思维成果，即使思维结果呈现的形式或运用的手段是常见的事物或手段，但是可能运用在该项需要解决的问题上尚属首次。因此，灵感思维是一种创新思维。

2. 灵感培养方法

（1）灵感培育。一要有长期的思考基础准备。灵感是人脑进行创造活动长期思考的结果，思考积累是灵感产生的基础。二要有知识储备和广泛的兴趣。知识和兴趣的个别信息能够引起链接，成为诱发灵感的“启动器”。三要具备观察思维能力。学会观察事物，采用科学的思维方式能够更容易产生灵感。四是保持乐观积极的状态。积极的情绪有利于大脑发挥良好的思维机能。五要注意摆脱习惯性思维的束缚。六要珍惜最佳时机和环境。七要养成抓住灵感习惯。有时灵感来了，要及时整理记录下来，可能必要时能够发挥作用。否则，会使灵感智慧丢失。

（2）灵感诱发

①外部机遇诱发灵感。通过外部感官产生的灵感。主要指通过学习其他知识产生的灵感；通过研究的事物产生的灵感；通过观察外部事物形象受到启发产生的灵感；通过感受环境情绪影响产生的灵感等。

②内部积淀意识引发灵感。这种灵感来自于长期的思维积淀。一种是无意遐想。它是人们在不知不觉中产生的创造性思维。另一种是潜意识。这种灵感的产生是在潜知的状态下，产生的潜能激发，有的是创造性梦境活动，有的是下意识的信息处理活动。

（七）逻辑思维

思维是人脑的机能，是人在感性认识的基础上，对客观世界间接的、概括的反映，是对客观事物本质及内在规律的认识过程。

1. 逻辑思维含义 在理性认识过程中，借助概念、判断、推理等思维形式，以抽象和概括的方法来反映事物本质的思维活动和思维方式。广义上的逻辑包括形式逻辑和辩证逻辑。我们这里说的是狭义上的逻辑，即形式逻辑，也叫普通逻辑。

2. 逻辑思维的方法

（1）分析与综合。分析是指将研究对象划分为若干部分或因素，分别对部分或因素进行考察的逻辑思维方法。

综合是指在对研究对象各个部分或因素分别进行分析考察的基础上，将研究对象各部分或因素整合在一起归纳分析的逻辑思维方法。

（2）分类与比较。分类是指根据事物的共同性与差异性把事物进行分类。具有相同属性特点的事物归为一类，事物有多少属性就可以把事物划分为多少类。

比较就是拿两个或两类事物的共同点和差异点进行对比。通过对比更容易认识事物的本质。

（3）归纳与演绎。归纳是指从个别性前提推理得出一般性结论的思维过程。

演绎是指从一般性前提推理得出个别性结论的思维过程。

（4）抽象与概括。抽象是指通过分析研究对象，运用思维的力量，整理得出反应事物本质结果的思维活动过程。

概括是指通过对构成研究对象的各个属性研究，浓缩凝结得出研究对象总体特征的思维活动过程。

（八）辩证思维

1. 辩证思维含义 辩证思维是指按照唯物辩证法规律进行思维活动的思维方式。

2. 辩证思维方法的运用

（1）运用事物的对立面。对立面可产生于相互对立的两种事物之间，也可能是同一事物中矛盾双方的对立。

①有意设置对立面。为了全面的认识事物，有时对立面表面上并不存在，要有意识地设置对立面，这样更有利于把握事物，引导事物的发展。

②有意强化对立面。强化对立面是为了提高对事物对立面的重视程度，以便做出更为全面更准确的判断，更好地把握事物发展趋势。

（2）把握对立统一性。对立是事物的表象，比较容易理解和把握，事物统一性往往隐藏于事物表象背后，需要认真分析。只有认真观察思考，才能从对立双方中找到一致性，才能理解认识清楚事物的统一性，解决复杂矛盾。

实训与思考

1. 常见的思维障碍有哪些？如何突破思维障碍？
2. 常见的创新思维形式有哪些？
3. 尝试一种创新思维形式训练。

项目三　创业创新技法

创新技法是创造学家根据创造性思维发展规律和大量成功的创造与创新的实例总结出来的一些原理、技巧和方法。如果把创造创新活动比喻为行万里路，采用什么样的交通工具就是行万里路的方法和技法。因此，选择恰当的创新技法创新思维就能事半功倍。法国著名的生理学家贝尔纳说：“良好方法能使我们更好地发挥天赋的才能，而笨拙的方法则可能阻碍才能的发挥”。创新技法有很多，这里主要介绍常用有效的几种创新技法。

一、头脑风暴法

（一）头脑风暴法含义

头脑风暴法又称为智力激励法，由美国创造学之父奥斯本在20世纪30年代创立。采用会议形式，利用集体思考，引导大家围绕某个中心议题，广开言路、激发灵感，掀起头脑风暴群策群力获得问题最佳解决方案的创新技法。在韦氏国际大字典中被定义为：一组人员通过开会方式对某一特定问题出谋献策，群策群力解决问题。按其英文字头（brain storming），又称为BS法。

（二）实施步骤（图2-1）

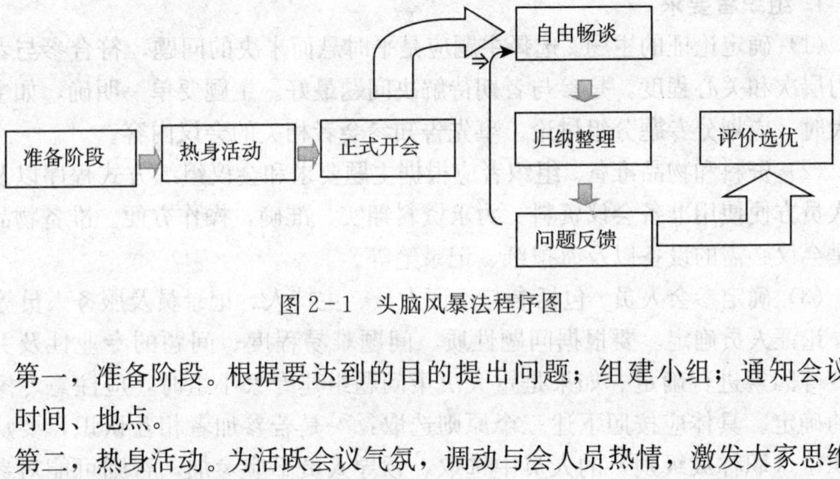

图2-1 头脑风暴法程序图

第一，准备阶段。根据要达到的目的提出问题；组建小组；通知会议内容、时间、地点。

第二，热身活动。为活跃会议气氛，调动与会人员热情，激发大家思维活力，会前可做一些智力游戏、讲幽默小故事等进行简单的发散思维练习活动。

第三，正式开会。安排任务要问题明确，简单明了，要求具体。

第四，自由畅谈。与会者地位平等，“知无不言，言无不尽”。每个人尽情地发挥自己的想法，无拘无束。

第五，归纳整理。对每个人发表意见形成的记录进行整理，设想解决问题的各种方案。

第六，问题反馈。在解决方案不理想时，重复上述过程。

第七，评价选优。对整理出的各种方案根据目的和条件进行分析评价，筛选出最佳理想方案。

（三）实施原则

1. 自由畅想原则 发挥人的思维潜力，突出自由发挥，求异创新。

2. 以量求质原则 设想的方案或解决问题的方法越多，出现科学合理高质量方案的概念机会就越大。

3. 延迟评判原则 在他人发言的过程中不予评判，让人畅所欲言，能够使发言者创新思维。后面可以设计评判的环节。

4. 限时限人原则 会议时间以1小时为宜，最多不超过2小时。人数以10人上下为宜。

5. 综合改善原则 互为补充、互相启发、互相完善使方案更加趋于合理。

（四）会议组织要求

1. 组织者要求

（1）确定论证的主题。选择主题应是平时悬而未决的问题，符合参与者的能力层次和关心程度，是参与者期待解决问题最好。主题要单一明确，如主题较大时，应划分专题分组讨论。事先告知参会者相关的会议内容。

（2）资料和物品准备。组织者应根据主题要求和会议组织方式程序以及论证人员方便使用准备会议资料。力求资料翔实、准确，操作方便。准备物品主要是会议必需的设备以及海报纸、记录笔等。

（3）确定参会人员。包括参与论证人员、主持人、记录员及服务人员等。

论证人员确定。要根据问题性质、问题难易程度、问题的专业性及关心程度等因素进行确定。如果是重大决策问题组建专家小组时，应注意专家人选的确定。具体应按照下述三个原则选取：一是若参加者相互认识，要从同一职位（职称或级别）的人员中选取。领导人员不应参加，否则可能对参加者造成某种压力。二是若参加者互不认识，可从不同职位（职称或级别）的人员中选取。这时不要宣布参加人员职称，应同等对待。三是参加者的专业应力求与所论及的决策问题相一致，同时注意专家中最好还有一些学识渊博，对所论及问题有较深理解的其他领域的专家。头脑风暴法专家小组应由下列人员组成：方法论学者——专家会议的主持者；设想产生者——专业领域的专家；分析者——专业领域的高级专家；演绎者——具有较高逻辑思维能力的专家。

主持人确定。主持人与组织者不一定一致，但要有以下要求：一要对问题理解的深透，最好比较专业；二要有较好的口才，能够合理引导；三要有一定的组织能力，能够把握会议进程和方向。

记录员确定。要根据问题专业性确定记录员，当然要有较高的书写能力和责任心。数量根据记录任务轻重而定。

服务人员确定。会场应有一定数量的服务人员。如，资料发放和整理等后勤基础工作。

（4）确定会议时间和场所。会议时间控制要根据问题论证情况而定，没有人提出意见时，要恰当结束会议，时间一般不要超过 1 小时，会议太长，产生疲劳影响效果。场所选择要有利于论证人员发挥思考力，创造一个愉悦的环境。场所布置主要是会场格局部署，便于实施会议议程、记录整理方便等。

2. 主持人要求

（1）明确会议规则要求。如，阐明会议主题、强调延迟评判原则、鼓励大家畅所欲言等。

（2）运用各种创造性思维和技法激发活跃成员思考。用诙谐幽默的语言营造轻松活跃的场面，激发成员掀起头脑风暴。

（3）适时恰当鼓励。当发言者有优良表现时，要适时恰当地以鼓励的语言、语气和微笑点头等方式表示赞赏，使发言者得到鞭策，听者产生发言愿望。如，“这一点很重要”、“这主意不错”、“太棒了”等，有利于激发大家开动脑筋。

（4）避免一言堂。可以轮流发言，每轮个人可以简明扼要介绍一个创意，避免发言不均。

（5）避免挫伤发言者积极性的语言。禁止使用下面的话语：“别人已说过了”，“我不认为是这样”等。

（6）调节会场气氛。要紧紧围绕研讨主题展开讨论，保证每个人都为讨论做贡献。在讨论过程中保持中立，能够坦诚地倾听、归纳参会者的观点，避免出现哄笑别人意见、辩论的场面、公开评论他人意见等情况。遇到暂时冷场时，要采用休息或娱乐活动等方式调节。结合主题和实际情况需要，运用科学方法引导大家掀起一次次头脑风暴“冲击波”。

（7）要掌握好时间进度和分配。会议时间一般 1 小时左右。做好时间进度分配，避免次要问题占用时间长，重要问题没有时间的现象。有时最好的设想往往是会议要结束时提出的。因此，预定时间结束时可以根据情况延长几分钟，如果再没有新主意、新观点出现时，可宣布会议结束。

3. 参与论证人员要求 参会者按照会议主题要求阅读相关材料，积极思考相关问题；按会议分配的责任开展活动；积极建言献策，贡献聪明才智；会后的言行与会议决定保持一致。

4. 记录人员要求 记录员应依照发言顺序编号记录点子，在发言内容不清时，应向发言者确认，发言内容过长时，仅记录要点即可。字迹要清晰，确保每位参与者都能看清，海报纸版面应简洁整齐。会议结束后在对所作记录进行分类整理基础上，与丰富经验和专业知识的专家组进行筛选。筛选应根据可行性、应用效果、经济回报率、紧急性等方面选择最恰当的点子。应当指出，采用头脑风暴法产生出来的构想大部分都只是一种简要想法，缺乏必要的操作细节，需要完善补充时，同样可以采用头脑风暴法。

5. 会议成果要求

（1）正确评价设想。可以将会议记录整理分类后展示给参加者；也可以让另一组人来评价；从效果和可行性两个方面评价各构思；选择最适合的构思。

（2）会议有明确的结果。会议结果要有书面总结，并将会议结果与有关领导沟通。

（3）关注任务的落实进展。根据会议结果实施落实方案，并根据具体情况灵活使用或调整实施方案。

二、“635”法

“635”法又称默写式智力激励法。它是由德国学者鲁尔巴赫根据德国人善于沉思的性格特点，以及由于数人争着发言易使点子遗漏的缺陷，对奥斯本头脑风暴法进行改造，创立的用书面畅述的方法，是奥斯本头脑风暴法的变种。具体操作方法步骤为：

第一，召开由 6 人参加的会议，主持人在会上阐明议题，发给与会者每人 3 张卡片。

第二，在第一个 5 分钟内，每人针对议题在 3 张卡片上各写上一个点子，然后传给右邻。

第三，在第二个 5 分钟内，每人从传来的卡片上得到启发，再在 3 张卡片上各写出一个点子，之后再传给右邻。

第四，重复上述做法，每隔 5 分钟填写 3 张卡片（每张卡片填写一个创意）并传递给右临，经过半小时传递 6 次完成 6 人的循环，共得 $6\times3\times6=108$ 个点子。

由于这种方法是 6 人参加，每人 3 张卡片，每次 5 分钟，因此得名“635”法。

三、奥斯本检核表法

奥斯本检核表法是由美国创新技法发明者亚历克斯·奥斯本名字命名的。是指根据需要研究对象的特点列出有关问题，形成检核表。按照检核表列出的问题逐个核对讨论，发掘解决问题的大量设想。主要优点是根据检核表设计的9大项75个问题一条条思路解决问题，能够周密思考。

（一）实施步骤

1. 确定问题 根据事物发展的矛盾确定创新对象需要解决的问题。

2. 设计问题解决方案 由创新对象需要解决的问题，按照奥斯本检核表中列出9大项75个问题逐个核对讨论，设计出多种创新设想。

3. 评价选优 根据解决问题的有效性、经济性及实际情况评价设想的方案，完善筛选出最优方案。

（二）实施注意的问题。

1. 逐条检核 根据解决的问题，联系实际，按照奥斯本检核表法设计的问题逐条核检，避免出现遗漏。

2. 重复检核 问题在深思熟虑时往往能够产生灵感，多核检几遍或许会更有利于创新与发明，可能效果会更好。

3. 每项要深刻挖掘 每项内容检核都要认真对待，尽可能拓展想象的空间，充分调动思考力，创造出更多的设想方案。

4. 根据情况确定检核人数 根据问题的复杂性等情况确定核检需要的人数，可一人也可以多人。

5. 做好记录 往往新念头是灵感的闪现，可能瞬息即逝，要及时全面记录。

6. 做好评价选优 实施奥斯本检核表法（表2-1）的目的是找到解决问题的最佳方案。因此，要根据达到的目标，结合经济性、实施可行性及未来的发展性等方面全面评价得出的每个方案，最终选出最优方案。

表2-1 奥斯本的检核表法

检核项目	项目含义
能否他用	现有的事物有无其他的用途；保持不变能否扩大用途；稍加改变有无其他用途。 追问3个问题：1. 有无新的用途？2. 是否有新的使用方法？3. 可否改变现有的使用方法？

（续）

检核项目	项目含义
能否借用	能否引入其他的创造性设想；能否模仿别的东西；能否从其他领域、产品、方案中引入新的元素、材料、造型、原理、工艺、思路。 追问5个问题：4. 有无类似的东西？5. 利用类比能否产生新观念？6. 过去有无类似的问题？7. 可否摹仿？8. 能否超过？
能否改变	现有事物能否做些改变，如颜色、声音、味道、样式、花色、音响、品种、意义、制造方法；改变后效果如何？ 追问8个问题：9. 可否改变功能？10. 可否改变颜色？11. 可否改变形状？12. 可否改变运动？13. 可否改变气味？14. 可否改变音响？15. 可否改变外形？16. 是否还有其他改变的可能性？
能否扩大	现有事物可否扩大适用范围；能否增加使用功能；能否添加零部件，延长它的使用寿命，增加长度、厚度、强度、频率、速度、数量、价值。 追问12个问题：17. 可否增加些什么？18. 可否附加些什么？19. 可否增加使用时间？20. 可否增加频率？21. 可否增加尺寸？22. 可否增加强度？23. 可否提高性能？24. 可否增加新成分？25. 可否加倍？26. 可否扩大若干倍？27. 可否放大？28. 可否夸大？
能否缩小	现有事物能否体积变小、长度变短、重量变轻、厚度变薄以及拆分或省略某些部分(简单化)？能否浓缩化、省力化、方便化、短路化。 追问12个问题：29. 可否减少些什么？30. 可否密集？31. 可否压缩？32. 可否浓缩？33. 可否聚合？34. 可否微型化？35. 可否缩短？36. 可否变窄？37. 可否去掉？38. 可否分割？39. 可否减轻？40. 可否变成流线型？
能否替代	现有事物能否用其他材料、元件、结构、力、设备、方法、符号、声音等代替。 追问10个问题：41. 可否代替？42. 用什么代替？43. 还有什么别的排列？44. 还有什么别的成分？45. 还有什么别的材料？46. 还有什么别的过程？47. 还有什么别的能源？48. 还有什么别的颜色？49. 还有什么别的音响？50. 还有什么别的照明？
能否变换	现有事物能否变换排列顺序、位置、时间、速度、计划、型号；内部元件可否交换。 追问8个问题：51. 可否变换？52. 有无可互换的成分？53. 可否变换模式？54. 可否变换布置顺序？55. 可否变换操作工序？56. 可否变换因果关系？57. 可否变换速度或频率？58. 可否变换工作规范？
能否颠倒	现有的事物能否从内外、上下、左右、前后、横竖、主次、正负、因果等相反的角度颠倒过来用。 追问7个问题：59. 可否颠倒？60. 是否颠倒正负？61. 可否颠倒正反？62. 可否头尾颠倒？63. 可否上下颠倒？64. 可否颠倒位置？65. 可否颠倒作用？
能否组合	能否进行原理组合、材料组合、部件组合、形状组合、功能组合、目的组合。 追问10个问题：66. 可否重新组合？67. 可否尝试混合？68. 可否尝试合成？69. 可否尝试配合？70. 可否尝试协调？71. 可否尝试配套？72. 可否把物体组合？73. 可否把目的组合？74. 可否把特性组合？75. 可否把观念组合？

四、和田十二法

和田十二法是我国学者许立言、张福奎在奥斯本检核表法基础上，借用其基本原理，进行创造而得出的一种思维技法。它是奥斯本检核表法演变和创新。

和田十二法基本原理：

(一) 加一加

加高、加厚、加多、组合等。如，鞋跟增高可以满足人们增加身高的愿望。自行车加上电池就成为电动车。

(二) 减一减

减轻、减少、省略等。如，汽车降低油耗是消费者追求的主要目标之一，受到消费者的青睐。

(三) 扩一扩

放大、扩大、提高功效等。如，电视机的屏幕尺寸有所增加能够满足人们生活水平提高住房客厅变大的需要。

(四) 变一变

变形状、颜色、气味、音响、次序等。如，毛巾花色品种增加能够满足不同消费者的审美需求。

(五) 改一改

改缺点、改不便、不足之处。如，物品包装由箱装变为提装能够满足人们手提方便的需要。

(六) 缩一缩

压缩、缩小、微型化。如，移动硬盘体积缩小能够满足人们携带方便的需要。

(七) 联一联

原因和结果有何联系，把某些东西联系起来。如，鲁班被草划破手通过联想发明了锯。

（八）学一学

模仿形状、结构、方法，学习先进。如，风筝制作是学习了鸟的飞行原理。

（九）代一代

用别的材料代替，用别的方法代替。如，发明太阳能热水器用太阳能加热代替电能或燃料加热，更加节能降耗。

（十）搬一搬

移作他用。如，打气筒原理与注射器原理一样，这就是功能的移用。

（十一）反一反

能否颠倒一下。如，吹风机与吸尘器就是颠倒发明。

（十二）定一定

定个界限、标准，能提高工作效率。如，套餐制定不同的容量和营养成分能满足不同消费者需求。

和田十二法由“加”、“减”、“扩”、“变”、“改”、“缩”、“联”、“学”、“代”、“搬”、“反”、“定”十二个字提出了创新思路，诱发人们的创造性设想。

五、组合技法

（一）组合技法含义

组合技法是指将看起来不相关联的事物经过思考以某种方式进行连接，从而形成具有新功能、新特点的统一体的一种创新方式。

（二）组合技法特征

1. 创新性　事物连接组合后，其功能、方法、特点等方面已经不等同于原来各个事物在功能、方法、特点等方面的简单相加，新组合具备了新功能、新方法、新特点。因此，组合技法具有创新性。

2. 广泛性　靠原理突破进行技术创新需要具备知识的功底或者长时间从事实践工作研究，而组合创新是现有事物的组合产生的新创意，相对简单容易。从现代社会创新成果来看，组合创新分布于社会生活的方方面面，而且数量也占有较大的比例。据统计，现代技术中组合型成果已占全部发明的60％～70％。

3. 时代性和继承性 组合技法是现有事物的组合创新，由于现有事物具有时代性，同时事物也是一代一代传承下来的，因而组合创新也具有时代性和继承性。

（三）组合技法主要类别

1. 重组组合 重组组合是指将原有事物各部分功能拆分，再将拆分的部分功能进行重新组合或者部分功能与外来元素实施组合形成新的组合体的创新活动。如，飞机的螺旋桨装在尾部就是喷气式飞机，装在顶部为直升机。

重组作为手段，可以更有效地挖掘和发挥现有技术的潜力。

2. 功能组合 功能组合是指不同功能的事物组合在一起能产生具有更多样、更强大的功能新事物的创新活动。如，最初手机仅仅是方便的电话，加入上网功能后，成为“掌上电脑”更加智能化。

3. 材料组合 材料组合是指不同特性的材料经过科学组合，能够形成满足社会生产或生活某种需要的新材料的创新活动。如，合金材料就是不同材料的组合。钢筋、水泥和沙石混合形成的钢筋混凝土材料更具有坚固耐用的特性。

4. 同类组合 同类组合是指将同一种功能或结构在一种产品上重复组合，能够满足人们更高要求的创新活动。如，将多个单头插座组合排列分布固定在同一个插板上就形成了插排。

5. 异类组合 异类组合是指将不同类别的事物组合在一起，能够产生更多功能，能更好地满足人们需求的创新活动。如，白天人们需要用沙发，晚上睡觉需要用床，沙发床的设计将这两种功能合二为一，节省了对室内空间的占用。

（四）组合方法

1. 主体附加法

（1）主体附加法含义。主体附加法是指在对特定事物深入研究基础上，通过置换或插入其他技术或增加新的附件而进行发明创造的方法。

（2）实施程序（图2-2）。

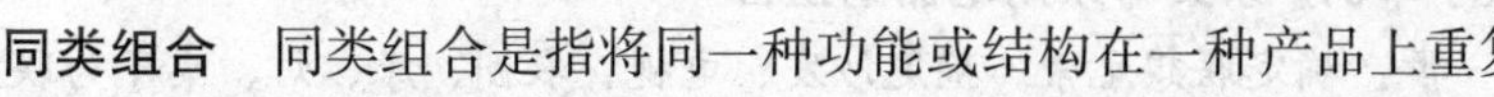

图2-2 主体附加法程序图

【教学举例】改进老年人手杖

第一步：确定主体。老年人手杖。

第二步：指出缺点。老年人晚上走进无光区域不安全。

第三步：实现目标。在手杖上简便操作能达到夜行照明警示目的。

第四步：插入技术。安装红色照明灯。

第五步：制作完善。制成夜行警示手杖。

【举例分析】

这种创新要发现主体在实际中的缺点或者使用新用途，通过嫁接新技术或组合改进，就可以赋予主体新的功能，实现创新。

2. 二元坐标法

（1）二元坐标法含义。二元坐标法是信息交合法的一种形式。是指利用平面直角坐标系，将联系元素分别作为纵横坐标轴上的标点，按序轮番地进行两两组合，筛选出有实际可操作性组合物的创新方法。

（2）实施程序（图 2－3）。

图 2－3　二元坐标法程序图

【教学举例】家具与家用电器的组合

第一步：确定联想元素。确定沙发、电视、衣橱、床、灯、桌子为联想元素。

第二步：把联想元素绘制成二元坐标图（图 2－4）。在坐标系中分别将沙发、电视、衣橱、床、灯、桌子作为纵横坐标点。

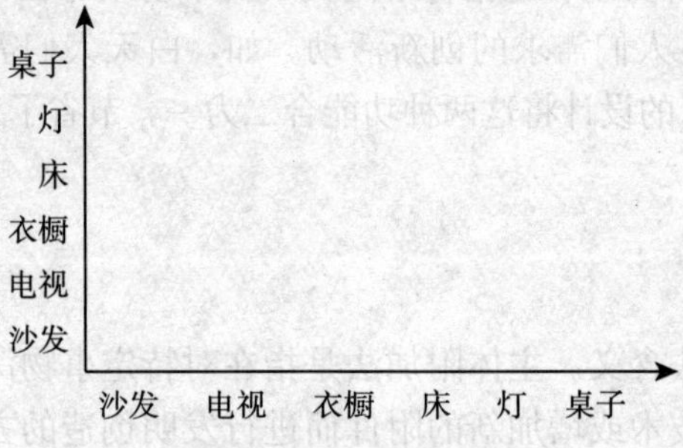

图 2－4　二元坐标图

第三步：两两组合发挥联想创造方案。将分别分布在纵横坐标轴上的沙发、电视、衣橱、床、灯、桌子坐标点两两组合得出如表 2－2 的创新方案。

表 2-2　二元坐标法创新方案列表

	沙发	电视	衣橱	床	灯	桌子
沙发						
电视	电视 沙发					
衣橱	沙发厨	电视橱				
床	沙发床	电视床	床头厨			
灯	沙发灯	电视灯	衣橱灯	床头灯		
桌子	沙发 茶几	电视桌	组合柜	床头桌	台灯	

第四步：筛选可操作性联想方案。如选择电视柜作为最终方案。

第五步：完善制作。制作电视柜样品，根据实际需求完善方案。

【举例分析】

二元坐标法的关键是确定可以创新的元素。在日常生产生活中只要善于发现动脑思考，这种方式对实现发明创造非常有效。

3. 焦点法

（1）焦点法含义。“焦点法”是组合技法的典型代表。它是指以一个事物为中心出发点（焦点），联想其他事物并与之组合，形成新创意的创新方法。

（2）实施程序（图 2-5）。

图 2-5　焦点法程序图

焦点法既可以是发散式结构（图 2-6），也可以是收敛式结构（图 2-7）。发散式主要用于新产品、新技术、新思想的推广应用。收敛式主要用于寻求某一问题的解决途径。

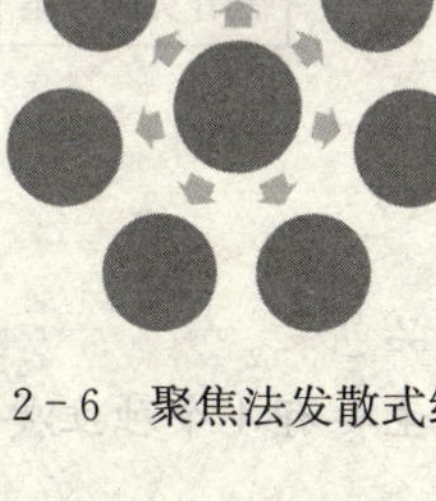

图 2-6　聚焦法发散式结构

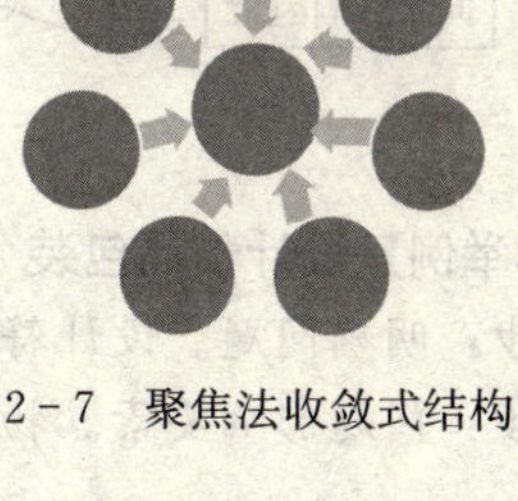

图 2-7　聚焦法收敛式结构图

【教学举例】庭院防盗

第一步：选择焦点。庭院防盗。

第二步：列举焦点以外的事物或技术。列出与防盗有关的事物。如，狗、鹅、院墙、人、摄像头、警示等。

第三步：将焦点置于中心与列举的因素连接形成创新方案。将庭院防盗与列出事物连接设计方案（图 2-8）。

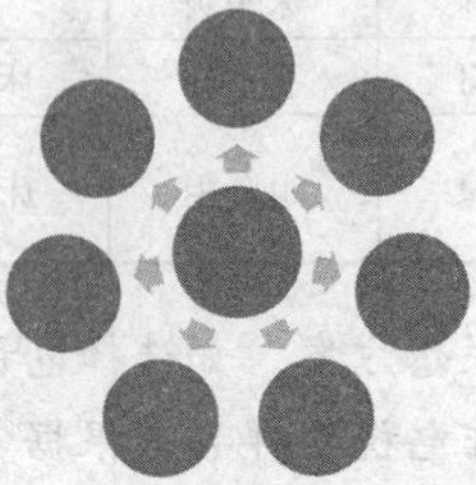

图 2-8　庭院防盗焦点法设计结构图

第四步：评价各方案选优。根据实际情况选择方案。如，选择养狗。

第五步：完善实施。对养狗方案怎样实施，实施效果评估，完善方案。

【举例分析】

焦点法的核心是分析与焦点相关的因素或事物，分析得越全面深入，创新方案就越多。

4. 形态分析法

（1）形态分析法含义。形态分析法是指通过对研究对象相关形态要素的分列和重新组合，全面寻求各种解决问题方案的创新方法。形态指构成事物的内外有形要素。

（2）实施程序（图 2-9）。

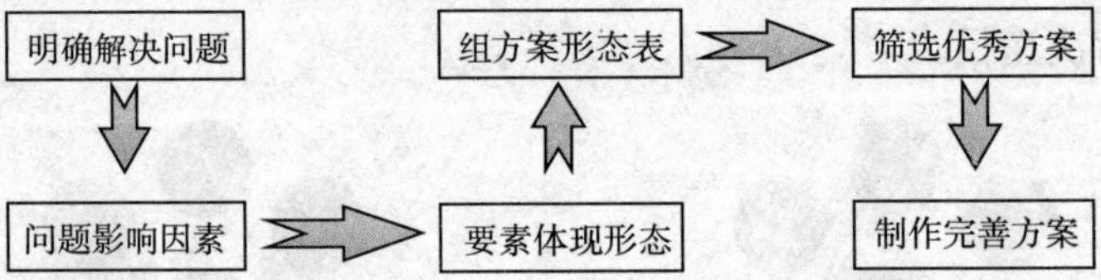

图 2-9　形态分析法程序图

【教学举例】设计物品包装

第一步：明确问题。设计符合产品特点的物品包装。

第二步：问题影响要素。物品包装影响因素主要有 4 个独立要素，即外部形态、包装材料、图案、主色调。

第三步：列出每一独立要素的形态。物品包装的形态可以有几何体形态、生物体形态、艺术体形态等；材料质地有纸质、塑料、木质、金属等；图案有人物、动物、植物、艺术图案；颜色有红与黄、蓝与黑、白与红、绿与黄等。

第四步：组合要素形态产生方案形态表（表 2-3）按其行列进行组合，共可获得 192 种方案。

表 2-3 形态分析法创新方案列表

独立要素	包装外形	包装材质	包装图案	包装色调
1	几何体	纸质	人物	红与黄
2	生物体	塑料	动物	蓝与黑
3	艺术体	木质	植物	白与红
4	—	金属	艺术图案	绿与黄

第五步：选择优秀方案。根据应包装的物品特征在要素形态中选择适合的要素形态，形成该物品最佳包装方案。如，外形选正方体；材质选木质；图案选牡丹花；色调选红与黄。形成的方案就是以红与黄为主色调绘有牡丹花图案的木质正方体包装箱。

第六步：实施完善。将以红与黄为主色调绘有牡丹花图案的木质正方体包装箱方案制成包装样品，分析完善使之更加趋于合理。

【举例分析】

构成元素的多少及每种要素类型是创新方案数量和优劣的关键。

六、逆向转换技法

逆向转换技法是指以反向求索的方式进行创新的思维开发技法。基本原理是：任何事物都有对立的两个方面，两方面既互相依存又互相对立地存在于统一体中。逆向转换技法利用事物两方面反向思考，可以是方向、位置、过程、功能、原因、结果等方面的“逆向思考”，是矛盾的两个方面的逆转。

1. 原理相反。如，电动机与发电机。

2. 功能相反。如，充电与放电。

3. 过程相反。如，吹尘器与吸尘器。

4. 位置相反。野生动物园的人和动物的位置。

5. 因果相反。如，以 a、b、c 分别代表三角形三边，若，$a^2+b^2=c^2$，则三角形是以 c 为斜边的直角三角形；或者，若三角形是以 c 为斜边的直角三角形，则 $a^2+b^2=c^2$。这就是互为因果关系。

6. 程序相反。如，科学假设与实验验证。

7. 观念相反。如，以产定销，以销定产。

8. 结构逆向。电风扇与风力发电。

七、列举法

列举法是指对研究对象某一方面的属性，遵照一定规则充分发挥思考力详尽罗列各种设想，诱发创造性方案的技法。列举法分为三类，即特性列举法、缺点列举法、希望点列举法。

(一) 特性列举法

1. 特性列举法含义 特性列举法是指在对研究对象的特性进行深入分析基础上，逐项研究探讨，进而产生创造性设想的技法。特性列举法用于具体事物的创新，主要是对创新对象的特性进行分析，将其特性分别逐条列出，逐条研究能否改进，怎样实现有效改进。

2. 特性列举法优点 是一种主动性策略，有利于激励总结经验，进一步促进特点创新，推动事物向有利的方向发展。

3. 实施步骤

(1) 剖析对象确定目标。有了需要创新的事物，要对事物作全面的剖析，明确要创新哪些方面，创新要达到怎样的目标要求，有了一个明确的目标才能有比较明确的创新课题，才能有的放矢。有了努力方向，后面的工作才能围绕这个中心设定工作任务，做到有计划、有步骤，才能顺利有效实现创新目标。

(2) 特性列举开发。根据创新目标制定的创新课题确定后，要对创造对象加以分析，分析了解事物特性情况，掌握特性条件、基本结构、工作原理等。一般事物的特性可用三种词性来表达，即包括三个部分：一是名词特性。指创新对象的全体、部分、材料、制造方法等。二是形容词特性。指创新对象的性质、状态。三是动词特性。指创新对象所具有的功能。依据特性项目分析每个特性特点，按照名词特性、形容词特性、动词特性，可采用头脑风暴法等有效创新技法进行特性列举。充分发挥创造性观察和创造性思维作用，对特性实施大胆改进思考。

(3) 设想整理使用。当特性列举到一定程度时，对列举特性进行归类整理，采用一定的方法通过检核、评价，选择经济效益高、行之有效的设想。

4. 注意事项

（1）对研究对象进行系统分析必须要包含事物的全部特性。

（2）设想开发可由个人完成，也可以发挥集体智慧。

（3）每个特性要深入系统研究，力求特性鲜明、全面完整。

（二）缺点列举法

1. 缺点列举法含义 缺点列举法基本原理与特性列举法一样，是指通过对研究对象的深入分析，逐项辨析和探讨其缺点与不足，进而产生创造性设想的技法。

2. 缺点列举法优点 是有效解决问题方法。由于缺点列举是具体问题具体分析，因而问题思考深入、理解全面，解决方案就比较切实可行，具有明显的效果。

3. 实施步骤

（1）剖析对象确定目标。应用缺点列举法要抓住关键问题，就必须对事物有全面的了解与剖析，找到问题的关键，明确要克服的缺点与不足及要达到的目标。

（2）缺点列举开发。根据剖析对象明确需要克服的缺点与不足，依据存在的缺点与不足以及要实现的目标决定课题。要逐个研究存在的问题。在研究过程中人们往往有惰性，对看惯了的东西就不愿再去思考。因此，应运用一定的技巧，打开人们的思路，使其能针对提出的问题认真和积极地思考，从而达到“百花齐放，百家争鸣”的效果。列举缺点可以采用以下方法：一是用户意见法。听取消费者意见。二是对比分析法。与同类产品作对比分析，在其功能特点、质量、价格等方面进行比较。三是开会等集体列举法。可以采用头脑风暴法集体进行缺点列举等创新技法，有效列举事物缺点。针对确定与不足提出弥补改进设想的措施。

（3）设想处理使用。对于列举的缺点与不足要进行整理，根据事物的具体特点和实际经济性、可行性等方面进行评价和筛选，选择效果最佳的方案予以实施。

4. 注意事项

（1）正确理解缺点。缺点未必是缺陷，寻找缺点的目的不是全盘否定，而是针对缺点加以改进、提高，使之趋于完善。

（2）适用于具体事物。缺点列举法离不开原有事物，是对于具体事物的具体缺点与不足进行的改进，对事物和问题具有明显的针对性和适用性。

（三）希望点列举法

1. 希望点列举法含义 希望点列举法与特性列举法、缺点列举法基本原理相同。是指根据事物特点，将事物能够具有的希望和理想进行大胆设想列举的创新技法。

2. 希望点列举法优点 希望点列举法根据列举者的意愿提出各种希望和理想的设想，不必拘泥于原有事物的限制，是主动型的创造技法。

3. 实施步骤

（1）以事物研究对象为起点。希望点列举法虽然在列举时可以不受事物本身的限制，任意发挥，希望点最终是为促进事物发展服务的，仍然要研究事物本身的特点，全面分析事物。

（2）希望点列举开发。由于希望点列举法是对事物美好的设想。因此，可以是现在能够实现的，也可能是需要创造条件或将来能够实现的，还可以是不能实现的。所以，可以任意想象。设想希望点可以采用以下方法：一是掌握希望点列举法特点，运用多种创新技法列举希望点。二是研究社会需求分析，特别是潜在需求，增加有效希望点机会。三是召开希望点列举会，群策群力创新设想。

（3）设想处理使用。对于列举的希望点要进行整理，根据事物的实用性、使用的经济性、可行性等方面进行评价和筛选，选择效果最佳的方案予以实施。

4. 注意事项

（1）不要受原有事物的局限。

（2）发挥想象的空间，设计希望点。

（3）希望点有利于改进事物。

八、类比法

类比法就是通过对两个对象之间某些方面的相同或相似之点进行比较分析，从而产生新设想和新成果的方法。

类比法就是通过对一种事物与另一种事物对比，而进行创新的技法。其特点是以大量联想为基础，以不同事物间的相同、类比为纽带。类比法种类比较多，这里主要介绍移植法和综摄法。

（一）移植法

1. 移植法含义 移植法是指将某个学科、领域中的原理、技术、方法等应用到其他学科、领域中，为其解决问题产生启发、提供帮助的创新思维方法。

移植法原理是“它山之石，攻己之玉”，是将成熟的理论、技术等转移到新领域，能够帮助解决问题，用以变革或创造新的事物，推动新领域的发展。一般有两种类型：一种类型是成果推广型移植。这种类型是指将已经成熟的技术成果，“嫁接”到另一领域推动发展。这种类型的思路是首先要搞清“成果”的基本原理及适用范围，然后研究要“嫁接”的领域是否可行，能否产生预期的效果。另一种类型是解决问题型移植。这种类型是指从需要研究的问题出发，为了解决其中有关基本原理、功能方法或结构设计方面的矛盾而考虑将其他领域成果移植到本研究课题上，借以解决难题，推动事物发展。这种类型的思路是首先要分析需要解决问题的症结，然后借助联想、类比手段，找到适合“嫁接”的成果，确定“嫁接”的具体形式和内容，并通过实验研究和设计活动实现创造。

2. 移植法类型

（1）原理移植。原理移植是指将一种学科的基本理论或机理拓展应用到其他学科或领域借以推动事物发展的移植方法。如，汽车与轮船的动力原理就是原理移植。

（2）方法移植。方法移植是指把某一事物解决问题的方法应用到其他事物上，成为借鉴解决问题的方法手段的移植方法。如，游击战方法可以被毛泽东使用，也可以被他人使用，可以在中国使用，同样也可以在外国使用。

（3）技术移植。技术移植是指将一事物解决问题的技术手段应用到它事物上的移植方法。如，植物上桃树嫁接与苹果树的嫁接就是技术移植。

（4）结构移植。结构移植是指将某种事物的结构形式或结构特征向另一事物移植的移植方式。如，电风扇结构与厨房抽油烟机结构就是结构移植。

（5）功能移植。功能移植是指将一事物具有的功能引用到另一事物上推动事物发展的移植方法。汽车散热片与家庭暖气片就是功能移植。

（6）材料移植。材料移植是指将一事物应用材料应用到它事物上，满足事物功能特性需要的移植方法。如，羽毛球拍材料有铁质到铝合金再到碳素钢就是材料的移植效果。

（7）形态移植。形态移植是指一事物借鉴它事物外部形态特征，能够丰富或具备事物需要的功能特点的移植方法。如，酒瓶可以是长方体、圆柱体、葫芦体等多种形体就是形态移植。

（二）综摄法

1. 综摄法的含义　综摄法最初是由美国创造学家威廉·戈登提出来的，

后来乔治·普林斯同戈登一起共同研究，使综摄法得到进一步完善，成为理论性和操作性强的创造技法。综摄法是指从已知的事物特征出发，将毫无联系的、不同的知识要素结合起来，按照事物相似的思路，从不同的角度分析未知事物，使未知事物受到已知事物相似特征的启发，进而实现未知事物创新的技法。

2. 原理特点 综摄法作为一种创新技法，它的特点在于：由于两个或两类事物在某些方面具有相同的或相似的特点，因此期望通过类比把某些事物的特点复现到另一类事物上，以实现创新，使潜在的创造力发挥出来，产生众多的创造性设想，这种方法能在一定范围和一定程度上给人以某种新启示，这对创造性思维是非常有裨益，它的核心就是联想类比。综摄法是一种理论化程度高、技巧性强、效果显著的创造技法。通常此法以小组讨论会的形式进行，但也可以个人使用。

3. 基本原则

（1）异质同化原则。即“变陌生为熟悉”。就是将陌生事物或新的发现联系到非常熟悉的事物中去的思维方式。把陌生事物看成熟悉的事物，用熟悉事物的原理、性质、技术、功能、结构、形态、方法观点类比认识陌生事物，把陌生问题转化成熟悉问题，使陌生事物熟悉化，进而得到关于陌生新事物的创新设想的方法。

（2）同质异化原则。即“变熟悉为陌生”。就是要用陌生的眼光看待熟悉的事物，对于熟悉的事物以审慎的态度，从有别于以往的角度、方法、观点观察熟知的事物，进而得出熟知事物新性质、新用途、新功能、新结构、新结合等创新设想的方法。

4. 综摄法四种模拟技巧 为了进一步激发人的潜在创造力，结合两大思考原则，戈登提出了四种操作性极强的模拟技巧：

（1）人格性模拟。在运用综摄法分析事物过程中，常常将研究事物进行“拟人化”构想，使用和模仿人的动作和行为实现事物新创造设想的方法。如，机器人的出现使人不愿做或不能做的工作得以顺利实施。这就是综摄法人格性模拟的结果。

（2）直接性模拟。在自然界或者已有的成果中找寻与创造对象相类似的东西，借以认识事物进行创新设想的方法。如，动物细胞核的发现就是直接性模拟。生物学家施旺和施莱登分别发现了动物和植物的有机体都是细胞结构之后，施莱登又在植物细胞中发现了细胞核，并告知了施旺。施旺按照直接类比的思路，认为动物细胞中也应该有细胞核。按照这一假说，施旺经过观察实验，果然在动物细胞中发现了细胞核。

（3）象征性的模拟。象征性模拟是指用具体事物来表示某种抽象概念或思想感情进行新事物创新设想的方法。如，毕加索创作中用“鸽子”象征和平就是象征性模拟。

（4）想象性模拟。想象性模拟是在创意思维中用超现实的理想、梦幻或完美的事物类比对研究对象进行的创意思维方法。如，将高层楼房楼顶连接形成空中高架桥就是想象性模拟。

5. 实施过程 综摄法可以是一人完成，最好能够以小组集体创新，这样由不同知识背景、不同气质的人组成小组，相互启发，集体攻关效果会更好。小组组成一般 10 人左右。一般遵循以下程序：

（1）准备阶段

①确定会议室和会议时间。

②确定参加人员。参加者可以为不同专业的研究人员，内行应该占有绝对的比重。

③确定主持人，明确注意事项。一般主持人是问题的指导员，应具备使用本方法的一切常识及细节问题。如，两大思考原则、四种模拟技巧、实施要点等。

（2）实施阶段

①主持人介绍实施方法和要求。向与会者介绍本方法的大意及实施概要以及四种模拟技巧、两大思考原则等。

②主持人与大家做预热准备。先不公开议题，营造会前活跃气氛，介绍与研究课题有关的更广泛的资料，启发大家的灵感。

③明确议题，运用规则深入思考。会议气氛热潮呈现时，明确讨论议题，并要求参加者按两条原则和四种模拟法积极构思解决问题的方案。这一环节是关键环节，要灵活运用两条原则，充分发挥四种模拟的功能作用和与会者创造性思维，设计出尽可能多的创新设想。

④评价选优。针对集体讨论的创新设想，进行分析评价，结合实现的可能性、经济性等方面确定最优方案。这一过程要将方案与目标结合起来，专家对于方案要进行反复的论证，并对其中的缺陷进行改进，直到取得满意的结果。

6. 注意的问题

（1）重视人员的确定。要由不同知识背景的人组成讨论小组，成员需要多种学科、多种专业，这样才能集体攻关，才能相互启发，大胆类比设想，才能科学运用原则和模拟技巧设计出新奇独特的创新设想。对主持人要求也特别高。不仅对专业熟悉方法运行规则了解，还要有鼓动性和调动性，激发与会者创新热情。

（2）介绍问题简明扼要。主持人或专家介绍所要解决的问题不要太详细，以免会使大家的思维囿于一定的范围，影响问题的展开或思路的拓展。

（3）群策群力，凝练方案设想。在运用原则和模拟技巧创设方案过程中，要充分发掘大家的智慧，鼓励大家“知无不言，言无不尽”，创造新奇的、独特的构思。

（4）注重发挥专家作用。专家对于问题的目标最明确，要善于捕捉成员设想传递的信息，因为成员传递信息时并不一定意识到自己提出的设想可能隐含着更好的思想，这时要善于发挥专家的主导作用，把握机会。

实训与思考

1. 结合身边实际问题运用头脑风暴法进行创新设计。

2. 奥斯本检核表法与和田十二法具有怎样的创新原理？运用其原理结合实际进行创新设计。

3. 掌握组合技法、列举法、类比法类别及其特点，并运用其进行创新设计。

模块小结

项目一　创业者素质要求

人的素质是指心理素质、身体素质、知识素质和能力素质的统称。

一、心理素质。二、身体素质。三、知识素质。四、能力素质。

项目二　创业者创新思维

一、常见的思维障碍

常见的思维障碍主要有思维定势、直线型思维、崇拜思维等。

（一）思维定势

思维定势是指思考问题时按照同类或相似问题的思维渠道、习惯或方式进行，所形成的一种程式化、固定性的思维模式。

（二）直线型思维

直线型思维是指思考线路呈线条状，思路直来直去，不能迂回曲折思考的思维方式。如，A＝B，B＝C，则 A＝C，这样的思维方式就是直线型思维。

（三）崇拜思维

崇拜的形式主要有领袖崇拜、权威崇拜、自我崇拜。

二、突破思维障碍，改造思维

（一）提高自身能力，客观上满足创新思维要求。

（二）努力实现创新思维。

三、常见创新思维形式

（一）发散思维。

（二）收敛思维。

（三）想象思维。

（四）联想思维。

（五）直觉思维。

（六）灵感思维。

（七）逻辑思维。

（八）辩证思维。

项目三　创业创新技法

一、头脑风暴法

（一）头脑风暴法含义

采用会议形式，利用集体思考，引导大家围绕某个中心议题，广开言路、激发灵感，掀起头脑风暴群策群力获得问题最佳解决方案的创新技法。

（二）实施步骤

（三）实施原则

1. 自由畅想原则。
2. 以量求质原则。
3. 延迟评判原则。
4. 限时限人原则。
5. 综合改善原则。

（四）会议组织要求

1. 组织者要求

（1）确定论证的主题。

（2）资料和物品准备。

（3）确定参会人员。

（4）确定会议时间和场所。

2. 主持人要求

（1）明确会议规则要求。

（2）运用各种创造性思维和技法激发活跃成员思考。

（3）适时恰当鼓励。

（4）避免一言堂。

（5）避免挫伤发言者积极性的语言。

（6）调节会场气氛。

（7）要掌握好时间进度和分配。

3. 参与论证人员要求。

4. 记录人员要求。

5. 会议成果要求。

（1）正确评价设想。

（2）会议有明确的结果。

（3）关注任务的落实进展。

二、“635”法

具体操作方法步骤为：

第一，召开由6人参加的会议，主持人在会上阐明议题，发给与会者每人3张卡片。

第二，在第一个5分钟内，每人针对议题在3张卡片上各写上一个点子，然后传给右邻。

第三，在第二个5分钟内，每人从传来的卡片上得到启发，再在3张卡片上各写出一个点子，之后再传给右邻。

第四，重复上述做法，每隔5分钟填写3张卡片（每张卡片填写一个创意）并传递给右临，经过半小时传递6次完成6人的循环，共得6×3×6＝108个点子。

三、奥斯本检核表法

（一）实施步骤

1. 确定问题。

2. 设计问题解决方案。

3. 评价选优

（二）实施注意的问题

1. 逐条检核。

2. 重复检核。

3. 每项要深刻挖掘。

4. 根据情况确定检核人数。

5. 做好记录。

6. 做好评价选优。

四、和田十二法

它是奥斯本检核表法演变和创新。

和田十二法由“加”、“减”、“扩”、“变”、“改”、“缩”、“联”、“学”、“代”、“搬”、“反”、“定”十二个字提出了创新思路，诱发人们的创造性设想。

五、组合技法

（一）组合技法含义

组合技法是指将看起来不相关联的事物经过思考，以某种方式进行连接，从而形成具有新功能、新特点的统一体的一种创新方式。

（二）组合技法特征

1. 创新性。

2. 广泛性。

3. 时代性和继承性。

（三）组合技法主要类别

1. 重组组合。

2. 功能组合。

3. 材料组合。

4. 同类组合。

5. 异类组合。

（四）组合方法

1. 主体附加法

（1）主体附加法含义。

（2）实施程序。

2. 二元坐标法

（1）二元坐标法含义。

（2）实施程序。

3. 焦点法

(1) 焦点法含义。

(2) 实施程序。

4. 形态分析法

(1) 形态分析法含义。

(2) 实施程序。

六、逆向转换技法

1. 原理相反。

2. 功能相反。

3. 过程相反。

4. 位置相反。

5. 因果相反。

6. 程序相反。

7. 观念相反。

8. 结构逆向。

七、列举法

列举法是指对研究对象某一方面的属性，遵照一定规则充分发挥思考力详尽罗列各种设想，诱发创造性方案的技法。列举法分为三类，即特性列举法、缺点列举法、希望点列举法

(一) 特性列举法

1. 特性列举法含义。

2. 特性列举法优点。

3. 实施步骤

(1) 剖析对象确定目标。

(2) 特性列举开发。

(3) 设想整理使用。

4. 注意事项。

(二) 缺点列举法

1. 缺点列举法含义。

2. 缺点列举法优点。

3. 实施步骤

(1) 剖析对象确定目标。

(2) 缺点列举开发。

（3）设想处理使用。

4. 注意事项

（1）正确理解缺点。

（2）适用于具体事物。

（三）希望点列举法

1. 希望点列举法含义。

2. 希望点列举法优点。

3. 实施步骤

（1）以事物研究对象为起点。

（2）希望点列举开发。

（3）设想处理使用。

4. 注意事项。

八、类比法

类比法就是通过对两个对象之间某些方面的相同或相似之点进行比较分析，从而产生新设想和新成果的方法。

（一）移植法

1. 移植法含义。

2. 移植法类型

（1）原理移植。

（2）方法移植。

（3）技术移植。

（4）结构移植。

（5）功能移植。

（6）材料移植。

（7）形态移植。

（二）综摄法

1. 综摄法的含义。综摄法是指从已知的事物特征出发，将毫无联系的、不同的知识要素结合起来，按照事物相似的思路，从不同的角度分析未知事物，使未知事物受到已知事物相似特征的启发，进而实现未知事物创新的技法。

2. 原理特点。

3. 基本原则

（1）异质同化原则。

（2）同质异化原则。

4. 综摄法四种模拟技巧

（1）人格性模拟。

（2）直接性模拟。

（3）象征性的模拟。

（4）想象性模拟。

5. 实施过程

（1）准备阶段。

（2）实施阶段。

6. 注意的问题

（1）重视人员的确定。

（2）介绍问题简明扼要。

（3）群策群力，凝练方案设想。

（4）注意发挥专家的作用。

模块三

把握商机实施创业

学习目标：

1. 掌握商机含义、特征与类别。
2. 掌握获取商机的方法与途径。
3. 掌握如何选择和把握商机。

项目一　商　机

一、商机的含义与特征

（一）商机的含义

商机是商业机会的简称。商机是指当社会生产与生活产生某种需求时，人们能够把握需求组织开展经济活动项目的机会。著名经济学家威廉史密斯说过，find the “yes” from “nos”，从 NO 中找到 YES，从否定中找到肯定，这就是商机。这样的机会表现为满足需求指向的产品和服务。

（二）商机的特征

商机能成为“商机”必须具备以下几个特征：需求性、时间性、地域性、隐蔽性、公平性、联系性、利用性、盈利性、适用性。

1. 需求性　商机是对经济行为的把握利用，市场上存在的经济活动非常多，但不一定是商机。如，开餐馆是一种经济行为，如果在考察的地区餐馆多、吃饭的人少，显然需求性不足，此时开餐饮不是最佳时期，只能说是一种经济行为，但不是商机。因此，商机首先要具有社会需求性，离开需求性，不能称为商机。

2. 时间性　商机是因为社会需求而产生的，当这种需求由他人提供得到满足之后，商机对于本人而言就不再存在。因此，商机是有时间性的。当然商机存在时间是以需要得到满足的情况而定的。有些需求稍纵即逝，而有些需求可能因需求量大、项目的难易程度等情况时间相对较长。因此，创业者要把握项目特点适时创业，才能获得预期的收益。

3. 地域性 任何社会需求都会受到当地自然条件、经济条件、社会生产情况、人文风俗习惯等因素的影响。在一个地区是商机，而在另一个地区可能不被人们接受。所以，要把握商机的地域性特点，才能真正使商机成为“商机”。

4. 隐蔽性 商机之所以能成为机会，使人们创造商业神话，是因为多数情况下是不容易让大多数人觉察到，带有明显的隐蔽性。因此，创业者要善于捕捉现象背后的商机，才能取得创业上的成功。

5. 公平性 商机人人面前平等，谁首先抓住商机，谁就能够取得主动，创造好的经济效益。垄断和特权不是商机。

6. 联系性 事物是普遍联系的，一个事物的存在往往与其他事物有着密切联系。商机正是伴随着事物的这种联系性而存在的。领头羊后面有羊群、领头雁后面有群雁往往就是这个道理。这就提示我们当看到的事物出现时，要分析与其相关联的事物，往往发现更大的商机。

7. 利用性 商机是人们把握经济活动的机会。只有当人们利用时，才能成为商机。再有市场的经济项目，如果不被采用，不能成为社会经济活动行为，都不能成为商机。

8. 盈利性 商机是一种赚钱的行为，没有人把赔钱的行为称为商机。赔钱的经济活动只能视为信息利用不当导致的不良结果。

9. 适用性 商机适用性有两层含义：一是指商机适用特定的经济活动范围，对于其他经济活动无效。二是对于商机的使用者有一定适用范围，不是任何人都可以利用所有的商机。有些商机因个人条件或其他因素只适合特定的人群。

二、商机的类别

（一）短缺商机

商机是需求产生的，需求是商机的重要特征。生产经营活动能够恰当地利用需求，就能变需求为商机。短缺是指需求缺口大。缺口越大，物以希为贵，取得创业收益的概率就越大，创业成功的概率也越大。

（二）时间商机

商机具有时间性特征。需求是有满足度的，在大家都发现某一商机的同时，谁能在最短的时间满足消费者需求，谁就比较容易取得商业活动的成功。错过了时间，就不一定达到预期的效果。有头脑的经营者善于捕捉时间差获得商业利润，原因就是能够成功利用时间商机。

【教学案例】

那第一个为年轻女性做男裤的厂子，第一个为返乡知青开的餐馆，第一个为结婚庆典开的花店，第一个赶在北京召开的奥运会之前，将汗衫和T恤衫印上奥运标志的厂商，均创造了不俗的经营业绩。发了“第一”的横财。

【案例分析】

案例中的“第一”，之所以成功，主要抓住了商机的时间特征，占领了先机。

（三）价格与成本商机

消费者追求的目标就是质优价廉。谁能在同等质量的前提下，实现成本更低，通过降低价格的方式让利于消费者，或者生产提供相同功能的低价替代物，谁的产品就会受到消费者青睐。所以，创业者如果能够采用可行的方法降低成本和价格，就能实现价格和成本商机。

【教学案例】

杭州的下岗女工王女士在偶然的一次机会中发现，婴儿用品市场前景很好，因为目前我国正处在人口飞速增长时期，同时由于生活的压力增大，各方面的开支增加，使得越来越多的年轻父母不想为刚出生的婴儿买新的婴儿车、婴儿床，但又买不到二手的，迫于无奈只得掏钱买新的。王女士想：如果能办一个婴儿用品租赁公司，应该会有很多客户。王女士的婴儿用品租赁公司很快开张，在公司中全新的婴儿用品租价比商场售价便宜1/3～2/5，用过的旧东西租价更便宜，只有商品售价的1/5，但出租前公司都要全部翻新，结果王女士的公司很快就吸引了许多年轻的父母，生意非常红火。创业者应善于从人口的这种变化中寻找商机。

【案例分析】

王女士看到婴儿车、婴儿床等婴儿用品有价格高、使用时间长的特点，现在计划生育政策一对夫妇生一个孩子，这些用品如果购买后，使用时间1～2年孩子不用时，物品完好且再无其他用途，使用成本大，采用租赁的办法既经济又能满足年轻夫妇的需要。因此，成为不错的商机。

（四）方便性商机

消费者在使用商品时根据自身情况有时方便成为消费者需求的重要因素。消费者会因为距离、运输携带方式、使用时便利性等因素优先消费能够满足具有方便特点的消费品，这就是方便性商机。

（五）通用需求商机

通用需求商机有两种含义：一是一种商品的多功能性；二是使用范围的广泛性。商品的功能专有性往往会使消费者花费相对较多的时间、精力和钱财购满多种消费品，才能满足消费者多种需求。如果经营者提供的消费品能够同时满足消费者多种需求，就会让消费者感到方便实惠，就会受到消费者欢迎。另一方面有些商品不受时间、地域、人群等因素的限制具有使用的广泛性。如，日常吃、穿、住、行等用品方面的需求是周而复始，世代永续的，需求种类多、量大。这些在某种程度上就形成通用需求商机。

【教学案例】

商机并非明摆在那里，往往需要撩开沙尘，独见真金。有资料介绍，多用电源插头的问世，就是源于被誉为“经营之神”的松下幸之助。一次他在市场闲逛，偶然听到顾客议论单用电源插头不方便，于是他很快研究生产出“三通”电源插头，推向市场，获得了可观的经济效益。

【案例分析】

松下幸之助了解了单用电源插头不方便后，通过研究生产出“三通”电源插头很受消费者欢迎，正是利用了“通用需求商机”。

（六）价值发现性商机

有些产品或服务并不是社会生产生活不需要，而很多时候是因为人们认识程度、时间及其他条件的限制，产品的用途没有有效开发，就没有将产品变成商品，这就是通常说的潜在需求。人们的生产生活需求随着社会发展是不断丰富多彩的，价值发现将潜在需求变为现实需求，是成功创业经营的有效途径。

【教学案例】

2003 年我国出现了“非典”疫情，有人发现板蓝根能够预防“非典”疫情病毒，一时间出现板蓝根脱销，有人据此狠赚了一笔。

【案例分析】

看似一场疫情，有人能够发现板蓝根的价值，赢得商机。许多人正是因为不留意，缺少“价值发现”，往往使财富从身边溜走。

（七）新事物商机

社会生活出现的新生事物，包括新产品（含更新换代或替代品）、新技术、新服务等。新事物刚出现时，市场潜力大，会产生良好的商机。

【教学案例】

欧洲各国原来使用的货币票面一般都比欧元短小，欧元发行使用后，原来普遍使用的钱夹子便不适用了。中国温州商人抓住时机迅速生产出加长的钱夹子，投入欧洲市场，占尽先机，赚了一笔数目不小的钱财。

【案例分析】

欧洲新货币的发行是一项新事物，它的出现往往对传统有一定影响。温州商人看到货币尺寸的变化，发现钱夹是商机，正是利用了新事物商机。

（八）链条商机

商机具有联系性特征。任何经济活动都与相关事物存在着密切联系。产品生产需要产前供应链条、产中服务链条、产后销售链条，甚至本产品也是其他生产链条上的必要环节。因此，一种产品生产的兴衰往往会在各个链条产生不同的“链条反应”，会形成“牵一发而动全身”的现象。因此，在大家都在关注某一经济活动时，考察与之相关的链条往往能够“作更大的文章”，所谓“螳螂捕蝉，黄雀在后”，这就是链条商机。

【教学案例】

古时候，有一个茶商，他每年都到南方收茶，有一年发洪水耽误了时间，等他到达南方的时候，茶早已被比他先到的人收购一空。这个茶商急中生智，他把当地用来装茶的竹篾收购一空，等原先收购的商人想运茶时，才发现竹篾已没了，只好求着这位茶商了。因此，他狠赚了一笔。

【案例分析】

一个大智慧的商人不拘泥于一时得失，更不会用运气来赌，他们不会因为一时的侥幸成功而窃喜，始终保持对市场的敏锐度。就像案例中的这位商人，在一般商人眼里，他们或许认为错失良机，商机已消失，自认倒霉算了。但他没这么悲观，他运用非常人的智慧，独辟蹊径，触摸到市场跳动的脉搏，他发现了贩茶环节上的“链条商机”，一举化被动为主动，这种后发制人的商机一旦被发现往往具有致命的杀伤力，也往往笑到最后，成功也就是顺理成章的事情。

（九）政策法律规则商机

任何国家对国家经济都发挥着管理职能。在一定时期内制定出符合本国国情的政策法律规则，适合国际贸易也不断调整着国家之间的贸易规则。这些政策法律规则的出台，必然会引起一些经济活动和秩序的重新调整，创业经营如果能够抓住机遇乘势而上，“借船出海”就会迎来政策法律规则商机。如，现在处于垄断的电信行业、电力行业如果放开，必然会产生许多商机。

（十）战略商机

战略多指国家、地区或一个经济组织根据自身发展需要做出的具有长远性、全局性重大决策部署的行为。创业经营者能够敏锐地发现战略将要发生的转变，适时地利用战略机遇，就能抓住战略商机。

（十一）文化与习惯性商机

风俗习惯具有时间性、地域性、民族性以及与具体事物的结合性等特点，研究各种民族文化习惯，结合其特点适时进行商业运作，就能很好地把握文化与习惯性商机。

（十二）怀旧性商机

人们在追求新生活的同时，有时对以往发生的事情存在留恋或回味的情节，对于这样的一些群体采用一定的消费形式满足他们的需求，会使他们唤起美好的回忆，或者能够满足部分群体特殊心理需求。如，编辑成长记录视频、服装颜色的不定期轮回流行等。

（十三）特别事项商机

社会生产生活中发生的重大事项，主要是指自然、经济、文化、社会等方面发生出现的有益性或损坏性重大事项产生的商机。

【教学案例】

可口可乐是世界知名品牌饮料之一，可它的配方发现却非常离奇。1886年春季，在美国佐治亚州亚特兰大市的一家不起眼又冷冷清清的小药店里，小店员正缩成一团，伏在柜台上打盹。有一个双手抱头的中年男人从外面走进店里，大呼小叫嚷着要买一种叫“可口可乐”的治头痛的药水。睡意蒙眬的店员转身取药，发现这种药已经卖完。此刻老板不在，无法到配方房取药。为了应付顾客，店员随手拿起一瓶类似治头痛的药汁，与苏打水、糖浆对在一起，倒了一小杯给病人喝，病人喝完后向柜台扔下半美元，匆匆离去。过了一会儿，老板回到店里，发现有五六个顾客正在和小店员吵着要买刚才那个男人喝过的红色“可口可乐”药水。老板究其原因后恍然大悟，让店员按刚才配制的方法，用红色药水打发了顾客，还赏了小店员5美元，小店员被弄得莫名其妙。此后，买这种药水的人越来越多，一年以后，这种药水的年销售量猛增，到1902年，这种药水的年销售量已激增至36万加仑，成为风靡世界的热门药。到了20世纪30年代，可口可乐药水已不再是治头痛的良药，而成为人们习用的饮料了。就这样，一个小店员的糊涂应急行为，竟产生了一个驰名世界的品牌饮料。

【案例分析】

该案例小药店老板通过店员的特别事项，由药水发现了饮料，发现了更大的商机，不得不说是特别事项带来的商机。

实训与思考

1. 商机的含义是怎样的？它有什么特征？
2. 掌握商机类别及其特点。

项目二　获取商机

创业是一项开创性的经济活动，是从无到有的创建。既然是从无到有的经济活动就必须要有开展的经营项目，而项目并不是创业者随便拿来就能实现自己的创业目标的，需要从社会生产和经济生活中探求发现，选择利用，才能真正为创业所用。因此，要创业就必须解决以下问题：洞察商机、了解寻找商机的途径、选择商机。

一、洞察商机

洞察是指透过现象看本质的能力。就是看事物看得深、看得透，目光犀利、入木三分、有穿透力，能够排除干扰，不被事物表象迷惑，看到现象背后隐藏的本质性的东西。我们把这种看事物、分析事物的能力称为洞察力。洞察力的运用是一个动态的过程。它历经 4 个环节，即观察、思考、发现、创新，完成整个过程。实际这 4 个环节是连续的，有时又是交叉反复的。因此，洞察力也可以说是观察力、思考力、发现力、创新力的合力（图 3－1）。

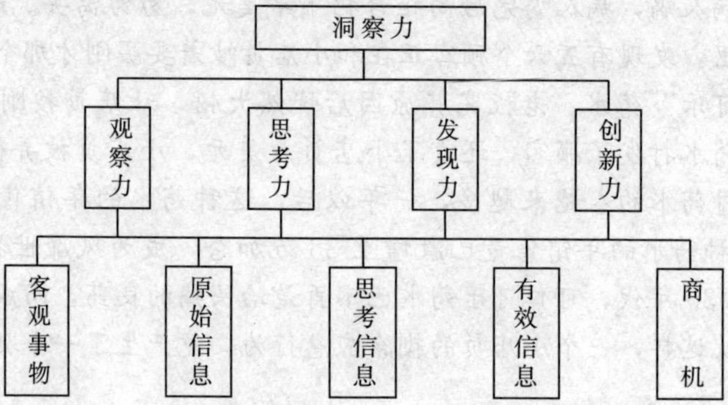

图 3－1　洞察力结构图

（一）观察环节——观察力

观察力是指大脑对客观事物的观察能力，是通过身体的感觉器官感知周围客观事物获得信息的能力，是洞察力的最初环节。这一环节是生产生活的观察体验，有时是有意识留意观察，很多时候是无意识留意得到的。此环节经历得越多，得到的信息量越大，说明观察越有效果，可能产生商机的概率就越大。观察力影响信息量的因素主要有两个方面：一是视野宽度。这主要是指观察事物量的方面。很显然，观察事物的面越宽，掌握的信息量越大。二是观察事物细节的细致程度。这是观察事物的深度。每个事物观察的角度层面越多，观察点越细密，认识事物越全面，掌握事物的信息就越全面、越准确。提高观察力的方法就是多看、多走、多读、多听。多体验社会实践，多听取他人经验，广泛收集信息。

观察环节得到的是大量的原始信息。

（二）思考环节——思考力

思考力是人们运用大脑对客观事物反应的原始信息进行分析的能力。通过观察得来的都是反映客观事物表面现象的原始信息，信息利用者要对于这些原始信息运用掌握的创造性思维方法，认真分析原始信息后面的隐含信息。通过深入思考原始信息会产生大量的思考信息。这一环节思考力发挥得越好，可能分析事物越透彻，反应事物本质的信息就越容易突显出来。影响思考力效果的方面：一是联想的广度；二是联想的深度；三是联想的方法。

在思考力方面要敢于突出思维定势，不要让经验主义、崇拜心理、从众心理等因素束缚手脚，采用独特的思维方式，体现自己独到的见解。

思考环节得到的是大量思考信息。

（三）发现环节——发现力

发现力是将思考事物获得的大量思考信息进行加工处理，在大量的复杂信息中，通过筛选、提炼、凝练得出有利用价值的有效信息的过程。这一环节信息处理者的认知能力是发现力的重要因素。这一环节是洞察力的关键环节，是商机产生的关键所在。

发现环节得到的是可能有利用价值的有效信息。

（四）创新环节——创新力

创新力是指对客观事物在发现环节形成的有效信息进行重组排序或通过增加新的元素、改进方法使之产生新认识的能力。这里主要是指对有效信息结合创业实践进行再创造的能力。发现环节产生的有效信息要成为商机，必须要实现与具体项目的对接，实现与具体应用环境条件的对接。就需要信息使用者结合自身实际，灵活改变和运用有效信息，使有效信息真正成为商机。

创新环节是有效信息成为商机的过程。

事实上洞察商机这4个环节是密不可分的，有些环节交叉反复的。有些复杂问题可能4个环节比较明显，但有时洞察商机是一个瞬间的反应，这是大脑对4个环节高度快速密集处理的结果。

二、发现商机的途径

发现创业商机的途径或来源最终都是围绕各方面需求展开的，离开了需求，就谈不上商机。发现商机除了可以从商机类别中得到启发外，主要从以下方面寻求商机。

（一）问题中求商机

被称为问题就是不容易解决的事项。对于我们每个人来说，直接面对的就是生活和工作两个方面。因此，问题也就存在于这两个方面。首先生活上的问题无非就是亲身感受上的问题或者了解得知的他人问题。但无论是个人还是他人生活上存在的问题主要包括衣食住行、交际娱乐、保健就医、夫妻感情、照顾老人以及孩子上学、就业、结婚、生子等方面存在的问题。有些问题可能具有普遍性，从这些生活问题入手，通过寻找解决自身或他人存在的问题或不便，有可能找到解决这一类问题或同样存在此类问题的人群共同解决问题的办法。这就成为解决生活问题的商机。如，有人创建小学生餐桌就是利用了夫妻工作忙中午无法照顾孩子商机。其次工作上的问题就是工作环境问题、个人发展问题、技术问题、管理问题、产品问题、消费者问题等。同样有些问题具有共性，解决的问题可能其他人也面临同样的问题，这样就形成了工作方面的创业商机。如，工作地点离驻地较远，有人创办了职工食堂解决了职工就餐问题。

【教学案例】

某奶粉针对市场上销售的奶粉必须用沸水冲才能溶化，且喝了容易上火的缺陷，进行技术攻关，生产出了可以溶于凉水，喝了不上火的奶粉，市场份额迅速上升。

【案例分析】

案例中奶粉生产厂家，通过分析奶粉存在的某一问题，进行改进，满足了消费者某一方面的需求，因而能够增加市场份额，受到消费者欢迎，这就是从问题中寻找商机。

（二）变化中求商机

商机除了产生于自身直接接触的工作生活之外，还有自身所处的大环境也是产生创业商机的重要途径，主要有产业结构调整、城市化发展、政府政策的变化、居民收入水平的提高、消费结构的变化、人们思想观念的变化、人口结构的变化等。

1. 产业结构调整 随着我国新农村建设速度的加快，农村生产生活很快将会发生很大的转变。首先农村传统的生产方式——联产承包责任制虽然在一定时期内仍然会是农村生产的重要形式，但随着土地流转速度的加快，农村生产专业合作社、家庭农场等农业新兴经济体将会成为发展较快的农业生产经营方式，这就必然会带来与之相适应的产前、产中、产后的相关产业的发展，进而产生相应的创业商机。其次，农村居住生活的方式也逐渐向社区化管理方式转变。与新农村建设相适应的建筑建材业、装饰装潢等产业，以及面向社区的饮食业、商品零售行业、教育相关产业、文化娱乐设施、医疗卫生保健等生活服务行业也要相应地得到发展。许多新产业的出现必然带来大量的创业商机。

【教学案例】

浙江省杭州市某街道地处城郊结合部，近年来随着城市化步伐不断加快，有一个村80%以上的耕地均被征用，该村村民主要经济来源绸织业也因项目推进而被征迁。为了谋求发展，近些年该村党支部带领村民积极调整产业结构，鼓励村民向周边村租用土地，大力发展第三产业——特种水产养殖。经过市场调研，他们选准特种养殖中效益较好的甲鱼养殖业。目前，该村养殖户达到200余户，规模养殖达70%以上，年养殖业总产值近亿元，甲鱼养殖已成为村民发家致富的重要产业之一，人均收入从养殖前的8 000多元实现增长翻番。

【案例分析】

案例中村民收入的增长，是在耕地面积减少的情况下，村民主要产业由原来的种植业调整为特种养殖业，这是产业结构调整带来的商机。

2. 城市化加速　我国经济发展加快了城市化发展的进程。城市化发展直接带来城市面积扩张、人口增加，相关配套的建筑业、城市管理、休闲娱乐、饮食保健等服务业行业必然得到相应的发展。特别是2014年7月30日国家公布取消农业、非农业户口登记制度，建立城乡统一的户口登记制度，导致进一步促进农村居住人口流向城市，必然加快城市化进程，将会带来更多的创业商机。

3. 政府政策的变化　国家执行着宏观经济的调控，对国家长期、中期、短期发展都有着明确的目标。为了更好地完成各阶段目标，结合国家发展实际，每个时期都要制定一定时期的计划政策，有时辅助重点工作还要有专项重大活动配套实施，这些政府政策就指明了国家在某一特定时期工作的导向，也就指明了产业发展的重点和在这一时期鼓励优先发展的对象。围绕国家鼓励的产业就形成了创业商机。

4. 居民收入水平的提高　随着我国经济的发展，人们收入有了明显提高，收入的增长使大家的购买力有了较大提高。原来人们只能局限于购买生存资料的局面有了很大改变，有了更多的钱办更多的事。一方面使原来有创业想法无创业资金条件的状况有了改变，从一定程度上，增加了增收创业的机会；另一方面，收入的增长使人们消费的商品种类和数量有较大幅度增长，因而也为人们满足增长需要提供了更多的创业机会空间。

5. 消费结构的变化　我国经济的迅速发展，收入水平的日益增长，使人们的消费结构有了较大变化。单从衣食住行基本生活条件而言：穿衣经历了粗布—化纤面料—毛皮面料；食物经历了粗粮—细粮—肉蛋奶；住房经历了土房一砖木房一楼房；交通工具经历了自行车一电动车一汽车。这仅仅是30余年发生的巨变。现在就是相对收入较低的农村居民住楼房、穿皮衣、开汽车、吃上肉蛋奶也不再是奢望。而这些方面消费结构发生的每一步改变，都会产生很多的生产企业和经销企业。这就是消费结构带来的创业商机。

【教学案例】

在北京市海淀区的万柳地带，通过这些年的旧城改造和发展，本地区逐渐变成以高收入阶层为主的高档社区，原来以经营廉价小商品批发为主的小商铺，也逐渐变得门前寥落，破产关门。

【案例分析】

案例中社区的居民结构发生变化，居民消费结构发生了变化，随之围绕居民服务的商铺的商品结构必然也要随之变化，因而也就出现了原来低档小商品淘汰关门，而相对高档商品却带来商机，这就是消费结构变化带来的商机。

6. 人们思想观念的变化 20世纪六七十年代人们穿喇叭裤、烫发被认为是资产阶级作风，现在被人们认为追求时尚；那时做个小生意被认为是投机倒把，现在是活跃经济的有效形式等。时代的进步、社会的变革、改革开放带来的东西方文明交融使人们的思想观念有了较大改变，而这些改变都带动了一批产业的发展，创造了许多创业商机。

7. 人口结构的变化 人口结构的指标有很多，主要有年龄结构、文化结构、性别结构、职业结构、民族结构、家庭结构等，这些结构会随着社会的发展不断地发生变化，而这些变化会产生经济产业的变化，形成新的商机。如，随着我国人口老龄化的到来，养老业将会成为社会快速发展的产业。

（三）创造发明中求商机

瓦特蒸汽机的发明在当时的工业中得到广泛应用，到19世纪30年代，蒸汽机广泛应用到纺织、冶金、采煤、交通等部门，很快引起了一场技术革命。爱迪生是世界上著名的天才发明家之一，拥有白炽灯、留声机、电影放映机、摄影机等1 093项发明专利权，许多项发明至今广泛应用于社会经济生活。中国的古代四大发明对世界产生了深远影响等。事实上创造发明是推动社会进步的动力，每一项创造发明被应用于社会实践，都会转化成一定的生产力，带来产业上发展，形成新的商机。

（四）竞争中求商机

现代企业发展处于竞争的时代。竞争表现为资源竞争、人才竞争、管理竞争、技术竞争、市场竞争、产品竞争等多个方面。一个行业也可能多年都不会发生变化，但也许仅仅只需要一个夜晚，就会变得面目全非。有的人抱怨市场变化太快，想跟都跟不上。但也应该充分认识到竞争带来压力的同时，自然也带来了商机。

【教学案例】

20世纪70年代初期，中国景泰蓝工艺品供大于求，厂家与经销公司库存积压严重，价格一落再落，为此许多厂家不得不限产或转产。香港有个经销景泰蓝的商人陈先生，“深明贱下极则反贵”的道理，以对折价一次买下北京工艺品公司库存的价值1 000万元的景泰蓝工艺品。此后，大陆生产的景泰蓝工艺品出口缩减，陈先生“奇货”可居，轻易地赚了大钱，成为亿万富翁。

【案例分析】

案例中陈先生在景泰蓝供大于求时低价购入，在供不应求时高价出售，赢得巨额利润，正是利用了竞争原理带来的商机。

（五）新技术与新知识中求商机

技术活动与实践紧密相关，是介于科学活动、生产活动之间的具有生产、研究双重性的特殊社会活动。技术创新是人类财富之源，是经济发展的巨大动力。目前我们正经历的现代科技革命时期，技术创新表现为以一大批高新技术为龙头的综合技术体系的形成，生产方式表现为网络化与柔性化生产特点，技术逐渐代替物质性的投入要素，成为经济增长的最活跃、最重要的要素。知识是指通过科学研究实现对自然科学和技术科学认知的过程。知识创新的目的是追求新发现，探索新规律，创立新学说，创造新方法。一方面知识创新成果可以经技术创新的生产应用而成为现实的生产力；另一方面技术创新的成果也可以为知识创新提供必要的技术手段的支撑，以更好地开展知识创新，这种辩证关系根植于科学与技术的互动作用中。可见，技术和知识创新很多情况下表现为物资生产的形态、速度等方面的创新，对产业发展的革新，自然形成新的商机。

【教学案例】

科技进步和知识创新能够可以经过互联网创业的洗礼，有“中国新富豪”盛大陈天桥、网易丁磊、搜狐张朝阳等人的现身说法，如今利用新知识和新技术创业，新知识和新技术中蕴含巨大商机，这一观念已经变得非常容易为人们所理解并被人们所接受了。

【案例分析】

新知识和新技术在初期大多数人不了解或不能够利用，一方面可能竞争力不会太激烈；另一方面可能在行业中有助于提高生产效率和质量品质，因而容易创造新的商机。

（六）信息中求商机

信息是反映自然和社会各方面现象特征的各种消息、情报、资料、指令、代码等情况的统称。现代社会是一个信息爆炸的时代，每时每刻都在我们的周围充斥着大量的信息。这些信息是纷繁复杂的，有些信息是与经济活动有着直接或间接的关系。要善于发现信息的价值。一方面要利用好现成的经济信息；另一方面要善于洞察有些非直接经济信息的经济性价值，增强洞察力，发掘商机。

实训与思考

1. 掌握洞察力的环节及其特点。
2. 发现商机的途径有哪些？

项目三　选择商机

一、好的创业机会特点

（一）很吸引顾客

市场是衡量创业商机优劣的首要因素。不管是生产企业还是服务行业，必须拥有大量的顾客群体，这是取得创业成功的先决条件，它是取得经济效益的基础。顾客数量的决定因素取决于两个方面：一是市场的空间范围大小。空间范围大，涵盖人口数量大。二是单位空间消费者数量。在所有人口中，只有能产生购买行为的才能构成消费群体。有较大的消费群体是创业好机会的基本条件。

（二）有较大的利润空间

能赚钱的项目就是好项目。尤其投资小、利润大的项目更是好项目，即投资回报率越高，项目的开发价值就越大。

（三）具有趋势性和持久性

创业是作为一种职业进行运作的，而职业就要是长久之计，不是朝令夕改的事情。那些一次性的赚钱只能算作是一次挣钱的机会，绝非是“业”的概念。因此，具有长远持久的发展前景是好的创业机会的又一特征。好的创业机会反应的是今后时期的大趋势，是相当一段时期社会某一领域的变化动向，是能够长期生存的条件，具有生存发展的持久性。

（四）具有可调控性

好的创业机会要保持长久不衰，就必须在实施过程中能够根据具体情况富有灵活可变性。在创业机会出现与原来设定的条件不相符合时，能够通过修改某些影响因素或通过“二次创业”、“三次创业”等，仍能保持项目的良性发展或能够增加新的收入增长点，具有较强的抗风险能力，不会被锁定在“刚性的创业路径”上，陷入绝境。因此，良好的创业机会应该具有可控性特征。

（五）能够在机会之窗存在期间实施

机会之窗是指创业机会从进入市场到退出市场所持续的时间。创业机会是各种条件的机缘巧合，是在一定时间内各种因素的合理搭配创造的，发生时间早或晚都不能形成成熟的创业机会。好的创业机会应发生在机会之窗存在期间。

（六）具有可行性

不管创业机会看起来有多么挣钱，最终都要立足现实，回到实际操作的层面。因此，具有可行性是创业机会的必要条件。所谓可行性是指利用创业机会实施创业活动的实际可操作性。可行性表现为三个方面：能盈利，合法，具备实施运行的自然、经济、技术、社会等必要条件。

二、创业机会选择

创业机会是创业能否成功的前提因素。在创业资源有限的情况下，在面临多种创业机会需要抉择之时，选择符合自己特点和情况要求的创业机会关系创业成败。选择创业机会应该遵循什么样的程序、采用何种方法对于把握创业机会意义重大。

（一）创业机会辨析

搞清楚什么样的商机能作为创业机会是选择的第一步，它包括两个“界定”，即创业机会界定和创业机会关联界定。

1. 创业机会界定 并不是所有的商机都是创业机会。商机可以分为两类：一类是昙花一现的商机，这是一般性商机，一次性或短时间很快就会消失；另一类是会持续较长一段时期，且能被创业者利用的商机，这才是适于创业的商机即创业机会。创业机会有三个重要特征：一是能持续一段时间；二是市场有成长发展空间；三是创业者凭借自身条件可以利用。因此，在进行创业机会界定时通常要分析商机的三个方面：一是商机的起始市场规模有多大；二是商机将存在的时间跨度有多长；三是商机的市场规模将随时间变化而增长的速度与规模上限。

2. 创业机会关联界定 创业关联界定就是指创业机会与自身创业的相关程度分析。这主要考虑三个方面：一是是否是自己熟悉的行业，这一点对创业成功至关重要；二是商机对于创业者自身的有利程度；三是自身利用商机条件的满足程度。涉及创业需要的自然、经济、技术、社会等各方面的条件。

（二）创业机会筛选

商机虽多，但不一定每一个都适合自己，有一些对别人而言可能是商机，对自己却可能是“烫手山芋”。创业机会筛选是在选择最有利创业机会的过程。筛选创业机会的基本原则是自身条件允许下的利润最大化原则。评价选择创业机会优劣的方法有多种，这里主要介绍综合评分法。综合评分法就是把好的创业机会的几个特征指标综合起来，用一个数字表示创业机会的优劣，进行评价和选择。

综合评分法可以用下列数学公式表示：

某创业机会综合总分＝$W1P1+W2P2+\cdots\cdots WiPi=\sum WiPi$

式中：W1，W2……Wi 表示各评价项目的比重

P1，P2……Pi 表示各评价项目的评分

综合评分法一般步骤：

第一步，确定评价项目。根据好的创业机会的六个特征指标，其中在机会之窗之间实施和具有可行性两个基本特征指标是前提条件，评价创业机会指标可以采用吸引顾客、利润空间、持久性、可控性四个评价项目指标。当然还可以根据创业者认为的重要项目参与评分。

第二步，制定各项目评分标准。根据概算资料中每个评分项目的最低限和最高限，用简单的平均法计算各级的差距，并确定评分标准。一般采用五级分制划分为五个级差，最高为 5 分，最低为 1 分。

第三步，确定各个评价项目的权重。权重是每个评分项目在创业机会评价中所起的作用或者是重要程度。每个项目权重用其在评分中的比重表示，各个

项目权重合计应为100%。

第四步，编制评价表选优。加总各个创业机会评价综合得分，比较创业机会优劣，选择最优的创业机会。

【教学案例】

某创业者在考察后得出甲、乙、丙三个创业机会，三个创业机会的相关指标数值如表3-1。

表3-1　各创业机会的参考数值

评价项目指标	甲创业机会	乙创业机会	丙创业机会
吸引顾客（市场占有率%）	85	45	25
利润空间（万元/年）	750	1 000	500
持久性（年）	100	25	50
可控性（程度%）	35	65	100

根据以上资料运用综合评分法选择创业机会步骤如下：

第一步，确定评价项目。本创业机会采用吸引顾客、利润空间、持久性、可控性四个评价项目指标。

第二步，制定各项目评分标准。按照5级分制划分级差。

级差＝（最高限－最低限）/5

如，吸引顾客指标的划分：（85%－25%）/5＝12%

根据表资料，按照5级分制，依次确定各评价项目分级得出评分表（表3-2）。

表3-2　评分标准表

分数	评分指标和标准			
	吸引顾客（市场占有率%）	利润空间（万元/年）	持久性（年）	可控性（程度%）
5	73～85	900～1 000	85～100	87～100
4	61～73	800～900	70～85	74～87
3	49～61	700～800	55～70	61～74
2	37～49	600～700	40～55	48～61
1	25～37	500～600	25～40	35～48

第三步，确定各个评价项目的权重。根据创业者自身特点，创业者认为吸

引顾客、利润空间、持久性、可控性四个评价项目指标的权重分别为35%、30%、15%、20%。

第四步，编制评价表选优。根据上述已知资料和综合评分法计算公式编制加权得分表（表3-3）。

由表3-3中得分看出，甲创业机会得分最高，乙创业机会次之，丙创业机会最低。甲创业机会为最佳方案。

表3-3 各创业机会加权总分计算表

评价指标	权重	甲创业机会		乙创业机会		丙创业机会	
		实得分	加权分	实得分	加权分	实得分	加权分
吸引顾客	35%	5	1.75	2	0.7	1	0.35
利润空间	30%	3	0.9	5	1.5	1	0.3
持久性	15%	5	0.75	1	0.15	3	0.45
可控性	20%	1	0.2	3	0.6	5	1
加权总分	—	—	3.6	—	2.95	—	2.1

【案例分析】

综合评分法评价方案时，影响最终结果的是参与评分的因素和权重，特别是权重决定着各指标因素在方案中的重要程度，在评价方案指标的权重时要科学分析它们在方案中的地位和作用，准确地确定影响因素及其权重，才能选出最优的方案。

三、创业机会选择误区

（一）项目极好

往往只看到创业机会的一个方面，没有审视创业机会的全部。

（二）市场很大，自己应有很大发展空间

没有结合自己情况深入分析潜在的问题，盲目乐观。

（三）项目小，技术含量低，不值得做

大事业往往都是从小处着眼慢慢发展起来的。好高骛远、眼高手低不能立足现实的做法往往会失败。

(四) 自己能力强，不着急做

创业有创业之窗，“差之毫厘，谬以千里”。错过时机创业机会之窗就会关闭，自然就难以成功。

(五) 利润空间小，看不上

有利润就有赚钱的把握，项目虽大没有赚钱把握，也不一定是好事，而且钱要靠积少成多，一步登天和天上的馅饼常常是不现实的。

(六) 项目有成功先例或是展览会的项目或是经过论证的项目

创业机会有适应性和机会之窗。一方面别人成功的项目不一定适合自己；另一方面随着时间的推移，原来成熟的项目各种条件都发生了变化，再拿老眼光看事物显然不符合客观实际，机会之窗是否存在需要深入研究。

实训与思考

1. 好的创业机会具有怎样的特点？
2. 如何选择创业机会和避免选择创业机会误区？

项目四　把握商机

一、敢于尝试的勇气

万事开头难。好多人在从事新的事情之前，总是有这样那样的顾虑。总认为这个事情自己从来没有做过，心理总有疑问，怀疑自己能不能行，干起事来会不会半途而废，万一行不通怎么办等。在做事的时候总是前怕狼后怕虎，畏首畏尾，致使很多人“晚上想想千条路，白天还是走原路”。怀疑自己的能力，怀疑项目的可靠性。就这样机遇往往就在这种犹豫彷徨之中白白流失，失去了许多成功的机会。常言说得好，该出手时就出手。机不可失，时不再来。机会稍纵即逝。一个创业者要有该断当断的气魄，要有敢作敢为，雷厉风行的果敢行为，在该下定决心时，要大胆地做出自己的创业选择，犹豫徘徊往往使创业机遇与自己失之交臂。出现这种状况主要是因为大多数人都没有非常成功的体验，但却有不少挫折的经历，正是这些挫折和失败，当机会来临之时，陷入原来挫折的思维定势之中，不敢迈出第一步勇敢地尝试。因此，创业不仅仅需要智慧，更需要迈出第一步的勇气。当然，这种勇气并不是匹夫之勇，要建立在分析论证的基础上，而且要遵循先易后难，循序渐进的原则。

二、有持之以恒的决心

任何事情都不是一蹴而就的。任何企图今天创业，明天就想得到回报的想法都是异想天开。创业是一项复杂的经济活动，创业者要殚精竭虑，付出全身心的努力。尤其创业初期甚至会出现夜以继日，整日处于身心疲惫的状态。出现困难和波折也是正常现象。困难最能考验一个人的意志品质。很多人在困难的煎熬面前，没有选择坚持，而是选择了退却，岂不知“山重水复疑无路，柳暗花明又一村”。困难也许是“黎明前的黑暗”，越是困难的时候，越要努力坚持，往往成功就差半步。马云曾说：“今天很残酷，明天更残酷，后天很美好，但是绝大部分人是死在明天晚上，只有那些真正的英雄才能见到后天的太阳”。宋代文学家王安石在《游褒禅山记》中说：“夫夷以近，则游者众，险以远，则至者少，而世之奇伟瑰怪非常之观，常在于险远，而人之所罕至焉，故非有志者不能至也”。创业又何尝不是如此，成功者之所以成功是因为选择了坚持，失败者之所以失败就因为差这半步的努力与坚持。也许就是这点点的差距造成了天壤之别。创业者对于充分分析论证的项目，只要做出了选择，就要一往无前的走下去。即使创业过程中存有失败，也要看作是前进中的波折。英国伟大的政治家、文学家、诺贝尔文学得奖者丘吉尔说：“成功不要紧，失败不致命。继续前行的勇气，才最可贵”。在创业的道路上最忌讳的就是创业目标不专注，“这山盼着那山高”，见异思迁。看人家干什么自己都想干，可真干起来，遇到困难就产生了动摇，没有持之以恒的决心，朝三暮四。一会想干这个，又一会想干那个，最后只能是“赔了夫人又折兵”，导致“丢了西瓜，也没了芝麻”，创业失败也就不足为怪了。

三、在机会之窗期间实施

机会之窗是指创业想法推广到市场上去所用的时间。若竞争者已经有了同样的思想，把产品已推向市场并出现饱和，那么机会之窗也就关闭了。商机是瞬息万变、稍纵即逝的。发现商机并不等于把握商机，把握商机意味着正当其时地抓住某一或某些商机，更意味着找到了满足为实现需求的方法和途径，整合了实现商机所需要的资源。所以，商机的把握既有时间的把握，也有条件、资源的创造和把握。创业商机是否能为创业者带来期望的利润，既取决于这个机会有多大的前景和利己性，又取决于创业者是否能够在机会之窗存在期间被利用。创业机会之窗存在的期限主要取决于以下因素：一是创业者的反应速度。长时间没有人发现或发现没有被利用，机会之窗就一直存在。二是取决于创业者参与的人数和力度。良好的商机被多数创业者利用，而且大家的投入力度规模很大，那么很快需求达到饱和，机会之窗也就很快就关闭了。三是竞争状况。有时市场看起来已经饱和，但由于常态下生产者生产能力及管理水平不均衡，使得整个生产体系总是有人退出，有人进来。这就形成了有人失去机会之窗，有人拥有了机会之窗。四是机会之窗涉及项目的特点。一方面机会之窗涉及项目需求量大、持续时间长，机会之窗相对时间较长；另一方面还取决于机会之窗涉及项目市场成长状况，未来发展空间和潜力大，机会之窗存在时期就长。创业者要分析机会之窗的时间跨度，根据自身特点抓住机遇，实现创业。

四、察势而谋顺势而变

当然，决定创业成功与否的因素很多，任何机会在发现初期只限于理论的，任何专业的评估与咨询也不能代替经营实施，也不能将经营风险降低为零。这就要求在商机实现过程中不要固守成规，要在保证经营目标不变的前提下，尝试不同的经营方法、工作方法，要充分利用现有资源完善商机实现过程，做好恒久经营的打算，任何企业运作都是在“变与不变”中求发展的，一个商机、一个机会要让一个企业功成名就，主要应归功于企业经营者在营运过程中不断发现、优化、整合资源，不断调整经营策略，适应各种变化，在动态发展中，不断求得发展的平衡。

实训与思考

1. 如何把握商机？
2. 为什么商机在机会之窗期间实施才能成为商机？

模块小结

项目一　商　　机

一、商机的含义与特征

（一）商机的含义

商机是商业机会的简称。商机是指当社会生产与生活产生某种需求时，人们能够把握需求组织开展经济活动项目的机会。

（二）商机的特征

商机能成为“商机”必须具备以下几个特征：需求性、时间性、地域性、隐蔽性、公平性、联系性、利用性、盈利性、适用性。

二、商机的类别

（一）短缺商机

（二）时间商机

（三）价格与成本商机

（四）方便性商机

（五）通用需求商机

（六）价值发现性商机

（七）新事物商机

（八）链条商机

（九）政策法律规则商机

（十）战略商机

（十一）文化与习惯性商机

（十二）怀旧性商机

（十三）特别事项商机

项目二　获取商机

一、洞察商机

（一）观察环节——观察力

（二）思考环节——思考力

（三）发现环节——发现力

（四）创新环节——创新力

二、发现商机的途径

（一）问题中求商机

（二）变化中求商机

1. 产业结构调整。

2. 城市化加速。

3. 政府政策的变化。

4. 居民收入水平的提高。
5. 消费结构的变化。
6. 人们思想观念的变化。
7. 人口结构的变化。
（三）创造发明中求商机
（四）竞争中求商机
（五）新技术与新知识中求商机
（六）信息中求商机

项目三　选择商机

一、好的创业机会特点

（一）很吸引顾客
（二）有较大的利润空间
（三）具有趋势性和持久性
（四）具有可调控性
（五）能够在机会之窗存在期间实施
（六）具有可行性

二、创业机会选择

（一）创业机会辨析
1. 创业机会界定。
2. 创业机会关联界定。
（二）创业机会筛选
综合评分法可以用下列数学公式表示：
某创业机会综合总分＝W1P1＋W2P2＋……WiPi＝∑WiPi
式中：W1，W2……Wi 表示各评价项目的比重；
P1，P2……Pi 表示各评价项目的评分。

三、创业机会选择误区

（一）项目极好
（二）市场很大，自己应有很大发展空间
（三）项目小、技术含量低，不值得做
（四）自己能力强，不着急做
（五）利润空间小，看不上

（六）项目有成功先例或是展览会的项目或是经过论证的项目

项目四　把握商机

一、敢于尝试的勇气
二、有持之以恒的决心
三、在机会之窗期间实施
四、察势而谋顺势而变

模块四

创 业 原 理

学习目标：

1. 了解创业生态学原理类别和创业启示。
2. 了解创业生物繁育学原理类别和创业启示。
3. 理解创业经济学原理类型和创业启示。

项目一 生态学创业原理

企业之间也像自然界生物之间生态关系一样，也存在原始合作、共栖、共生、寄生、捕食、竞争等关系，研究这些关系，便于进一步了解创业原理，从生物生态关系方面得到创业启发，更有利于掌握创业规律。

原理一 原始合作创业原理

一、原始合作原理基本内涵

生态学上原始合作关系是指两种生物共同生活在一起，对双方都有一定程度的利益，但彼此分开后，各自又都能够独立生活。我们常见的同种动物往往以群居形态生活。这些群居的动物个体之间就是一种原始合作关系。他们之间尽管有时也为了食物、空间等存在争斗，但仍然还要集体生活，主要是抵御外部侵害或者必须团结战斗才能击败对手赢得食物或生存空间。共同利益远大于个体之间的不利因素。如，原始部落人们集体狩猎生活就是原始合作关系。

原始合作创业原理是指运用生物原始合作关系原理，企业或生产者在共同的价值取向或利益目标一致的基础上，基于互相合作各自都能够获得更多的利益而形成的一种创业模式。

二、原始合作创业原理特点

（一）目标利益一致

（二）互助关系

虽然互助现象背后可能存在不和谐的因素，但总体表象是合作。

（三）两者分离能够独立生存

三、创业启示及适用对象

（一）创业启示

当不同的创业者面临同样的发展机遇时，独立发展虽然也能够生存，但合作后却能够取得更大的发展和收益。

（二）适用对象

创业者面对的是同样的项目，只是独立创业者实力弱小，不能更好地发挥生产优势，或者创业者面对的一个创业项目的不同方面，合作共同推动项目发展的同时，也成就自已的发展壮大。

【教学案例】

某村有农户 355 户，育肥牛是这个村的支柱产业，是大家致富的金饭碗。在这个村子中，有 300 多户人家饲养了育肥牛，规模小的年出栏 60 头左右，中等规模的年出栏 300 头以上，大规模的年出栏达到 1 000 头。2010 年全村出栏和销售育肥牛 15 000 头，总产值达 3 800 多万元，占全村总产值 80%，这一切都要归功于该村的小康育肥牛专业合作社。

该村的小康育肥牛专业合作社是在该村养殖大户刘先生倡议之下成立的。刘先生曾经在镇兽医站工作了 13 年，很有见识，也深得农民兄弟的信赖，他看到本村饲养的育肥牛大多被一些牛贩子收购转卖，而且受市场影响很大，村民养殖的收入影响较大，他想不如自己组织起来，成立专业合作组织。这一想法得到村党支部、镇党委的支持，于是村小康育肥牛合作社正式成立了。合作社成立以后千方百计搜集市场信息，积极帮助养殖户卖牛，除主要销往就近大城市之外，还远销广州、香港、澳门等地。2012 年又顺利出口欧盟。在合作社的努力下，平均每头牛都能多卖500元以上，为养殖户带来可观的经济效益。

合作社还多次组织村内养殖大户召开经验交流会，相互交流养殖经验，共同解决饲料饲草和生产技术难题，形成了集体致富的利益共同体。

【案例分析】该村作为养牛专业村之所以使农户得到了更多的实惠，主要原因就是成立了小康育肥牛专业合作社。合作社的运作使得农户育肥牛集体出售价格高，而且集体购买生产资料和解决技术难题花费少，这就产生了“合作效应”。小康育肥牛专业合作社采用的就是原始合作原理。

原理二 共栖创业原理

一、共栖创业原理基本内涵

生态学上共栖原理是指两种不同种类的生物生活在一起，至少一方受益，任何一方都无害或无大害。生态学上生物的这种关系很常见。如，野山羊在离火鸡不远的地方休息，火鸡为野山羊充当着警卫员的角色。冬天大雪封山绝粮的时候，野山羊用蹄子刨开埋在雪地里的草吃，火鸡也趁此时与野山羊一同进餐。野山羊与火鸡之间的关系就是共栖关系。

共栖创业原理是指运用生物共栖关系原理，不同企业在生产经营过程中，彼此生产经营在不受损害影响的情况下，能为对方创造好的生产条件、机遇，各取所需各自获得更多的利益或发展的创业模式。

二、共栖创业原理特点

1. 目标利益不同，各取所需。
2. 互助关系或至少利大于害。
3. 分离也能够独立生存。

三、创业启示及适用对象

（一）创业启示

创业者于人于己无害而有益时，帮助他人成就自己，合作共赢，共同发展。

（二）适用对象

能够相助而没有竞争关系的创业项目。

【教学案例】

有一次，为了买一样家用电器，慎重期间要货比三家，跑遍了市区几个主要电器商场，从上午9点开始，逛到一个商场接近下午1点时，已觉得身心疲惫，饥肠辘辘，知道该商场有一家“世界级”的加盟餐饮店入住在该商场，于是前去就餐。谁知道进去以后才发现，人满为患等候就餐的人排了很长的队伍，需要等很长时间。看到此景只好另寻他处。

【案例分析】

这家商场与入住的“世界级”的加盟餐饮店两者有着不同的经营业务，都能从共同的顾客群上通过满足消费者不同的需求分享得到各自的利益，它们相处经营互助有益无害，这种企业之间的关系就是共栖关系。

原理三　共生创业原理

一、共生创业原理基本内涵

生态学上共生原理是指两种密切接触的不同生物之间形成的互利关系。这里主要指狭义的概念是指生物相互依赖，相互依存，一旦分离，双方都不能正常地生活。如，鞭毛虫寄居在白蚁或其他动物的消化道里，消化纤维素供给宿主，宿主则为其提供营养和栖所。生物之间这种密切牢固的种间合作关系就是共生。

共生创业原理就是运用生物共生关系原理，创业者生产经营你中有我，我中有你，不可分割，生死与共，协同发展的创业模式。

二、共生创业原理特点

1. 利益共同体。
2. 互相关系生死相依。
3. 不可分割。二者分离则无法生存。

三、创业启示及适用对象

（一）创业启示

创业者根据自己的特点，寻找与自己利益生死攸关的合作伙伴，彼此形成利益共同体，肝胆相照，共谋发展。

（二）适用对象

完全靠自己能力或资源条件难以达到创业的目标。

【教学案例】

内蒙古蒙牛乳业（集团）股份有限公司成立于1999年初，总部设在和林格尔县。经过十几年的发展，到2010年，蒙牛在全国建起了万头牧场14个，建立了40多个生产基地，在各生产基地的周边地区建立奶站共计4 000多个，联系奶农达300万户，累计收购鲜奶超过1 000万吨，为农牧民累计发放奶款超过200亿元。拥有3万多名员工，日均收奶量过万吨，拥有液态奶、酸奶、冰淇淋、奶品、奶酪五大系列400多个品种。完成了从中国乳业第1 116名到第1名的跨越，并成功跻身世界乳业16强，创造出举世瞩目的“蒙牛速度”和“蒙牛奇迹”。

【案例分析】

蒙牛集团1999年创业从“零”开始，至2007年一跃成为中国乳品业龙头老大。主要原因之一靠的是与奶牛基地和奶牛户“生死与共”的“共生关系”，正是这种关系成就了“蒙牛速度”和“蒙牛奇迹”。

原理四　寄生创业原理

一、寄生创业原理基本内涵

生态学上寄生原理是指一种生物生活在另一种生物的体内或体表，并从后者摄取营养以维持生活的种间关系。前者称寄生物，后者称寄主。寄生物从寄主的体液、组织或已消化物质获取营养并造成对寄主危害。在寄生关系中，一般寄生物为小个体，寄主为大个体，以小食大。生物界的寄生现象十分普遍。如，有的人脸上生有螨虫，螨虫与人体构成了寄生关系。寄生是生物种间的一种对抗性的相互关系。

寄生创业原理是指运用生物寄生关系原理，依靠已发展成熟的企业以“分一杯羹”的方式，进行生产经营的创业模式。

二、寄生创业原理特点

（一）双方根本利益冲突

一方损害另一方利益。

（二）互相对立关系

一方索取，另一方付出。

（三）合作或分离事关双方切身利益

合则寄主受损，寄生物受益；分则寄主受益，寄生物无以生存。

三、创业启示及适用对象

（一）创业启示

背靠大树好乘凉。

（二）适用对象

由于这种创业方式与依托的企业是相同的赢利形式，会争占依托企业的市场份额，一般被依靠的企业与创业者是一家人，或者被依托的企业想帮助创业者；否则，是行不通的。适合子承父业式创业锻炼，或者有可以依靠的企业创业。

【教学案例】

某医药公司的销售经理张某利用自己手上的客户资源，偷偷干起了“私活”，以公司的名义，向药厂买来部分紧俏药品，私自卖给了其他客户。执法人员从现场查获的账本上查实，很多紧俏药都被张某私自发往了自己的客户手里。非法经营药品涉案金额10万多元。张某聘请了几名刚毕业的大学生帮他干活，这些大学生都以为他们在这家医药公司的办公点上班，并不知道实际上是在帮张某做违法的事情。

经过核查，张某身为当地一家医药公司的销售经理，因为职务上的便利，手上掌握了大量的客户资源，工作了一段时间后，张某总觉得给公司工作赚钱少、挣钱慢，便利用自己掌握药品出入的便利，打着公司的旗号，向药企私自购买药品，然后卖给了自己的客户。

当地执法人员对张某进行了立案调查，并进行了行政处罚。

【案例分析】

张某利用是医药公司销售经理身份，成立自己的“小公司”，将自己掌握的医药公司的客户资源据为己，侵占了医药公司部分业务，自己的“小公司”是靠寄生在大医药公司的基础上维持生计的。这样的做法是一种违法行为，因此，受到了执法部门的查处。

原理五 捕食创业原理

一、捕食创业原理基本内涵

生态学上捕食原理是指一种生物以另一种生物为食的种间关系。前者谓之捕食者，后者谓被捕食者。在通常情况下，捕食者为大个体，被捕食者为小个体，以大食小。如，青草—野兔—狼就是一种捕食关系，正是生物间的这种捕食关系形成了食物链。捕食一方面能直接影响被捕食者的种群数量，另一方面也影响捕食者本身的种群变化。捕食也是一种种间的对抗性相互关系。

捕食创业原理是指企业在发展到一定规模时，为了增强自己的实力，通过采用兼并、收购中小企业等方式，扩大企业影响，增强市场占有率的创业模式。

二、捕食创业原理特点

1. 强迫性利益统一。
2. 对立统一关系。
3. 弱肉强食。

捕食企业增强，被捕食者被并入捕食企业。

三、创业启示及适用对象

（一）创业启示

在企业发展到一定规模时，要瞄准同行业弱小企业伺机实施兼并战略整合，确立企业在行业中的统领地位。

（二）适用对象

有一定规模和经济实力企业，通过收购、兼并、控股中小企业等方式，增强自身实力，提高市场占有率。

【教学案例】

2004 年 12 月 8 日中国最大的电脑制造商联想集团在北京与美国 IBM 公司正式签约，联想将以总计 12.5 亿美元收购 IBM 全球的台式、笔记本电脑及其研发、采购业务。其中包括向 IBM 支付 6.5 亿美元现金和价值 6 亿美元的联想集团普通股（18.5%股份），同时承担IBM PC部门5亿美元的资产负债。联想集团将成为年收入超过百亿美元的世界第三大PC厂商。新的联想集团在5年内有权根据有关协议使用IBM的品牌，并完全获得商标及相关技术。

【案例分析】

联想集团作为中国电脑制造业航空母舰，根据自己的发展战略，适时实施对美国IBM公司PC业务并购，是企业审时度势的战略选择。实施并购后，必然对企业发展产生新的动力，对提升企业综合实力产生深远影响。目前来看，这是联想集团运用捕食原理发展企业的经典之笔。

原理六　竞争创业原理

一、竞争创业原理基本内涵

竞争关系有种内和种间两种竞争方式，这里主要指种间竞争关系。生态学上竞争原理是指为争夺有限的营养、空间和其他共同需要而发生斗争的种间关系。是指两种共居一起，竞争的结果，或对竞争双方都有抑制作用，大多数的情况是对一方有利，另一方受到伤害，甚至被淘汰。竞争关系也是生物界普遍存在的一种种间对抗性相互关系。如，林间的花草、灌木、乔木之间时刻进行着空间、阳光、土地营养、水分等生存斗争。它们之间就是一种竞争关系。

竞争创业原理是指运用生物竞争关系原理，企业之间为了企业生存发展，通过在资源、市场、技术、人才、管理等方面进行斗争得以生存发展的创业模式。

二、竞争创业原理特点

1. 目标利益的冲突
2. 互相对立关系
3. 竞争的最终结果是资源的优化整合，促进企业发展，产业升级。

三、创业启示及适用对象

（一）创业启示

选择已经存在的行业创业时，要选择存在企业比较薄弱的行业切入，便于成长发展。

(二)适用对象

拥有比较优越的资源等创业条件，在切入将要创业的行业时，能够发挥自身优势，与对手展开竞争，分享市场。

【教学案例】

在高端化妆品行业，竞争对手众多，早已形成竞分天下的格局。在这样的情况下，中国日化企业要想在竞争中取胜，就必须在行业薄弱环节寻找突破口，从市场战略到产品定位，从渠道构建到营销推广，走出自己的特色之路。

在化妆品行业法国品牌讲奢华，美国品牌讲科技，日本品牌讲精细，我国化妆品业起步较晚，与他们在以上方面展开竞争，很显然会处于不利地位。上海一家化妆品公司以我国博大精深的中医机理为突破口，生产出中医特色化妆品，突出调理、护理、营养保健皮肤的功效，一改化学成分对皮肤的不良反应，在欧洲市场大受欢迎，挤进欧洲市场销售前五的地位。当中国越来越强大，全世界对中国形象、中国文化、中国特色，都有新的认识甚至刮目相看时，发展民族品牌，营销就有了更多的支撑点。

【案例分析】

以中医理论为基点发展化妆品抓住了强势企业化妆品的弱点，在列强瓜分市场的情况下突围成功，从而站稳了脚跟，赢得了市场主动，分到了市场“一杯羹”。

实训与思考

1. 原始合作、共栖、共生、寄生、捕食、竞争创业原理有什么特点？
2. 结合实际举例说明企业应用生态学创业原理成功案例。

项目二 生物繁育学创业原理

原理一 种子繁殖创业原理

一、种子繁殖创业原理基本内涵

生物学上种子繁殖原理是指利用雌雄受粉相交而结成种子来繁殖后代的方法。种子繁殖容易产生大量的后代。

种子繁殖创业原理主要是指按照所创办企业标准要求，通过有针对性地给予相应的政策资助等方式，鼓励创建一批同类企业，或通过培训创业人员培育的批量企业，再就是在一定时期通过采用相同技术、设备所建立起来的同类批量企业等创业发展方式。

二、种子繁殖创业原理特点

（一）结合性

创业项目学习、政府或企业的政策及扶持措施、技术设备与创业者自身条件的有机结合，才能产生创业企业，体现种子繁殖的基本特征。

（二）企业的经营项目和特点及经营方式基本相同

创业企业是按照创业学习的项目、政府或企业的规范要求、技术设备特点实施创业的。因此，经营特点基本相同，这与种子繁殖的后代性状基本一致的特点也是相符的。

（三）大量性

创业学习的项目、政府或企业鼓励行业发展、技术设备的应用能够创建一批企业，不是个别现象，这也是种子繁育的又一特性。

三、创业启示和适用对象

（一）创业启示

通过创业项目学习或了解政府扶持企业政策和新技术设备的产生发展，抓住机遇成功创业。

（二）适用对象

具备一定的创业条件、有创业的愿望，留意创业商机者。

【教学案例】

“万村千乡市场工程”由商务部 2005 年 2 月开始启动，工程的主要内容是，通过安排财政资金，以补助或贴息的方式，引导城市连锁店和超市等流通企业向农村延伸发展“农家店”，力争用 3 年的时间，孕育出 25 万家连锁经营的农家店，构建以城区店为龙头、乡镇店为骨干、村级店为基础的农村现代流通网络，使标准化农家店覆盖全国 50％的行政村和 70％的乡镇，满足农民消费需求，改善农村消费环境，促进农业产业化发展。

截至2009年8月底，全国累计建设改造36万家连锁化农家店和1 186个配送中心，覆盖全国84%的县、71%的乡镇和44%的行政村。以城区店为龙头，乡镇店为骨干，村级店为基础的农村现代流通网络正在逐步形成。“万村千乡市场工程”社会效益日益突显。2009年1～8月，农家店实现销售额660多亿元，带动社会投资245亿元，创造就业32.2万人。

【案例分析】

“万村千乡市场工程”是国家根据我国农村发展实际，服务“三农”建立的流通企业网络，当然主要目的是加强流通环节的服务功能。因此，建立的“农家店”必然要在经营内容、经营方式等方面有其基本一致要求，才能发挥其功能作用，像这样“忽如一夜春风来，千树万树梨花开”按照一定的规则和基本模式批量建立起来的企业遵循的是种子繁殖原理。

原理二　杂交优势创业原理

一、杂交优势创业原理基本内涵

在生物界，两种遗传基础不同的植物或动物进行杂交，其杂交后代所表现出的各种性状均优于杂交双亲，称之为杂交优势。杂交优势可以使生物后代在诸如生长速度、生活力、繁殖率、抗逆性、早熟高产、品质优良等方面出现比杂交双亲更好的优良性状。这是一种有性繁殖方式。

杂交优势创业原理是指企业之间进行资源的整合后，形成比原来较强的生产能力、竞争能力、市场占有能力等，表现出比企业合作前更好的发展势头和经济效益的创业方式。

二、杂交优势创业原理特点

（一）整合性

是不同企业或创业者进行实质整合融为一体成为新个体，企业发生质的改变，这是杂交优势的先决条件。

（二）互补性

对于不同企业或创业者而言，各自都有某些方面的缺陷，整合能够互相弥补不足，这也是进行杂交的根本原因。

(三) 创优性

企业或创业者实质整合后，展现出比整合前更好的发展活力，这是杂交优势目的性的集中体现。

三、创业启示和适用对象

(一) 创业启示

在创业或企业发展过程中，如果发展遇到了障碍因素，可以通过同类企业恰当的联合方式实现优势互补寻求突破。

(二) 适用对象

创业者或生产者发展要素不能适应创业或发展的需要。适合各类创业。

【教学案例】

上海大众汽车有限公司（简称上海大众）成立于1985年3月，是改革开放后第一家轿车合资企业。公司现有上海安亭和南京两大生产基地，已形成了五大生产区域（四个整车生产厂、一个发动机厂）和一个技术开发中心、一个模具中心的布局。目前年生产能力66万辆，是中国生产规模最大的现代化轿车生产基地。公司注册资本从成立时的1.6亿元达到了目前的115亿。总资产由9.8亿元人民币增长到581.3亿元人民币。截至2010年末，上海大众累计产销各类轿车621万辆。

【案例分析】

上海大众汽车有限公司将德国技术、管理及营销网络与中国低成本、大市场的结合，产生了巨大的杂交优势，使企业产生新活力，形成了巨大生产力。

原理三　分株繁殖创业原理

一、分株繁殖创业原理基本内涵

植物学上分株繁殖原理是指将有分蘖能力的植株分开栽植的繁殖方式。这是一种无性繁殖，能够保持原有植物的特性。植物分株繁殖情况非常普遍。如，韭菜可以通过其分蘖能力进行分株繁殖。

分株繁殖创业原理是指有发展基础的企业为了迅速扩张，通过将企业“分家”的方式创办多个企业的创业模式。

二、分株繁殖创业原理特点

（一）同根性

这些新企业都是源于同一老企业发展而来，是从老企业分离出来的，因此同根同源。

（二）同质性

由于新企业是从老企业分离而来，仍然保留了老企业的发展模式，经营特点性质相同。

（三）独立性

新企业成立后，实行独立经营，与老企业保持独立性。

（四）相关性

尽管各自保持经营上的对立，但由于具有集团或家族的特点，在宏观布局或对外协调方面，特别是关键问题上又有着利益一致关联性。

三、创业启示和适用对象

（一）创业启示

当企业发展形势看好时，在企业内部条件允许情况下，要占领消费市场，采用分株形式迅速有效。

（二）适用对象

自身企业发展优势明显，有扩张的条件。

【教学案例】

在山东省济宁市市区有一家由兄弟4人合伙经营的餐饮企业。由于企业定位准确，菜品丰富，品质优良，价格适中，环境幽雅，服务上乘，每天顾客盈门，应接不暇。兄弟们为了将事业进一步发展壮大，以同样模式发展了分店，不久兄弟4人每人各掌一店，分居城区四个方位，采用统一风格和经营方式，得到了消费者的认可，每天消费者仍然趋之若鹜。这家餐饮企业就是通过分蘖原理实现了迅速扩张，稳稳地占领了市场，取得了可观的经济收益。

【案例分析】

由于兄弟四人同样的经营理念，同样的经营风格，消费者在哪个店里都会得到同样的待遇和服务，而且在业内品质上乘，顾客肯定不会舍近求远。这样就使该企业分区瓜分了城区餐饮市场。这就是成功的分蘖原理创业模式。

原理四　压条繁殖创业原理

一、压条繁殖创业原理基本内涵

植物学上压条繁殖原理是指从母体上选择成熟优质枝条，采用一定的方式使枝条中间部位接触土壤，待一定时期枝条生根后，将枝条从母体上断离，将已生根的枝条栽植成长为新植物的繁殖方式。这种繁殖方式是一种无性繁殖，在植物中也很常见。如，石榴树的繁殖通常采用压条繁殖。

压条繁殖创业原理是指企业为了扩张发展需要，按照原企业的生产模式投资建造分厂或成员企业，实现企业规模发展的创业形式。

二、压条繁殖创业原理特点

（一）新企业由老企业投资兴建或与老企业某种形式合作下筹建

企业为实现规模发展或市场战略布局组建企业集团，由企业根据战略需要投资建立分厂或发展的成员企业。

（二）新企业保留老企业特点

新建立的企业是原企业的规模扩张，保留了原企业的经营特点。

（三）新企业是集团企业成员

新企业是老企业的成员企业，在经营上受老企业的领导。或与老企业有合作协议，虽然相对独立，但要符合集团企业的总体经营规划要求。

三、创业启示和适用对象

（一）创业启示

抓住大型企业扩张时机，借船出海实施创业。

（二）适用对象

原企业员工或拥有扩张企业需要的一些条件的创业者。

【教学案例】

某企业于20世纪在云南西双版纳建橡胶加工厂，产品销往全国各地，21世纪初，该企业又在北京、上海等地建立分厂。

【案例分析】

该案例中橡胶加工厂在北京、上海等地建立分厂，是由总厂根据发展情况出资建立的，生产经营业务和特点与总厂一致，遵循了压条繁殖原理。

原理五　扦插繁殖创业原理

一、扦插繁殖创业原理基本内涵

植物学上扦插繁殖原理是指通过剪取植物的一段枝条、一段根或一张叶片，插入湿润的土壤或其他排水良好的基质上，经过一定时间以后，从插入的枝段、根段或叶片上长出不定根，并由后来的芽体，或新长成的不定芽发展为新个体的繁殖方式。这也是一种无性繁殖，是植物常见的繁殖方式。如，在春季将一段柳树枝条插入土壤，经过一段时间就会生根发芽长成新的柳树。由于组织培养、克隆技术与扦插虽有操作技术上的差异，但它们都是不改变原有生物特性的繁殖方法，有异曲同工之效，基本机理相同。因此，可以归属于同一类型的繁殖。

扦插繁殖创业原理是指从企业上分离出的部分生产要素，在一定的生产条件下通过整合其他生产资源，可以重新发展为与原企业同样类型企业的创业模式。

二、扦插繁殖创业原理特点

（一）复制性

从老企业分离出的生产要素组建新企业是对老企业的模仿、克隆或复制，保留了原企业的经营特点。

（二）独立性

新企业借用了老企业的发展模式，但新建企业投资及生产与原企业没有任何关系。

（三）竞争性

与老企业一样的经营模式，其技术、产品、市场等都相同。因此，与原企业或同行在资源和市场方面存在竞争性。

三、创业启示和适用对象

（一）创业启示

通过学习优秀企业的发展经验和发展模式实施创业。

（二）适用对象

工厂学徒羽翼丰满、自己独立创业或利用老企业散落的其他资源独立成长为原企业的同类企业。

【教学案例】

在浏阳市官渡镇有一个远近闻名的文姓小伙，从原来一个打工仔，如今发展为钢琴企业家，他的创业故事传为美谈。小伙子1983年出生于湖南浏阳市一个农民家庭，1999年，刚满15岁的他初中没有毕业只身到广东打工，进入某钢琴有限公司当学徒工，学习钢琴制造。每月当时只有150元的工资。在此后的10年里，他当过钢琴外壳技术员，进修钢琴机械构造原理，到中央音乐学院学习，两次远赴日本进修钢琴调律；从广东转战到上海，又从上海转战到南京，从一名钢琴学徒工一步步地成长为技术员、技术总监、高级调律师、钢琴公司总经理。2008年11月，他带着20多台钢琴的零件和8 000元现金回到家乡浏阳市官渡镇，创办了中部六省第一家钢琴制造厂，起步之初，资金是第一大问题，第一批货运费2万多元，借了1.2万元。由于自己刚回家乡创业，没有抵押物，不能从银行贷款，所以就把妹妹结婚的新房给抵押了，从农村商业银行贷款4万元。此后，他拿到了5万元的政府贴息贷款。在各方支持下，钢琴生产得以持续，每月进账4万元。2009年全年零售钢琴180台，加上批发，总共盈利200万元。在赚到第一桶金后，他又从银行融资了200万元，开设了更多的钢琴销售点，并于2010年8月将标准化工厂搬到了南京。公司销售额也节节攀升，从2010年的450万元，升至2011年的1 200万元，2012年达到5 000万元，形成了生产、销售、维修、调律、培训“一条龙”产业，正在朝集团化的良性方向发展。人们亲切地称他为“钢琴哥哥”。

【案例分析】

案例中小伙子从打工仔到钢琴企业家，原因在打工期间一直从事的钢琴生产行业，得益于在原企业的经历，从一个生产工人成为技术专家。所以，回到家乡才能成长为企业家，这种创业模式遵循的就是扦插繁殖原理。

原理六 嫁接繁殖创业原理

一、嫁接繁殖创业原理基本内涵

植物学上嫁接繁殖原理是指将一株植物上的枝条或芽体，移接在另一株带根的植株上，使二者彼此愈合生长在一起成为新的植物体的方法。植物上嫁接的现象很常见。如，果树品种的改良时，可以将优质品种的芽体嫁接到能够被改良的植物砧木上，生长为具有改良品种特性的新植物体的植物培育方式就是嫁接。

嫁接繁殖创业原理是指企业通过引进其他企业项目、技术、人才、管理等优势资源要素为己所用，使企业产生新的生机活力的创业形式。

二、嫁接繁殖创业原理特点

(一) 引进性

企业对引进要素具有自主性，不是企业之间的合作。

(二) 适用性

引进的要素符合本企业发展的特点；否则，可能会产生副作用，使企业背上包袱，甚至毁掉企业。

(三) 可变性

嫁接的要素可以是原企业已有的要素，也可以是企业没有的，可以开辟新领域。但前提是具有先进性和适用性。

(四) 活力性

引进的要素一定是积极先进的要素，是企业发展的助推器或新的动力机。为企业发展增添新活力或增加新的收益增长点。

三、创业启示和适用对象

（一）创业启示

为了取得企业更大的发展空间，可以引进更新生产要素使企业焕发生机，也可以引进新的项目要素发展多种经营，产生新动力。

（二）适用对象

企业二次创业。

【教学案例】

在浙江省某地有一家木雕厂，创立于20世纪50年代，经过半个世纪的发展，已成为当地木雕百花园中的一枝奇葩，享誉中外，是全国工艺美术行业的重点单位，是当地木雕行业的龙头企业。主要经营木雕工艺品、室内外装饰、木雕家具陈设、木雕宗教用品、木雕旅游产品、庭院木制品等项目，产品在业内受到广泛认同，畅销欧美、东南亚等近百个国家和地区。近些年之所以发展这样迅速，得益于多种形式的“嫁接”。

1. 嫁接建筑 该企业先后参与并主持了北京、上海、浙江、云南等地著名大型建筑的装饰工程雕刻，取得了不菲的业绩。

2. 嫁接电脑雕刻 近年来，木雕发展迅速，但“瓶颈”也很明显。一个老师傅拿着刻刀，一天24小时不休息，一年也做不了一张大屏风。电脑技术嫁接雕刻后，使雕刻速度呈几何级数增长，为提升产量起了重要作用。人工干几天的活，用机器几个小时就能干好。同样一件产品，成本降低了，产量增加了，销量也迅速增长。

3. 嫁接家具 嫁接家具使木雕行业焕发新风采，实现新发展。运用雕刻艺术使家具拥有了中国传统文化的韵味和时代气息，既美观又增值，成为家具畅销的新趋势。现今当地发展木雕企业近3 000家，从业人员近15万人，产品涵盖建筑、家具、日用品、艺术品、宗教用品等多种木雕品类，年产值近150亿元。

【案例分析】

该木雕企业原来主要经营木雕工艺品、室内外装饰、木雕家具陈设、木雕宗教用品、木雕旅游产品、庭院木制品等项目，发展一度受到影响，实现嫁接建筑、电脑、家具之后，实现了“老树发新枝”，走出了困境，成功地进行了二次创业。

原理七 自生繁殖创业原理

一、自生繁殖创业原理基本内涵

自生繁殖原理是指动植物在野外依靠自身的机能自然生长而非经人工驯养或培植进行的繁殖方式。自然界新的生物出现都是自生繁殖的结果。

自生繁殖创业原理是指随着自然与社会的变化，总会出现新的行业需求和发展，人们自主整合各种资源创建新产业满足这种新需求、新发展所实施的创业形式。许多创业都来自于这种形式。

二、自生繁殖创业原理特点

（一）开拓性

这种创业形式在以前是空白，没有可循的模式，需要在实践中根据发展的需要不断完善、不断调整。

（二）必然性

创业自生方式是社会发展出现的客观需要，是社会发展到一定阶段或时期必然产生的产业，具有自然和社会的必然性。

（三）引领性

新行业的创业者引导了产业发展方向和趋势，当产业有较强的吸引力时会有更多的跟随者加入创业队伍。

（四）失衡性

由于地域发展的不平衡，各地区社会经济条件也不平衡，产生新的需求或产业的时机可能会存在先后的不一致性，即在一个地方出现的创业形式，而在另一个地方不一定适合。因此，地域发展的不均衡性，也造成了创业自生形式的不均衡性。

三、创业启示和适用对象

（一）创业启示

创业者要通过观察自然社会经济发展变化情况，分析变化规律，寻找发展趋势性，特别是新兴产业的发展，寻找创业机会，实施自主创业。

（二）适用对象

自然社会经济的多面性会产生多种多样的创业机会，创业者根据自身情况，只要用心洞悉社会现象，人人都有创业的机会。

【教学案例】

在美丽的海南岛有一位莫先生，利用被人们视而不见没有多少价值的椰子皮成功创业，由当年的“蜗居小伙”，变成了如今的千万富翁，创造了离奇的财富神话。

莫先生出生在海南省定安县农村。高中毕业后，一直四处打工。2002 年，他带着相恋 3 年的女友来到上海打拼，蜗居在一个 10 平方米的狭小房间里，日子苦不堪言，“蜗居生活”维持了一年多，女友与其分手。打工 8 年，事业上毫无起色，如今又把经营几年的爱情弄丢了，莫先生伤心地离开，回到了故土决心自主创业。可在家乡苦苦寻觅了一个多月一无所获。直到有一天，他发现母亲正在使用椰子皮刷锅，几下就把锅上的油污刷洗得干干净净。他如获至宝般研究了起来。椰子皮在海南随处可见，农村人用它刷锅也是代代相传，他发现只要将椰壳剥下来，再用刀稍微加工一下即可变成一把刷子，既环保（市面上卖的塑料锅刷都是用化学材料），又省钱，一个大胆的创业想法由此产生。但是这个创业的历程是曲折的。他和同村的两个伙伴经过两年多的探索，花光了全部积蓄并负债 2 万多元终于研制出流水线制造设备，通过研究销路探索出了一条自己的生产经营路子。2008 年，他的椰刷生意已经做得风生水起，还在阿里巴巴开通过一段时间的探索，他又招聘了 20 多名民间工艺高手，又另外投建了一个工艺品厂，专门生产各种椰棕工艺品。

目前，莫先生已经在当地工业园区拥有一个 5 000 平方米的新厂，他的椰刷和椰棕工艺品不仅热销全国，还出口到了日本、韩国、新加坡等地。当年那个饱尝失恋之痛的“蜗居小伙”，独辟蹊径，利用看似毫无价值的椰子皮创建了一个年产值 800 多万元的椰棕企业，成就了自己千万富翁的财富奇迹。

【案例分析】

莫先生在没有任何帮助的情况下，靠自己发现项目，靠自己研究技术，靠自己探索销路，实现了从无到有、由弱变强的创业梦想。之前没有人尝试的项目，没有任何经验可借鉴，依据自生繁殖创业原理走出了一条自我发展的创业之路。

实训与思考

1. 生物繁殖学创业原理类型主要有哪些？各有什么特点？

2. 结合实际举例说明企业应用生物繁殖学创业原理成功案例。

项目三 经济学创业原理

经济学发展到现在有很多的理论体系，这里仅主要介绍几种，以便对创业有所启示。

原理一 边际优势创业原理

一、边际优势创业原理基本内涵

边际优势原理原指在农作物种植时处于地块外围的作物或作物个体边外层部分，由于在光照、通风等方面能够获得更优厚的条件从而显现出壮、大、强、多、好的边缘优越势能或趋优现象。

经济学上的边际优势是指由于地理位置相邻的原因，在进行地区经济或类型经济合作时能够取得比其他地区更丰厚的经济利益。这种现象称为经济学上的边际优势。依据边际优势实施创业的机理，称为边际优势创业原理。

二、产生经济边际优势的条件

1. 地域间经济发展不平衡，在经济条件、经济类型、类型级别等方面有一定差距。

2. 有合作的项目和条件。

3. 地缘相邻。

三、创业启示

处于地域发展不平衡的相邻地区时，寻找地域间产业差距，利用资源、劳动力等因素形成边际优势，实施创业。

【教学案例】

在山东省济宁市城南约20公里处，有一家现代观光农业生态园，2013年3月投资兴建，2014年8月一期竣工，占地1 300余亩，投资3 500多万元。

整个生态园划分为采摘园区、涉猎园区（养殖动物）、租种园区、垂钓场区、娱乐园区、餐饮园区等，规划起点高、风格独特、功能丰富、环境优雅、风光秀美，是休闲娱乐的理想场所。开园后，游人如织，人气十足。取得了良好的社会效益与经济效益。

【案例分析】

该现代观光农业生态园的建立满足了城市休息日休闲娱乐场所匮乏的尴尬局面。更重要的是建设园区主要利用国家土地流转政策，土地费用低、交通便利、建设成本小等有利条件，相对于城区建设有较大的边际优势。另一方面在消费需求上城市消费比农村也有较大的边际优势。

原理二　绝对优势创业原理

一、绝对优势创业原理基本内涵

如果甲国家生产某种产品所耗费的劳动成本绝对低于乙国家，则该产品生产甲国家相对于乙国家具有绝对优势。这一理论最初是由英国产业革命前夕工场手工业时期的经济学家亚当·斯密提出的。

亚当·斯密的绝对成本说主要阐明了如下内容：①分工可以提高劳动生产率，增加国民财富。②分工的原则是成本的绝对优势或绝对利益。③国际分工是各种形式分工中的最高阶段，在国际分工基础上开展国际贸易，对各国都会产生良好效果。④国际分工的基础是有利的自然禀赋或后天的有利条件。

依据绝对优势实施创业的机理，称为绝对优势创业原理。

二、创业启示

寻找绝对优势产业项目实施创业。

【教学案例】

台湾一名青年张先生从台湾大学园艺研究所获得硕士学位后就在台湾专门从事蝴蝶兰的产销。但最初在台湾并未有非常突出的业绩，不久到了福建漳州建立自己的企业从事蝴蝶兰经营。

漳州和台湾中部的纬度相近，很适合蝴蝶兰生长。在这里投资，优惠的政策、优越的自然条件、丰富的土地资源和本人的专业技术使得他在这里培育的蝴蝶兰花形好、花期长、优雅芬芳，很快就远近闻名。同时，他在技术上取得了巨大的突破，运用控温、控湿、克隆、瓶栽等现代化洋兰栽培技术，可以把以前少见的各种兰花魔术般地培育出来。几年中，上百个蝴蝶兰新品种在他手上开发出来，他的公司也不断地发展壮大，规模和效益稳步攀升。玻璃温室面积从最初的两千多平方米发展到现在的两万多平方米，每年都推出几十个新品种，年生产能力超过千万株，年出口额近千万美元。现在他创办的企业被确定为福建漳州国家农业科技园区科技创新型企业。

【案例分析】

创业者张先生最初在台湾创业并没有非常突出的成就，但到了福建漳州结合当地政策和优越的自然条件，发挥自己的专业特长创造出了不菲的业绩。同一个创业者，也是同样的创业项目，在台湾和福建漳州出现明显的不同，就是创业者充分利用了蝴蝶兰在福建漳州的绝对优势。

原理三　比较优势创业原理

一、比较优势创业原理基本内涵

比较优势原理可以表述为：在两国间，劳动生产率的差距并不是在任何商品上都是相等。对于处于比较优势的国家，应集中力量生产优势较大的商品；处于劣势的国家，应集中力量生产劣势较小的商品，然后通过国际贸易，互相交换，彼此都节省了劳动，都得到了益处。核心内容是“两利相权取其重，两害相权取其轻”。如果一个国家在本国生产一种产品的机会成本低于在其他国家生产该种产品的机会成本，则这个国家在生产该种产品上就拥有比较优势。

依据比较优势实施创业的机理，称为比较优势创业原理。

二、比较优势原理建立的理论条件

1. 两个国家，两种产品或两种要素。
2. 国家之间存在某种特征差异。
3. 各国的比较利益的静态不变的，不存在规模经济。
4. 自由贸易是在完全竞争的市场结构下进行的，以物物交换为形式。
5. 生产要素在一国国内可以自由流动，在两国间则不能流动。
6. 不存在技术进步，资本积累和经济发展。

三、创业启示

分析比较产业状况，结合自身条件，在自己拥有比较优势的行业实施创业。

【教学案例】

黄先生是湖南靖州的一个农民，出外打工多年，有了点积蓄，一直想回家做点自己的事业。2004 年，靖州对外招商引资，经济开始活跃起来，新开企业增多，对外运输业务量也随之增大。他发现，企业生产的产品外运时都要包装打包，捆扎包厢的塑料带需用一种金属扣来扣紧，但当地没人做这种打包用的扣。他马上买回了一套打包扣生产设备投入生产。一年多了，生意一直不错，最近又购买了两台，每天生产的产品都供不应求。

【案例分析】

"寸有所长，尺有所短"。打包扣是加工企业不可或缺的包装用品，但加工企业如果"小而全"地将自己所用的物品都靠自己生产，则不如将精力和财力多用在加工产品上，更有利于发挥自身优势提高生产效率、降低成本创造更多的价值，同时将打包扣放给专业生产厂家，也有利于对方发挥自身优势，提高劳动生产效率。这样一来有利于两者发挥各自的比较优势。

原理四　竞争优势创业原理

一、竞争优势创业原理基本内涵

竞争优势理论是由美国哈佛大学商学研究院迈克尔·波特提出，波特的国际竞争优势模型（又称钻石模型）包括四种本国的决定因素（country specific determinants）和两种外部力量。四种本国的决定因素包括要素条件，需求条件，相关及支持产业，公司的战略、组织及竞争。两种外部力量是随机事件和政府。

波特竞争优势理论认为，一国的贸易优势并不像传统的国际贸易理论宣称的那样简单地决定于一国的自然资源、劳动力、利率、汇率，而是主要取决于生产要素、需求状况、相关产业及企业组织、战略与竞争度，以及机遇和政府作用，在很大程度上决定于一国的产业创新和升级的能力。由于当代的国际竞争更多地依赖于知识的创造和吸收，竞争优势的形成和发展已经日益超出单个企业或行业的范围，成为一个经济体内部各种因素综合作用的结果，一国的价值观、文化、经济结构和历史都成为竞争优势产生的来源。

依据竞争优势实施创业的机理，称为竞争优势创业原理。

二、竞争优势原理构建思想

波特认为影响产业竞争态势的因素有五种竞争力量，分别是新加入者的威胁、购买者（客户）的议价力量、取代品（或服务）的威胁、供货商的议价力量、现有竞争者之对抗态势。透过这五方面的分析，可以测知该产业的竞争强度与获利潜力。他认为，在与五种竞争力量的抗争中，蕴涵着三类成功型战略思想，即总成本领先战略、差异化战略、专一化战略。

（一）总成本领先战略

成本领先要求坚决地建立起高效规模的生产设施，在经验的基础上全力以赴降低成本，抓紧成本与管理费用的控制，以及最大限度地减小研究开发、服务、推销、广告等方面的成本费用。为了达到这些目标，就要在管理方面对成本给予高度的重视。尽管质量、服务及其他方面也不容忽视，但贯穿于整个战略之中的是使成本低于竞争对手。该公司成本较低，意味着当别的公司在竞争过程中已失去利润时，这个公司依然可以获得利润。

赢得总成本最低的有利地位通常要求具备较高的相对市场份额或其他优势，使变动成本保持低水平又能分散固定成本。总成本领先地位所获得的较高的边际利润又可以重新对新设备、现代设施进行投资，以维护成本上的领先地位，从而保持良性循环的运作状态。

（二）差别化战略

差别化战略是将产品或公司提供的服务差别化，树立起一些全产业范围中具有独特性的东西。实现差别化战略可以有许多方式：设计名牌形象、技术上的独特、性能特点、顾客服务、商业网络及其他方面的独特性。

差别化战略的实施可以使企业建立起防御阵地对付五种竞争力量，在一个产业中赢得高水平收益。波特认为，推行差别化战略有时会与争取占有更大的市场份额的活动相矛盾。推行差别化战略往往要求公司对于这一战略的排它性有思想准备。这一战略与提高市场份额两者不可兼顾。

（三）专一化战略

专一化战略是主攻某个特殊的顾客群、某产品线的一个细分区段或某一地区市场。专一化战略的整体是围绕着很好地为某一特殊目标服务这一中心建立的，它所开发推行的每一项职能化方针都要考虑这一中心思想。

这一战略依靠的前提思想是：公司业务的专一化能够以高的效率、更好的效果为某一狭窄的战略对象服务，从而超过在较广阔范围内竞争的对手们。波特认为这样做的结果，是公司或者通过满足特殊对象的需要而实现了差别化，或者在为这一对象服务时实现了低成本，或者二者兼得。这样的公司可以使其赢利的潜力超过产业的普遍水平。这些优势保护公司抵御各种竞争力量的威胁。

三、创业启示

对于竞争优势原理的总成本领先战略，创业者要战胜竞争对手，就必须分析费用项目产生的原因，寻找每项费用最优合理的限度，以成本优势战胜竞争对手；对于竞争优势原理的差别化战略，创业者要分析自身优势实施有别于其他对手的个性化策略，使产品功能更强大，服务更周到，更符合消费者需求，让消费者更容易接受；对于竞争优势原理的专一化战略，创业者要根据自己的优势实施专业化生产或服务，更有利于发挥优势，战胜对手。

【教学案例】

在洗衣机行业中为避开容量、质量、价格、服务的同质竞争，某企业开发出世界上独有的小小神童洗衣机，以适应洗衣时间短、衣量少的市场需求，适合儿童和夏天成人的特定群体和特定需求。

【案例分析】

该企业开发出的小小神童洗衣机实施的是区别于其他企业的发展战略，满足了特定市场的需求，可谓是利用竞争优势原理实施差异化战略的成功案例。

原理五　木桶创业原理

一、木桶创业原理基本内涵

水桶原理是指一只水桶想盛满水，必须每块木板都一样平齐且无破损，如果这只桶的木板中有一块不齐或者某块木板下面有破洞，这只桶就无法盛满水。即一只水桶能盛多少水，并不取决于最长的那块木板，而是取决于最短的那块木板，盛水的高度取决于其最低的那块木板，也可称为短板效应。

在经济学上是指从国家宏观经济到具体的生产项目在发展至一定规模时，发展需要的各种要素总是存在不均衡，某些要素成为整体协调发展的限制因素，整体的发展速度和规模取决于限制要素的多少。经济发展的这一现象称为木桶原理。

依据木桶原理作为实施创业机理，称为木桶创业原理。

二、创业启示

创业项目要避开自己的“短板要素”。当别人发展项目的“短板”是自己的优势时，可以以此作为创业的突破口。

【教学案例】

目前，稀有金属支撑着电脑、手机、半导体、家电、汽车等各个工业生产环节，因为稀土能够大幅度提高用于制造坦克、飞机、导弹的钢材、铝合金、镁合金、钛合金的战术性能，同时稀土也是电子、激光、核工业、超导等诸多高科技的润滑剂。

目前，中国的稀土资源占全世界已知储量的80%，其地位可与中东的石油相比，具有极其重要的战略意义。2000年以前，购买中国稀土产品的国家只是集中在日本、美国、法国等少数几个发达国家，如今购买中国稀土产品的国家已经达到100多个国家和地区。

正是西方及其他国家对稀土需求的大量增加，中国稀土的出口量增长迅猛。然而，令人难以置信的是，虽然中国稀土出口增加，可出口的平均价格在2010年之前却被压低到当初价格水平以下。在世界高科技电子、激光、通讯、超导等材料呈几何级需求的情况下，中国的稀土价格并没有水涨船高。一些稀土企业称，稀土企业的利润一般在1%～5%之间。一方面，稀土产业在世界创造了资源储量、生产量、销售量、消费量多个“第一”；另一方面，在绝对的市场优势下，中国稀土却只卖出了个“土价钱”。在发达国家先后将稀土视为战略资源，并有所行动的时候，稀土在中国更多地只被看做是换取外汇的普通商品。

中国在稀土供应方面日益崛起的实力及其明显要把它作为“21世纪的经济武器”的意图令日本和西方国家感到担忧。因为如果无法进口稀土，对其那将是不可想象的。

【案例分析】

中国的稀土对于美国、日本等发达国家的高科技发展行业而言，是必须的资源，也是紧缺资源。他们的高科技行业发展的速度和规模取决于稀土这种稀缺资源的供给量的多少，中国减少稀土供给量就会令这些国家的行业发展受到限制。因此，减少供给就会引起他们的恐慌。这就是木桶原理对经济发展的影响作用。

实训与思考

1. 经济学创业原理类型主要有哪些？各有什么特点？

2. 结合实际举例说明企业应用经济学创业原理成功案例。

模块小结

项目一　生态学创业原理

原理一　原始合作创业原理

一、原理基本内涵

原始合作创业原理是指企业或生产者之间，有共同的价值取向或利益目标一致，互相合作各自都能够获得更多的利益，而形成的一种创业模式。

二、特点

（一）目标利益一致

（二）表现为互助关系

（三）两者分离能够独立生存

三、创业启示及适用对象

原理二　共栖创业原理

一、原理基本内涵

共栖创业原理是指不同企业在生产过程中，一方生产经营在不受损害影响的情况下能为另一方创造好的生产条件、机遇，使之得到更大发展，或者企业之间联手都能获得更多的利益或发展的创业模式。

二、特点

（一）目标利益不同，各取所需

（二）互助关系或至少利大于害

（三）分离也能够独立生存

三、创业启示及适用对象

原理三　共生创业原理

一、原理基本内涵

共生创业原理就是创业者生产经营你中有我，我中有你，不可分割，生死与共，协同发展的创业模式。

二、特点

（一）利益共同体

（二）互相依存

（三）不可分割。二者分离则无法生存

三、创业启示及适用对象

原理四　寄生创业原理

一、原理基本内涵

寄生创业原理是指依靠已发展成熟的企业以“分一杯羹”的方式，进行创业经营的创业模式。

二、特点

（一）双方根本利益冲突

（二）互相对立关系

（三）合作或分离事关双方切身利益

三、创业启示及适用对象

原理五　捕食创业原理

一、原理基本内涵

捕食创业原理是指企业在发展到一定规模时，为了增强自己的实力，通过采用兼并、收购中小企业等方式，扩大企业影响，增强市场占有率的创业模式。

二、特点

（一）强迫性利益统一

（二）对立统一关系

（三）弱肉强食

三、创业启示及适用对象

原理六　竞争创业原理

一、原理基本内涵

竞争创业原理是指企业之间为了企业生存发展，在资源、市场、技术、人才、管理等方面所进行的争夺而得以生存发展的创业模式。

二、特点

（一）目标利益的冲突

（二）互相对立关系

（三）竞争的最终结果是资源的优化整合，促进企业发展，产业升级

三、创业启示及适用对象

项目二　生物繁育学创业原理

原理一　种子繁殖创业原理

一、原理基本内涵

种子繁殖创业原理主要是指按照所创办企业标准要求，通过有针对性地给予相应的政策资助等方式，鼓励创建一批同类企业，或通过创业培训人员培育的批量企业，再就是在一定时期通过采用相同技术、设备所建立起来的同类批量企业等创业发展方式。

二、特点

（一）结合性

（二）企业的经营项目和特点及经营方式基本相同

（三）大量性

三、创业启示和适用对象

原理二　杂交优势创业原理

一、原理基本内涵

杂交优势创业原理是指企业之间进行资源的整合后，形成比原来较强的生产能力、竞争能力、市场占有能力等，表现出比企业合作前更好的发展势头和经济效益的创业方式。

二、特点

（一）整合性

（二）互补性

（三）创优性

三、创业启示和适用对象

原理三　分株繁殖创业原理

一、原理基本内涵

分株繁殖创业原理是指有发展基础的企业为了迅速扩张，通过将企业“分家”的方式创办多个企业的创业方式。

二、特点

（一）同根性

（二）同质性

（三）独立性

（四）相关性

三、创业启示和适用对象

原理四　压条繁殖创业原理

一、原理基本内涵

压条繁殖创业原理是指企业为了扩张发展需要，按照原企业的生产模式投资建造分厂或成员企业，实现企业规模发展的创业形式。

二、特点

（一）新企业由老企业投资兴建或与老企业某种形式合作下筹建

（二）新企业保留老企业特点

（三）新企业是集团企业成员

三、创业启示和适用对象

原理五　扦插繁殖创业原理

一、原理基本内涵

扦插繁殖创业原理是指从企业上分离出的部分生产要素，在一定的生产条件下通过整合其他生产资源，可以重新发展为与原企业同样类型的企业的创业模式。

二、特点

（一）复制性

（二）独立性

（三）竞争性

三、创业启示和适用对象

原理六　嫁接繁殖创业原理

一、原理基本内涵

嫁接繁殖创业原理是指企业通过引进其他企业项目、技术、人才、管理等优势资源要素为己所用，使企业产生新的生机活力的创业形式。

二、特点

（一）引进性

（二）适用性

（三）可变性

（四）活力性

三、创业启示和适用对象

原理七　自生繁殖创业原理

一、原理基本内涵

自生繁殖创业原理是指随着自然与社会的变化，总会出现新的行业需求和发展，人们自主整合各种资源创建新产业满足这种新需求、新发展所实施的创业形式。许多创业都来自于这种形式。

二、特点

（一）开拓性

（二）必然性

（三）引领性

（四）失衡性

三、创业启示和适用对象

项目三　经济学创业原理

原理一　边际优势创业原理

一、原理基本内涵

边际优势原理原指在农作物种植时处于地块外围的作物或作物个体边外层部分，由于在光照、通风等方面能够获得更优厚的条件从而显现出壮、大、强、多、好的边缘优越势能或趋优现象。

经济学上的边际优势是指由于地理位置相邻的原因，在进行地区经济或类型经济合作时能够取得比其他地区更丰厚的经济利益。这种现象称为经济学上的边际优势。依据边际优势实施创业的机理，称为边际优势创业原理。

二、产生经济边际优势的条件

（一）地域间经济发展不平衡，在经济条件、经济类型、类型级别等方面有一定差距

（二）有合作的项目和条件

（三）地缘相邻

三、创业启示

原理二　绝对优势创业原理

一、原理基本内涵

如果甲国家生产某种产品所耗费的劳动成本绝对低于乙国家，则该产品生产甲国家相对于乙国家具有绝对优势。

依据绝对优势实施创业的机理，称为绝对优势创业原理。

二、创业启示

原理三 比较优势创业原理

一、原理基本内涵

比较优势原理可以表述为：在两国间，劳动生产率的差距并不是在任何商品上都是相等。对于处于比较优势的国家，应集中力量生产优势较大的商品；处于劣势的国家，应集中力量生产劣势较小的商品，然后通过国际贸易，互相交换，彼此都节省了劳动，都得到了益处。核心内容是“两利相权取其重，两害相权取其轻”。如果一个国家在本国生产一种产品的机会成本低于在其他国家生产该种产品的机会成本，则这个国家在生产该种产品上就拥有比较优势。

依据比较优势实施创业的机理，称为比较优势创业原理。

二、比较优势原理建立的理论条件

（一）两个国家，两种产品或两种要素。

（二）国家之间存在某种特征差异。

（三）各国的比较利益的静态不变的，不存在规模经济。

（四）自由贸易是在完全竞争的市场结构下进行的，以物物交换为形式。

（五）生产要素在一国国内可以自由流动，在两国间则不能流动。

（六）不存在技术进步，资本积累和经济发展。

三、创业启示

原理四 竞争优势创业原理

一、原理基本内涵

竞争优势理论是由美国哈佛大学商学研究院迈克尔·波特提出，波特的国际竞争优势模型（又称钻石模型）包括四种本国的决定因素（country specific determinants）和两种外部力量。四种本国的决定因素包括要素条件，需求条件，相关及支持产业，公司的战略、组织及竞争。两种外部力量是随机事件和政府。

依据竞争优势实施创业的机理，称为竞争优势创业原理。

二、竞争优势原理构建思想

波特认为影响产业竞争态势的因素有五种竞争力量，分别是新加入者的威胁、购买者（客户）的议价力量、取代品（或服务）的威胁、供货商的议价力量、现有竞争者之对抗态势。透过这五方面的分析，可以测知该产业的竞争强度与获利潜力。他认为，在与五种竞争力量的抗争中，蕴涵着三类成功型战略思想，即总成本领先战略、差异化战略、专一化战略。

三、创业启示

原理五　木桶创业原理

一、原理基本内涵

在经济学上是指从国家宏观经济到具体的生产项目在发展至一定规模时，发展需要的各种要素总是存在不均衡，某些要素成为整体协调发展的限制因素，整体的发展速度和规模取决于限制要素的多少。经济发展的这一现象称为木桶原理。

依据木桶原理作为实施创业机理，称为木桶创业原理。

二、创业启示

模块五 创业程序

学习目标：

1. 了解产生创业意愿方法途径。
2. 掌握创业项目选择论证方法、依据和原则。
3. 掌握制定项目计划书。
4. 了解本模块所述类型企业建立程序。

创业是指有创新精神的人，利用商机，通过对自己掌握的资源进行优化整合，能够转化为新的盈利模式，创造出更大经济或社会价值的过程。创业是一种劳动方式，是一种需要创业者运营、组织、运用服务、技术、器物作业的思考、推理和判断的行为。创业有广义和狭义之分。狭义的创业是指创业者对其生产经营活动，进行拓展新项目、开辟新领域或者在原有基础上开创新局面，实现新发展的过程。广义的创业是指创业者所进行的涵盖范围广泛的综合性的创业实践活动，主要是指在国家、民族、集体和群体层面所成就的大业。这里的农村创业主要指狭义的创业。无论什么形式的创业活动必须首先要有创业的思想愿望或者是创业冲动。有了创业的成熟思想，才能够发生创业的行为，才能实现成功创业。

项目一　产生创业意愿

“穷则思变”是创业的动力源泉。但由于传统的思想观念、“小农意识”、技术知识水平、眼界视野及自卑心理等诸多因素，大多数人对创业既梦寐以求，又产生恐惧担忧，创业对他们而言好像是一种奢望，以致望而却步。所以产生创业的愿望非常重要。

一、励志故事和身边榜样产生创业意愿

一些成功的人士，原来基础并不好，尽管各自的境遇并不相同，他们之所以成功，有一点是相同的，那就是都经过了艰苦的奋斗历程，最后成为事业上的佼佼者。国内外历史与现实成功人士成功的创业故事和身边创业成功的榜样，都是激发人们创业的生动案例。从他们的身上或多或少地能够引起共鸣，激起创业热情。

【教学案例】

2011年11月份，成都某学院50名学生代表在院团委的带领下参加了由中央电视台《致富经》栏目主办的“交流致富经验，共谋财富商机”第二届创业致富榜样评选推介活动。

该活动邀请了多名企业集团老总，他们以自己的辉煌业绩为同学们分享了自己的创业历程和成功经验。

活动中，参与的同学们认真聆听、踊跃发言，他们还和致富榜样进行互动，与会嘉宾在与同学交流的过程中不断给同学们提出建议，为同学们树立创业目标、寻找创业方法、实现创业梦想给予了许多指导性意见。活动期间，学生代表还接受了中央电视台、成都电视台的采访并回答了记者的提问。

本次活动对同学们端正学习态度、树立创业意识、制定职业规划、培养艰苦奋斗精神等有极大的引导教育和帮助。

【案例分析】

大学生是创业的一支重要力量。他们有理想、有朝气、有闯劲和干劲、掌握了一定的科技文化知识技能、思想活跃、精力充沛。成都某学院的学生具备农业专业知识，在农业领域施展才华更有较大的空间。校方通过与央视等有关部门开展大学生励志创业活动，对大学生做好职业规划将会起到很好的指导作用，也会激发他们奋发有为、拼搏进取。榜样的力量是无穷的，能激发人的潜能，产生意想不到的效果。

二、观察事物产生创业意愿

创业者创业正如许多发明一样，最初都是受到自然和社会现象的启发得以成功。如，掉在牛顿头上的苹果，使他发现了万有引力；水蒸气顶起的壶盖，使瓦特发明了蒸汽机。创业者生活在自然和社会生活之中，自然和社会对其产生很多的影响。有的人把自然现象与经济联系起来产生了生产经营的行为，实现了创业；也有的将社会现象与经济联系起来产生了生产经营的行为，同样也

实现了创业。因此，许多创业项目来源于自然和社会生活，要善于观察，发现现象背后的经济价值，将自然和社会现象转化成商机，才能形成创业的意愿。

【教学案例】

前几年，在河北馆陶县，一个年轻姑娘靠养苍蝇、喂蝇蛆实现发家致富。几年时间就成了百万富翁。这个充满传奇色彩的姑娘姓靳。靳姑娘家住馆陶县农村，初中还没念完的她早早辍学，帮家里干活供弟妹上学。她卖过冰棒、卖过菜，还养过鸡，但都没有赚到钱。后来去邯郸打工，在一家酒店干服务员，不到半年就升为大堂经理。但个人的待遇提高没有让她满足，她心中一直想让家庭摆脱贫困。2000年春，当她偶然看到一则有人养苍蝇用蝇蛆来养鸡致富的信息时，认为这是个好项目。她酝酿了半个月后毅然辞职创业。回家前，她先后去了北京、南京和山东等地，向科研院所的专家教授咨询养殖苍蝇的可行性。得到的答案是苍蝇开发前景广阔，她信心更足了。尽管家人反对，但小靳没有止步，她仍将以前的养鸡房改成了养蝇房并购回苍蝇种，还买回几百只小鸡。一个月后，当苍蝇发展到上百笼，每天可产50多千克鲜蛆，能满足饲喂近千只鸡的规模时，家人和乡亲们才发现她是在干"正经事"。于是，她开始得到支持和帮助。当年底，她算了下账，惊喜地发现通过这样养蝇蛆养鸡，一年赚了5万元。紧接着，她又引进了蚯蚓、黄粉虫等养殖项目，订阅了几十种报刊。经过几年的奋斗，创办了中国昆虫论坛、中国工程蝇、中国生态农业网、黄粉虫产业信息网等多家昆虫网站，资产达千万元。

【案例分析】

一个农村姑娘，一没有多少文化（初中没有毕业），二没有好的家境，三没有得到他人的资助。在看到有价值的信息情况下，通过考察论证，凭着让家庭摆脱贫困的执着信念，产生创业的愿望，经过自己的不懈努力，成就了自己的致富梦想。

三、生产实践产生创业意愿

"实践出真知"。"实践—认识—再实践—再认识"是颠覆不破的认知规律。许多新创造、新发明、新认识、新创意都是从生产实践活动中探索总结而来的。从生产实践来的创业意愿又分为两个类型：一是业主感悟产生的创业意愿；二是做工者产生的创业意愿。

（一）业主实践产生的创业意愿

有些业主通过自己的亲身实践，创新创造出更好的发展项目或对原有项目有较大的提升。创业可以是对原有项目的规模和内涵的扩大与提升，可以创造增加与原有项目相关的衍生项目，也可以是与原项目无关的新项目、新领域拓展。

【教学案例】

贾尼尼是全美第一大银行家。美洲商业银行创始人。1870 年 5 月 16 日，贾尼尼出生在美国加州的一个意大利移民家庭。开始是葡萄农，父亲因故去世后，母亲带着 3 个孩子嫁给了好心的马车夫斯卡蒂那。贾尼尼 12 岁时，他们在旧金山开了一家“斯卡蒂那商行”，经营水果和蔬菜批发，做起了中间商。

贾尼尼只有一张小学文凭，却能用不同的语言跟人打交道，很能吃苦，待人热情，又有心计，很快成了商行的重要帮手。一天，他向继父建议，从很远的地方贩卖柳橙和葡萄柚，继父将信将疑，就先买了一部分。事实正如贾尼尼所预料的那样，这两种商品都十分畅销，日后原本在加州极为罕见的柳橙和葡萄柚也成了加州的特产，这不能说不是贾尼尼的功劳。

贾尼尼并没有满足现状，他要做更大的生意。为了减少中间环节，他亲自跑到农家去收购果菜。在农作物未采收之前就与农民订立收购契约。这要付一部分定金，但蔬菜和水果的价格却要比码头上便宜得多。他这样做，不仅从贩运商手中夺过了利润，而且比贩运商们买来的还便宜。这种做法是一个了不起的创举。年仅 19 岁的贾尼尼因此被人们视为经商的奇才、鬼才。

不仅如此，年仅 19 岁的贾尼尼提出了“农民银行”的构想。1892 年，他和银行家科涅尔的女儿结婚了。这场婚姻改变了贾尼尼的事业轨迹。1902 年，岳父科涅尔不幸去世，凭着岳父留下来的股份，贾尼尼进入哥伦布银行当了董事，后来自己开始开办银行。

在他的创新思维指导下，贾尼尼不断创造新的奇迹。1910 年，贾尼尼先后收购了旧金山银行和旧金山机械银行，此后不久，又成功地收购了圣玛提欧银行。随着规模的日益壮大。后来它吞并了美洲银行，并将各分行都全部改名为美洲商业银行，真正创立了自己的帝国。1949 年 6 月，奋斗了一生的金融大王贾尼尼终于走完了他人生的最后一站。

【案例分析】

贾尼尼是一个果菜经营商，经历了少年丧父的艰苦磨砺，靠着自己的诚信、质朴和灵活的头脑在果菜经营方面获取第一桶金，此后在他最初“农民银行”构想的基础上，加上岳父的资金支持，不断求实创新，终于创立了美洲商业银行帝国。不过，如果没有他经营果菜经历，就不可能有其最初“农民银行”的创业构想，当然也就没有后来的辉煌。

（二）生产者产生的创业意愿

有些生产者通过学习专门技术或者跟随他人做工或做学徒复制技术项目创业或在跟随他人学习技术的基础上，对原有项目进行创新发展可以产生创业意愿。有些生产者在自己的生产劳动过程中，发现有经济价值的生产经营项目所产生的创业意愿。

【教学案例】

松下电器产业株式会社自1918年创业以来，经历多年的奋斗，发展品牌产品涉及家电、数码视听电子、办公产品、航空等诸多领域而享誉全球；现在已成为世界著名的综合型的大型电子企业，成为一个跨国公司，在全世界设有230多家公司，员工总数超过290 000人。该企业品牌跃入《世界品牌500强》排行榜。而创造这一神话的却是学徒出身的松下幸之助。

松下幸之助只受过4年小学教育，因父亲生意失败，1904年11月年仅9岁而且初小尚未毕业的松下幸之助来到大阪，开始在宫田火盆店中做小学徒。后来又到了自行车店做学徒，然后对电器感兴趣。1918年，已经23岁，有14年学徒打工经历的松下幸之助在大阪建立了“松下电气器具制作所”，当时环境很艰苦，但松下幸之助带领制作所员工一同努力、创新，连续推出了先进的配线器具、炮弹形电池灯、电熨斗、无故障收音机、电子管、真空管等一个又一个成功的产品，7年之后，松下幸之助成了日本收入最高的人。这期间虽然历经磨难，在他的带领下，企业战胜重重困难，不断创造新的业绩。二战前后在日本各行各业经营萧条冷清的情况下，松下的制作所却蒸蒸日上，销售额持续增长。直到1988年的63年中，有10年他的收入均为日本第一位，有6年居第二位，1989年他逝世时，留下了15亿多美元的遗产。在日本，松下幸之助被尊为家电行业的领袖，一生获得的荣誉数不胜数，他先后获得日本的五次授勋（蓝绶宝章、二等旭日重光勋章、一等瑞宝勋章、一等旭日大勋章、一等旭日桐花大勋章），获得荷兰、巴西、比利时、马来西亚、西班牙等国家的授勋或爵位。尽管在幸之助逝世后，松下公司的经营已经产生了种种问题，但是这不能抹去松下幸之助的成就和思想贡献。

【案例分析】

松下幸之助创业经验告诉我们，创业不受年龄限制，也不是只是青睐那些有身份、有地位的人，学徒打工者一样能够创造奇迹，成就辉煌。生产者只要心中充满创业的希望，再加上持之以恒的意志和决心，就能实现创业的梦想。

实训与思考

1. 创业意愿的来源有哪些？

2. 身边的创业成功者来自于哪种创业意愿？

项目二　创业项目选择

有创业愿望是成功创业的先决条件，这非常重要。有创业愿望才能付出百分之百的努力，才能有想做好的想法，否则不是出自本意的“赶鸭子上架”，都不可能让其尽心尽力去做，也难以达到预期效果。但是，有了创业意愿也不等于就能成功创业，仅仅是愿望而已，创业前的想法也只能是一厢情愿，能不能“事如人愿”，取决于对事业的态度、项目选择定位、决策管理等一系列因素。其中，项目选择至关重要，是成功创业的重要环节。

一、确定创业目标

（一）创业目标概念和类别

创业目标是指一定时期内创业者计划选择的创业对象及其生产经营各方面所要达到的数量质量上的规定和要求。它有狭义和广义之分。狭义的创业目标主要指选择什么样的创业对象及其生产经营在经济指标方面应该达到的数量质量上的规定和要求。如，企业年总收入、企业年纯收入、产量、产值、企业资产、发展速度、产品质量指标、成员收入指标等。广义的概念还应该包括社会贡献指标和生态环境责任指标等。

创业目标分类可以从创业目标反应的内容上分为企业发展类指标、成员收益类指标、社会效益类指标、生态效益类指标等。当然每一类指标还可以进一步细分。创业目标还可以从时间上划分为短期创业目标、中期创业目标和长期创业目标。短期目标主要指一年内的创业目标，又可以分为旬目标、月目标、季度目标、半年目标、年目标。中期目标主要是指 2～3 年的创业目标。这一目标是长期创业目标的阶段性目标。长期创业目标主要是指 5 年以上的发展目标，这是企业的战略性、前瞻性、长远规划性的目标。以上两种是通常的分类方式，还可以按照创业成员分类、消费者划分、营销地区划分等。无论哪一种分类方式，其创业目标都构成相应的指标体系，且指标间有密切的关联度，有些指标是相互衔接的。理解把握创业目标总体及其内部的相互联系，对于企业经营与管理具有重要意义。

（二）制定创业目标的要求

1. 创业目标要符合国家政策法规 任何创业项目都是建立在国家政策法规允许的基础之上，创业目标自然要在国家政策法规要求的框架之下。超出国家政策法规许可范畴，要么不符合生产要求，要么不符合生活要求，要么不符合社会要求，要么不符合生态要求。这就违背了“不断满足人民群众日益增长的物质文化生活需求”的社会主义生产目的。就会从根本上失去创业的意义。何况违背国家政策法规的项目，是国家明令禁止的，不可能取得好的经济效益。

2. 创业目标要切实可行 要实现制定的创业目标，在制定创业目标之初，就要考虑实现目标的影响因素。对生产经营需要的自然因素、社会因素及生产要素等方面做好调研，根据木桶原理要求，找出创业过程中的短板，根据短板确定生产规模和企业发展规划，进而确定不同阶段的创业目标，只有这样制定的目标才能符合实际，才能落到实处，才具有可操作性，具有实际意义。

3. 创业目标要定位准确 创业目标是创业者根据实际情况制定的一定时期所要达到的生产经营预期目的。因此，制定阶段目标时，既要符合社会实际，又要符合自身生产实际，还有考虑竞争对手等各方面因素。既不能好高骛远，也不能裹足不前，制定目标必须立足实际，面向未来，恰当定位，有效实施。

4. 创业目标要符合“三大效益”要求 经济效益是企业追求的目标，也是生产经营的直接动力。生态效益是企业长远发展的必然要求，也是实现可持续发展的客观需要。社会效益体现企业生产经营的最终目的，也是实现经济效益的前提。所以，创业目标要对三者通盘考虑，不可偏废。

二、开展项目论证

项目论证是指对拟实施项目在技术上是否可能、经济上是否有利、建设上是否可行所进行的综合分析和全面科学论证的技术经济研究活动。其目的是为了避免或减少项目决策的失误，提高投资的效益和综合效果。项目论证包括项目调研和项目分析两个环节。

（一）项目调研

项目调研是创业项目进入操作前的重要和必要环节，它关系项目的可行性和发展的战略性。调研的内容主要包括市场调研、生产要素调研、经营绩效调研等。

1. 项目调研的内容

（1）市场调研。市场经济条件下，企业生产经营以市场为导向，好的项目首先是人们生产生活必需的项目，应该有市场需求。没有市场的项目就谈不上经济效益，就不可能取得生存和发展。可见，有好的市场前景是创业项目成功的前提，如果项目没有市场发展的空间，其他一切都不用考虑。因此，搞好市场调研是创业的第一要务。市场调研主要包括市场需求调研、产品调研、价格调研、销售调研等。

①市场需求调研。企业要想在激烈的竞争中获得优势，就必须详细了解并满足目标客户的需求。因此，对市场需求的调研是市场调研的主要内容之一。市场需求调研包括：消费群体调研、市场需求量调研、市场需求产品品种的调研、市场需求季节性变化情况调研、现有客户需求情况调研（数量、品种）及消费者购买行为调研等。消费群体调研要对市场进行细分，务必要搞清本创业项目究竟是什么样的客户，他的职业、年龄、性别、民族、地区、民俗习惯、兴趣爱好、收入、其他与项目产品或服务特殊关联的因素等，都要加以考虑。这为下一步面对的消费群体量身定做销售策略具有非常重要的意义。一定时期的市场需求量决定市场潜力。市场需求量巨大，将来项目发展的空间就大。一定时期市场需求量是由消费群体人数和单个消费者在一定时期的消费量决定的。单个消费者消费量取决于项目产品（或服务）与人们生产和生活的密切程度（生产、生活必需品需求量较稳定；非必需品受到外部因素影响时需求弹性较大）、项目产品（或服务）的价格以及是否有其他替代的产品（或服务）等因素。这一指标对创业项目发展规划有重要影响。市场需求产品品种调研反映消费需求的多样性，也体现产品目前的类型结构和层次，为创业项目生产经营定位找到科学依据。市场需求季节性变化情况调研能够反映随季节变化消费变化的程度，能够决定企业生产经营应采取的对策。现有客户需求情况调研（数量、品种）对当前生产经营直接产生影响，对开始创业来说尤其重要。影响消费者购买行为的因素主要有购买动机、心理因素、生理因素、经济因素、社会因素等。消费者购买行为类型可分为习惯型购买、经济型购买、理智型购买、感情型够买、冲动型购买等。要调研它们的特点，适应满足各自的条件，才能顺利实现从产品到商品的转化。

②产品调研。产品调研的内容包括：产品寿命周期调研、产品竞争调研、产品品质需求调研、产品质量调研、产品品种需求调研等。产品寿命周期调研

可以了解产品所处的产品寿命周期阶段，分析产品的竞争、价格、消费群体、政府政策等方面所处的状态。也可以决定产品未来的发展趋势和前景，是决定创业项目成败的重要因素。产品竞争调研主要了解产品的生产经营现状，包括企业的数量、规模、技术状况；产品数量、质量、品种；营销情况等方面，做到“知彼知己”，才能创业成功。产品品质需求调研可了解消费者消费变化趋势，掌握市场潜在需求。产品质量调研是目前产品生产情况的摸底，是生产管理、技术管理的重要依据。产品品种需求调研能够发现消费者需求新变化，是建立合理产品结构的重要依据。

③价格调研。价格是与生产经营的数量质量、消费者需求及政府政策等因素密不可分的。因此，调研要充分考虑以上因素的影响程度，在不同条件下，面对不同的竞争对手、不同的消费群体、不同的消费地区、不同的消费时间、不同的质量要求、不同的政府政策等复杂因素，合理制定价格体系，满足不同需求，赢得战略主动。

④销售调研。销售调研包括促销调研、销售渠道调研、营销环境调研。促销调研是了解当前项目产品（或服务）不同的销售形式消费者不同的反应，掌握消费者喜闻乐见的销售形式，制定营销策略。销售渠道调研主要是了解创业项目目前销售的销售路径情况，包括销售渠道的类别数量、销售环节、运销方式等，为拓展销售渠道，建立科学的营销网络提供依据。营销环境调研主要是了解企业面临的创业环境，包括政治法律环境、经济发展环境、产品技术环境、竞争环境、替代产品发展、国际产品市场环境等，为科学决策提供依据。

创业是一项复杂的经济活动，不同创业者所处的环境和所拥有的条件千差万别，需要根据不同的情况，合理地确定调研内容，可能有增减和取舍，只有符合实际，有利于创业实践，就是科学合理的。

（2）生产经营要素调研。生产经营要素是生产经营的必要条件，无论创业项目看起来经济效益多么可观，市场有多么好的前景，创业项目能否实施是关键。这就要看创业者自身条件是否能够满足生产经营的必要条件。所以，研究生产者生产经营必要条件成为创业者必修的功课。

生产要素指进行社会生产经营活动时所需要的各种社会资源，是维系国民经济运行及市场主体生产经营过程中所必须具备的基本因素。生产要素，是经济学中的一个基本范畴。简言之，就是人、财、物。现代西方经济学认为生产要素包括劳动力、土地、资本、企业家四种，随着科技的发展和知识产权制度的建立，技术、信息成为生产要素的组成部分。

①劳动力调研。劳动力是构成生产力的三要素之一，其中劳动力是决定因

素。任何创业项目的实施首先要考虑劳动力这一基本要素是否能够得到满足，特别是对于农业项目的创业活动，由于大部分农业劳动环节人工还占有相当的比例，特别是一些劳动密集型产业更是如此，创业之初，就要对用工的情况有一个清楚的了解。一方面掌握用工的数量，另一方面对于用工中劳动力素质的要求也要予以重视。两方面都能得到满足是创业项目得以顺利实施发展的基础。

②土地调研。任何生产都要有其依赖的场所，非农业项目需要，农业项目更需要。特别是农业生产项目只有实现规模发展，才能实现规模效益。尽管项目不同，所需的土地数量有较大差别，但土地对于生产经营项目却是不可或缺的基本要素。所以，创业项目实施前，要调研项目生产所需的土地是否能够得到满足，甚至选址也要着眼未来发展土地扩充的可能性，对于农业生产项目生产更是如此。

③资本调研。资本指的是用于生产的资金及厂房、设备、材料等物质资源。创业项目的资本决定着项目实施的物资条件。资金往往在物资条件中，起着关键性作用。因为项目起步每一项工作都需要资金才能启动和运转。因此，创业之初资金不仅要有，而且必须能使用非常重要。要充分了解自有资金和借入资金的确切拥有量，确保实施过程中运转正常。厂房和设备是生产的基础，厂房的面积和结构要符合生产要求，设备也要符合产品生产规模和质量的要求。同时，还要有发展的眼光看待厂房和设备。生产的物资材料是生产的材料基础，尤其稀缺的原材料更要有保证的供应渠道。不仅是生产成本的问题，是关系能否正常生产的问题。因此，原材料等物资条件对于生产经营的影响要给予足够的重视。

④企业家调研。解决企业家能否实现成功创业的问题。企业成功的关键是有一个好的带头人。要进行成功创业项目，必须了解同类成功企业家的典型经验和优秀素质。同时，要成功创办企业，应掌握企业家具备的基本素质和工作职责。为成功创业不断积累、锻炼培养企业家的才干。

⑤技术调研。此项调研就是要查看创业项目的技术条件是否能够得到满足。技术往往是由人才具体操作的。一般来说，人才一般分为技术人才、管理人才、销售人才等。从这个层面上讲，技术的概念应该广义地涵盖生产技术、管理艺术、销售技巧，它们都具有技术含量，也都可以从技术层面上来理解。因此，要认真调研这些技术发展的现状，分析创业项目在技术上的优势与不足，为成功创业做好技术上的准备。

⑥信息调研。现代社会是信息飞速发展的时代。不了解创业项目所处的

生产经营状态、发展趋势，就很难正确掌控项目生产经营的局面。因此，发展现代企业要高度重视对信息的调研。一方面要广泛调查了解影响企业发展的各种信息；另一方面要熟知收集信息的渠道和手段，建立自己的信息网络渠道，不仅是创业的需要，也是未来企业生产经营进行有效管理的客观要求。

（3）经济效益调研。经济利益最大化是创业项目的首选目标。经济效益调研就是要看是不是能够从创业项目上获利，利益有多大。调研的内容：一是创业项目当前经济效益调研；二是创业项目的经济效益潜力调查。当前经济效益调研要了解创业项目产品（或服务）本身的价格和成本情况，还要了解替代品（或服务）的比较效益，甚至相关产品的比较效益。特别是本企业可能的市场占有率对企业的经济效益有着更直接的影响。通过调查其他企业产品的竞争情况，找准定位，取得理想的经济效益。

2. 项目调研的原则

（1）科学性原则。任何事物都有其内在的规律性，调研必须科学把握事物发生发展的客观规律事实，树立正确的思想观念，遵从科学的工作方法和标准，调研才能做到既符合实际，又事半功倍。

（2）客观性原则。尊重客观事实，才能搞清真相，找到事物发展的内在规律。因此，调查研究必须从客观存在的实际情况出发，在正确的理论指导下，进行科学的调查分析，才能得出正确的结论。任何主观偏见、主观臆断等违背客观性的行为，最终都会导致错误的结论和不良的后果。

（3）系统性原则。任何事物都具有普遍联系性。调查事物要以全局的观点，整体的意识、全面的视角看待事物，处理好局部与整体、部分与全面、总体与个体之间的关系，统筹兼顾，综合考虑。

（4）时效性原则。事物会随着时间的变化在不断改变，调查的事物的数据会随着时间的变化在不断更新。因此，调查要求在一定的期限内完成；否则，有时调查数据的飞速更新有可能使原来调查的数据不再有效。时效性决定了调研数据的利用价值具有较强的时间性要求，调研资料都不是一劳永逸的。

（5）经济性原则。调研要获得准确的数据和详实的资料，必须做出很多的努力，也是一项非常复杂的工作，要花费较多的人力、物力、财力。因此，需要精打细算、科学计划，精心安排，才能以较少的投入，取得丰硕的成果。

（6）保密性原则。调研活动付出了大量的劳动，也耗费了大量的财力。另外，资料也涉及商业秘密，必须要遵守职业道德和法律规范为客户保守秘密。有时也涉及为被调查者隐私或有秘密价值的信息。

3. 项目调研的程序 调研的程序一般分为准备阶段、调研阶段、分析阶段、撰写报告阶段四个阶段，详细应该遵循以下图式程序（图5-1）。

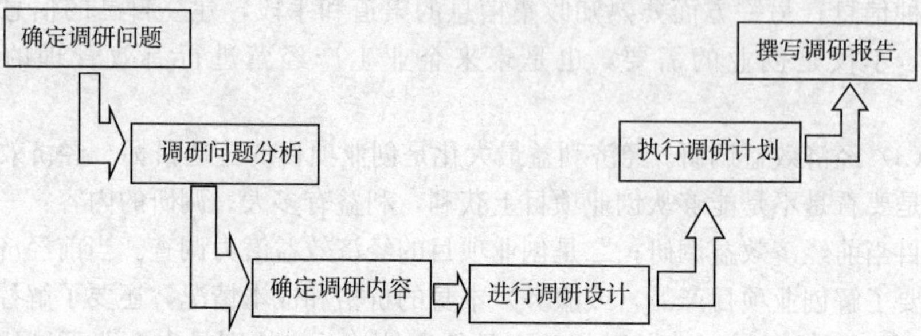

图5-1 项目调研程序

4. 制定项目调研方案 调研方案是调研活动的行动纲领，对调研活动实施和有效完成调研任务具有重要意义。主要内容有以下方面：

（1）确定调研目的。指调研活动所要完成的工作目标。

（2）确定调研对象和调研单位。调研对象是调研目的所指的社会现象的总体。调研单位是指能够接受调研任务且拥有调研对象的具体单位，是指能够被调研的单位，它是因为拥有调研对象，能够承担和接受被调研的任务。

（3）确定调研内容、制定调查表。要把调研的问题转化为调研内容就必须对问题进行详细分析、分解。确定调研内容就是逐个将问题具体化，分解成若干容易理解和易于获得答案的调研项目的过程。调查表就是根据一定的主题将一些调研项目运用表格的形式将其有机地组合在一起形成的表格。

（4）调研方法。

（5）调研预算。制定调研预算能够掌握调研项目开支情况，有利于节约成本。同时，也有利于明确资金筹措渠道，保证调研工作的顺利实施。

（6）数据分析方案。数据分析是调研的重要环节，制定合理的数据分析方案对于结果有重要影响，需要科学设计，精心安排。

（7）其他内容。主要包括确定调研时间，安排调研进度，确定提交报告的方式，调研人员的选择、培训和组织等。

5. 调研的方法 主要有两种分类形式，一种按照选择调查对象的范围进行分类；另一种按照收集资料的方式进行分类。

（1）按选择调查对象的范围分类。按选择调查对象的范围可以分为全面调查和非全面调查。全面调查就是普查；非全面调查又分为典型调查、抽样调查和重点调查。

①普查。普查就是对调查总体内的单位一一进行调查。要求对总体内的单位无一遗漏的进行调查，是一种全面调查。例如，人口普查就是一种全面调查。

②典型调查。典型调查就是以某些典型单位为调查对象所进行调查。典型单位就是在一类事物中有比较大的代表性的单位。它能达到由个别典型推断总体（或一般）的目的。既节约人财物，又快捷简便。解剖麻雀就是典型调查的经典运用。

③抽样调查。抽样调查就是从调查对象的总体中抽取一部分对象进行调查，抽取的这一部分调查对象称为样本，根据样本调查结果以推断整体情况的调查方法。根据抽取样本方法的不同可以分为简单随机抽样、等距抽样、类型抽样、整群抽样。

④重点调查。重点调查是指在全体调查对象中选择一部分重点单位进行调查，以取得统计数据的一种非全面调查方法。重点单位是指在全体调查对象中单位虽只占一小部分，但这些单位调查对象的标志量在总体中却占较大的比重，这样的单位称为重点单位。这部分重点单位进行调查所取得的统计数据基本能够反映社会经济现象的总体情况。

（2）按收集资料的方式分类。按收集资料的方式分类可分为文献调查法、询问法、调查法、实验法和网络调查法。

①文献调查法。是指通过查阅、收集历史和现实的各种资料，经过加工整理和统计分析获得统计资料的一种调查方法。该种方法操作简单、成本低、速度快，但资料往往具有滞后性。

②询问法。询问法是用问的方式收集市场信息资料的一种方法。它是调查和分析消费者购买行为和意向的最常用的方法。又可分为个别询问法、集体询问法、信函调查法、电话询问法等。

③观察法。观察法是由调查人员到调查现场直接进行观察的一种调查方法。用观察来代替当面的询问，调查人员直接到商店、订货会、展销会等场所，借助于照相机、录音机或直接用笔录的方式，身临其境地进行观察记录，从而获得更加客观的第一手信息资料的调查方法。还可以分为直接观察法、实际测定法、行为记录法等。

④实验法。实验法是把调查对象置于一定的条件下，进行小规模的实验，通过观察分析，调查了解情况的一种调查方法。例如，直接将新产品投入到市场去试营销，取得调查资料的调查方法。

⑤网络调查法。网络调查法是指在网络上发布调研信息，通过互联网收

集、记录、整理、分析获得调研信息的调查方法。网络调查的优点是组织简单、费用低廉、客观性好、不受时空与地域限制、速度快。网络调查也有缺点，主要表现为网民的代表性存在不准确性、网络的安全性不容忽视、受访对象难以限制。

（二）项目分析

1. 项目分析内容 项目调研是基础，项目分析是关键。创业项目是否能够实施就要看项目分析的结果。项目分析在创业之初主要是可行性分析。项目可行性分析的内容主要包括生产资源可行性、技术资源可行性、经济资源可行性、社会资源可行性、操作可行性。在此基础上，编写可行性分析报告，制定项目初步开发计划。

（1）生产资源可行性。主要是分析生产经营所需要的劳动力、自然资源和物资材料是否能够满足生产发展的需要。如，农业项目中的土地、种养动植物资源及非农业项目中的原材料等。不仅要分析当前在从数量、质量上能否满足需要，价格上能否承受，还要分析将来能否符合项目发展的要求。

（2）技术可行性。主要是对创业项目的功能、性能、限制条件进行分析，确定在现有的资源条件下，技术风险有多大，能否实现，效益如何。技术分析主要有以下几方面：创业项目采用的技术设备在经济合理的条件下的先进性、适用性；是否符合国家有关的技术政策和能源政策；涉及技术引进或设备进口是否符合国家政策、法规等国情，引进技术后有无应用、消化吸收能力；资源的利用率和技术途径是否合理；工作人员对设备操作技术掌握程度，能否安全、可靠；技术是否成熟，有无使用先例。

（3）经济可行性。创业项目经济分析的基本目标是为项目选择提供依据。经济可行性包括两个方面的内容：一是项目占有和使用经济资源的可能性；二是项目实施所需花费的成本和取得的收益。主要包括成本—效益分析，质量、价值—成本分析。

项目占有和使用经济资源的可能性分析主要是看项目能否合理有效利用经济资源。我国处在新的历史发展阶段，是资源消耗大国，如何从资源消耗型向资源节约型转变实现资源永续利用是新时期发展的重要课题。现阶段我国仍然是一个发展中国家，虽然经济总量位列世界第二，但人均经济资源仍处于较低的水平，如何利用有限的经济资源干更多的事，提高经济资源的利用效果，使项目实现低消耗、高产出是追求的目标。在经济资源有限的情况下，发展生产和人民生活急需以及高效益项目是客观要求。

成本—效益分析首先是估算将要创业项目的开发成本，然后与可能取得的效益进行比较和权衡。效益分有形效益和无形效益两种。有形效益可以用货币的时间价值、投资回收期、纯收入等指标进行度量；无形效益主要从性质上、心理上进行衡量，很难直接进行量的比较。投资回收期就是使累计的经济效益等于最初的投资费用所需的时间。项目的纯收入，也就是在整个生存周期之内的累计经济效益（折合成现在值）与投资之差。

质量、价值—成本分析是分析项目质量、价值与成本的关系。往往质量、价值的提高意味着成本的上升。好项目应该是在质量、价值有保证的基础上，成本越低越好。符合下列情况均为好项目：成本略有增加或不增加时，产品质量和价值有较大幅度提高；质量和价值不降低时，通过改变技术、生产方式、管理等措施实现成本降低；反之，成本增长快于质量、价值增长或质量、价值不增长成本却增长的项目不能称为好项目。因此，成本控制、降低成本是项目经济分析的重要内容。当某种设备对成本有重要影响时，要考察是否有备件。要对备件在降低成本或改善设备故障发生频率方面起到的作用进行分析检查。在这种分析中比较典型的问题有某个比较便宜的零件是否能用；某进口备件有无国内的替代品；某零件使用后有无明显改善设备故障发生的频率；由两个或两个以上零件组合采购总成本与零部件独立采购相比是否有成本优势；某零件能否通过表面处理技术明显改善或延长使用寿命；能否在满足维修需求的情况下降低采购成本等。

（4）社会可行性。创业项目是否会在社会上或政治上引起侵权、破坏或其他责任问题。在合同、知识产权、项目建设过程等方面是否有承担的社会责任和遵循的社会规范。特别是在环境影响上应该考虑以下方面：资源的消耗与资源的永续利用、废弃物排放处理、废弃物利用和再生回收、产生污染物的处理、操作环境与人员健康等。

（5）操作可行性。主要是客户使用可能性有多大，市场占有率有多高；项目实施中计划落实、资金落实、人员组织、时间进度；当地风俗文化的可行性等。

2. 项目分析方法 项目分析的方法可以分为定性分析方法和定量分析方法。方法有多种，这里主要学习创业过程中常用、实用的 SWOT 分析法和 3C 策略分析。

（1）SWOT 分析法。SWOT（strength weakness opportunity threat）分析法，又称为态势分析法或优劣势分析法，是通过分析自身的竞争优势（strength）、竞争劣势（weakness）、机会（opportunity）和威胁（threat），

制定自身发展战略的方法。SWOT 是 strength（优势）、weakness（劣势）、opportunity（机会）和 threat（威胁）四个英文单词首字母组合而成。S（strength）、W（weakness）是内部因素；O（opportunity）、T（threat）是外部因素。企业是内部优势、劣势和外部机会、威胁的综合体。每一个企业所面对的上述四个方面都不相同，运用 SWOT 分析，就是决策者从内部找出优势，从外部环境找出机会，最大限度地克服内部劣势，避开外部威胁，达到趋利避害的目的，实现企业快速发展，经济效益不断提高。

①SWOT 内部因素分析。表 5-1 中，可以看出企业内部的主要因素，根据企业自身情况，可以逐项分析各因素在本企业中是优势因素，还是劣势因素，进而采取不同的对策。

表 5-1　内部因素分析表

因　素	优势（strength）	劣势（weakness）
1. 领导管理团队		
2. 劳动力素质		
3. 生产技术		
4. 设施设备		
5. 内部运行机制管理		
6. 财力与管理		
7. 产品结构与质量		
8. 销售团队素质		
9. 服务能力		
10. 利益分配机制		
11. 其他		

②SWOT 外部因素分析。表 5-2 中列出的企业外部主要因素可能不局限如此，企业要根据自身情况确定，通过逐项分析各因素在本企业中是机会，还是威胁，制定企业发展战略。

表 5-2　外部因素分析表

因　素	机会（opportunity）	威胁（threat）
1. 生产资源情况		
2. 产业技术发展		

（续）

因 素	机会（opportunity）	威胁（threat）
3. 消费群体		
4. 收入水平		
5. 销售网络		
6. 消费结构趋势		
7. 竞争企业情况		
8. 替代产品情况		
9. 政府政策		
10. 法律		
11. 社会环境		
12. 其他		

③SWOT 综合分析。优势（S）是指一个企业超越其竞争对手的能力或所特有的能增强竞争力的方面。竞争优势可以是以下几个方面：

组织体系优势：优秀的管理团队，合理的机构设置，良好的组织信息管理系统，较强的执行力。

技术技能优势：专门的生产技术，技术力量雄厚，人才济济，技术创新发展快，在同行业中处于领先地位。

人力资源优势：关键领域拥有过硬的技术人才，素质优良积极上进的工作人员，丰富的后备人才资源，较强的人才培训能力。

有形资产优势：先进的生产流水线，现代化厂房设施、设备，有丰富的资源储备，资金充足，信息资料健全。

无形资产优势：优秀的品牌形象，良好的商业信誉，员工积极进取的精神风貌，先进的企业文化等。

销售能力优势：优秀的营销团队，丰富的营销经验，优质的客户服务，强大的营销网络，与经销商良好的伙伴关系，敏锐的市场反应，较大的市场占有率。

劣势（W）是指企业能力和条件的不足或做得不好的方面。可能导致内部弱势的因素有：缺乏具有竞争性的技能技术；缺乏有竞争力的有形资产、无形资产、人力资源、组织体系；核心竞争力衰退。

机会（O）是指外部环境对企业形成的有利的积极因素和条件，为企业发展营造的优越的环境氛围。外部机会是影响企业发展战略的重要因素。企业要重视外部机会，抓住企业成长发展的机遇，取得企业发展上的竞争优势。外部环境机会可能存在的方面：消费群体的扩大趋势或产品市场的进一步细分；开发新产品、新业务，消费群体扩大；进入国外市场壁垒降低；企业发生前向或后向整合；兼并竞争对手新形成的能力；市场需求快速增长；销售地域拓展，市场占有率提高。

威胁（T）是指外部环境出现的不利于企业生存和发展的因素和条件。企业外部环境中，总是存在对企业发展构成威胁的因素。企业要及时发现对企业现在和未来潜在的威胁，做出客观评估并拿出相应的举措，克服或减少带来的影响。外部环境可能的威胁有：出现紧俏的替代品；出现强大的新竞争对手；市场需求量减少；主产品市场增长率下降；消费群体、消费结构、消费方式发生不利变化；汇率和外贸政策的不利变动；客户或供应商的交易谈判困难增加；受经济萧条和业务周期冲击时，影响较大等。

针对企业内外出现的优势、劣势、机会和威胁，应该根据不同的情况，做出不同的战略选择（表5-3）。

表5-3 SWOT分析矩阵

	内部优势（S）		内部劣势（W）	
外部机会（O）	SO战略（增长型战略）		WO战略（扭转型战略）	
	经营策略	全面战略进攻	经营策略	局部战略主攻
	方法措施	依靠内部优势 抢抓外部机会	方法措施	利用外部机会 克服内部弱点
外部威胁（T）	ST战略（多种经营战略）		WT战略（防御型战略）	
	经营策略	局部战略突围	经营策略	全面战略转移
	方法措施	依靠内部优势 抵制外部威胁	方法措施	减少内部弱点 回避外部威胁

创业是一项复杂的经济活动，无论项目看起来多么简单、项目似乎多么好，都不能凭直觉行事，都要求创业者必须对创业项目做更加全面深入的分析，通过制定正确的发展战略，打造商品荣誉品牌，锻造赢利能力，确立核心竞争优势，使企业立于不败之地。

（2）3C策略分析法

①3C策略分析法内涵。3C策略分析法（3C模型）是由日本战略研究的领军人物大前研一（KenichiOhmae）提出的，他强调成功战略有三个关键因素，在制定任何经营战略时，都必须考虑这三个因素，即企业（Corporation）、顾

客（Customer）、竞争对手（Competition）。同时这三个关键因素称为3C或战略三角。

3C策略分析法是要在决定经营成功的关键因素上，取得竞争优势；同时把握企业其战略方向与某一确定市场的需求相配合。使市场需要与企业目标相互协调，建立持续稳定的良性关系；否则，企业的长期战略可能会处于不利的局面。企业与消费者之间的协调常常是相对的，如果竞争对手找到了更优的配合，企业就会陷入困难的境地。特别当与消费者打交道的方式与其竞争者相同，且消费者又不好确定谁的产品更好时，其结果可能是一场价格战。成功的战略是凭借企业的实力找到与消费者的需求之间更优的协调机制，形成对竞争对手的压倒优势。

②3C策略分析内容特点。自身条件：企业所处的地理位置；厂房设施设备；现有生产技术与工艺流程；技术力量及研发能力；资源条件包括劳动力、原材料等；产品数量、质量、品种结构；品牌形象及竞争力；管理团队及执行力；管理制度及激励机制；利益分配状况；企业文化；企业所处的自然环境、政府政策环境；销售队伍；销售网络；销售服务水平；销售策略等。

分析企业自身的目的是如何提高产品质量，搞好成本控制，做好经营管理与营销策划，改进服务质量，增强企业综合实力，提高市场占有率。

分析消费者：消费者年龄、性别、职业、收入、教育程度、个性特征、生活方式、品牌偏好、品牌忠诚、消费结构、消费习惯、行为模式、消费趋势、消费地域人口数量与结构、风俗习惯、销售策略等。

分析消费者目的是根据不同的消费者特点和销售区域特点，制定不同的销售策略，增强企业竞争力（图5-2）。

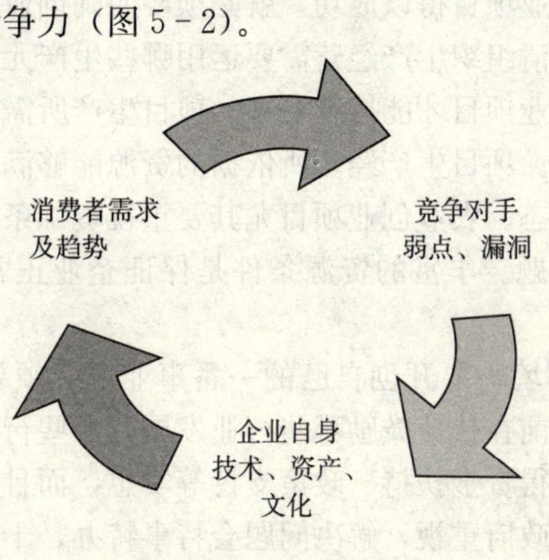

图5-2 3C策略分析图式

分析竞争对手：竞争对手的技术水平及研究与开发能力、产品质量性能及发展动态、产品品质结构及竞争力、有竞争力的品牌特点、销售网络、销售队伍、销售策略、盈利方式特点等。

研究竞争对手目的是找出竞争对手的弱点和漏洞发挥竞争优势，找到超越对手优势方面的良策，在市场竞争中争得主动。

3C分析法通过分析自身，找准自身定位，制定发挥自身优势的战略规划；通过分析消费群体需求，确定恰当的营销战略；通过分析竞争对手每种产品的优势特点，找出自身不足，研究克敌制胜方案。制定的3C策略方案实施过程中，要及时关注对手动向以及市场行情走势，根据情况科学调整。

三、项目选择

（一）项目选择的依据

1. 广阔的消费市场 创业成功的前提是产品拥有较大的消费群体，消费需求旺盛，消费数量巨大。因此，创业的首要工作就是看经营项目产品有无实际需求，离开了消费市场，创业项目就成为“无源之水、无本之木”，就不可能取得成功。同时，有战略眼光的创业者，不仅能够把握现在，也非常重视未来市场的发展趋势。孔子说：“君子应趋吉避凶”，“识时务者为俊杰”。只有审时度势，不盲目追求社会经济热点，才能防止“跟风随潮”，才能赢得战略主动。

2. 丰富的资源条件 因地制宜，量体裁衣都是指做事情、干工作要一切从实际出发。要使创业项目得以成功，就必须要明确创业项目产生的根基在什么地方。那就必须搞清组织生产经营需要运用哪些生产元素——资源。有了丰富的资源做后盾，创业项目才能持续发展。项目生产所需要的资源分为自然资源和社会资源两大类。项目生产经营所依据的资源能够满足正常需要时，生产就处于稳步发展的状态。农业创业项目尤其要重视资源条件，有些资源不是资金多少能够解决的问题。丰富的资源条件是保证企业正常运转、发展的必要条件。

3. 良好的创业环境 要开创自己的一番事业，必须要认真研究国家产业政策。要知道国家目前在扶持鼓励哪些行业发展，哪些行业是有限制的。一方面能够从政府方面获得资金扶持、政策支持等实惠，而且在项目发展过程中遇到的问题，容易引起政府重视，解决问题会特事特办、干脆利落，创业就容易成功。如果非国家扶持项目，就没有优越的创业环境，在遇到需要政府解决的问题时，可能就不如扶持项目解决起来容易，特别是如果遇到国家限制的项目不好解决的问题，将会更多地影响项目的发展。

4. 创业者优越条件和良好素质 创业要依据自己的条件选择项目，要知彼知己，了解自己能干什么，喜好什么，选择对路，才能干起来顺手。因此，依据自身条件选择创业项目主要做到以下方面：

①做自己熟悉的行业。熟悉的行业对自己而言，其行业特点、运行规律早已了如指掌，干起工作就会轻车熟路、成竹在胸。俗话说："隔行如隔山"，咋一进入陌生的行业，对于自己来说什么都是新事，都要从头学起，干起工作道道是坎，做起事来件件硬骨头、处处是困难。因此，选择自己熟悉的行业，一开始就进入娴熟的工作状态，创业成功率高出很多；反之，就会人为地增加创业难度系数，增加了工作难度，降低了成功概率。做生意的人常说一句话："不熟不做"。举例来说，如果10个人做同样的生意只有一个人挣钱，那么这个人应该是最熟悉行业的人。

②有利于发挥自己能力专长。每个人都因年龄、知识、阅历、性格等因素表现出不同的能力结构，有的人擅长搞技术，有的人擅长搞管理，有的人擅长做文秘等。创业者要理智地审视自己、分析自己的优点与不足，充分利用自己的知识、能力、性格、心理特点，发挥优势和强项，扬长避短，就容易取得成功；反之，拿自己的弱点、弱项硬是冲锋陷阵，只能是遍体鳞伤，一败涂地。

③有广泛的人脉。人们常说："一个篱笆三个桩，一个好汉三个帮"，"独木不成林"，"众人添柴火焰高"。美国成功学大师卡耐基说："成功依靠的是15%的专业知识和85%的人际关系"。创业项目处于人际关系良好的环境条件下，当遇到困难时，大家会出手相助，有时群策群力，就能很快战胜困难，俗话说："人心齐泰山移"，"团结就是力量"。有了和谐的人际关系，就会大大增加成功的概率。

④热爱创业项目。兴趣是最好的老师。一个人做自己喜欢的事，就会使其痴迷，不知疲倦，废寝忘食，乐在其中，全身心投入到工作中去。孔子说："学之者不如好之者，好之者不如乐之者"。事实上，许多成功的事实说明，爱一行，才能干好一行。有人将选择项目比喻成找恋人，爱得越深，事业才能孕育出生命力，才能增加成功的砝码。

（二）项目选择的原则

1. 客观实际原则 创业活动是一项具有挑战性的活动，他来源于实践，就要遵从实践规律。要充分认识其复杂性、艰巨性，必须从实际出发，认真研究事物发展的客观实际要求，尊重客观事实，注意创业过程中出现的新问题、新变化，及时调整科学的发展策略，应对各种复杂局面。

2. 循序渐进原则 荀子说："不积跬步，无以至千里；不积小流，无以成江海"。俗话说："一口吃不出个大胖子"。任何事物都要遵从量变质变规律。创业实践更是如此，财富是要积累的，"一夜暴富"的神话通常也是经历了较长时间的酝酿与发酵才会出现的。创业项目不可能一蹴而就，都要靠脚踏实地，一步一个脚印地稳扎稳打，步步为营干出来的。任何盲目冒进，不切实际的做法，是不可能成功的。一些成功企业家的创业经验表明，成功的创业在初期都是从小项目、小规模做起，逐渐发展壮大，走出的都是滚雪球模式。跳跃式发展是经过了时间和量的积累自然形成的。没有前期的学步，就不会有后来的跳跃。

3. 量力而行原则 创业实践也是一项综合性经济活动。需要整合多种资源，才能形成生产力，创业项目中的任何一项工作都是必不可少的，只有各项资源都正常供给，各项功能处于积极的运转状态，创业活动才是良好的。因此，任何创业项目的实施一定要符合自身实际情况，在力所能及的基础上，发挥各种创业因素的潜力，高效运转，才能左右逢源，创造奇迹；否则，超出自己实力，可能时而这不行，时而那不跟，总是有些方面或环节与整体不能协调运转，难以达到预期的工作效果，甚至捉襟见肘、举步维艰，陷入工作难以开展的不利局面。

4. 创新特色原则 创业是一个新领域的开始，是在客观事实的基础上开展的。有些项目是社会实践中早已存在的，别人早已掌握了行业规律特点，有成熟的工作路子和经验。要想在别人的地盘上抢滩登陆，必须要有比别人过硬的地方。因此，必须对项目进行创新，在特色上和运行特点上有自己独特的地方；否则，不用交战，就会败下阵来，不会有自己的一席之地。对于新项目，经过一段时间的实践，如果有较好的经济效益，创业者就会蜂拥而至，这时如果不进行创新，仍"吃老本"，就会被后来者甩在身后，最终被市场淘汰。创业者要具备创新思维，不断创新实践，打造特色，做到"人无我有，人有我优，人优我特，人特我廉"，才能常居市场高地，取得战略主动。在创业路上，往往是只有20%的人在做的事，才是有机会的；而80%的人都在做的事，已经没有市场机会了。

5. 前瞻性原则 创业项目能够满足人民生产生活的需要，才能有生命力，才能不断发展。而创业项目有寿命周期。一些项目从投入市场到退出市场时间有较大差异。这一方面看消费需求变化情况，看替代产品是否出现；另一方面就看自身生产是否做到了稳中求变。这就要求创业者要高瞻远瞩，在创业之初要看得更远一些。要以敏锐的视角看到将来行业发展的趋势，看到消费趋势的变化，才能未雨绸缪，在创意道路上披荆斩棘、高奏凯歌。

6. 首选熟悉原则 创业是全新的过程，如果先前对创业项目所涉及的领域比较熟悉，是擅长的本行，可能做起来就会得心应手，左右逢源，无疑会增添成功的砝码；反之，一切都是从头做起，就会增加难度，造成内外交困，处处被动。因此，选择创业项目首选熟悉的行业，就会奠定良好的基础，增加成功的概率。

7. 经济效益原则 经济效益是任何企业生产的直接目的，也是企业发展的动力。讲求投资项目有较高的投入产出比是创业项目的客观要求。在创业项目实施之前，都要进行经济效益论证。之所以进行项目投入，经济效益是优先考虑的因素。

8. 回避风险原则 任何项目无论经过了什么样的专业论证，也无论好的发展前景是多么的肯定，都是创业前的判断，没有经过实践检验。况且创业之前的判断都是基于当时情况做出的，创业过程中有些情况要发生变化，原来的事实也许不再存在或有了明显的不同，很可能对创业项目来说是致命的。即使能按照预想的发展进行，但仍然有一些不可控因素或者突发因素给创业过程带来麻烦。因此，创业之前要充分考虑多方面因素，将困难准备在创业之前，使风险降到最低。

实训与思考

1. 创业目标的概念是什么？其类别和制定要求有哪些？
2. 项目论证包括哪两个环节？它们的内容又有哪些？
3. 项目选择的依据和原则有哪些？

项目三 创业项目实施

一、项目实施方案

项目的实施方案是项目进入实施前制定的组织实施的行动纲领，它主要指对于全局性的把握和行动的指南。是一个宏观组织领导层面的文件。主要内容包括项目名称、项目目的意义及指导思想、项目内容、实施项目的方法步骤和要求、资金安排、组织领导时间安排、其他需要说明的事项等。

【范例】XXX 学院“大学生创新创业训练计划”项目实施工作方案

为了贯彻落实《XX 通知》文件精神，实施高等教育质量水平提升工程，不断提高教育教学水平和人才培养质量，结合我校实际，特制订 XXX 学院“大学生创新创业训练计划”项目实施工作方案。

一、实施“大学生创新创业训练计划”的重要性和必要性（意义）

培养创新型人才是“人才强国”战略和建设创新型国家的主要内容，根据经济社会的发展变化，帮助大学生转变就业观念、培育创业意识、树立创业信心、掌握创业技能、提高创业管理的能力，对于提高大学生乃至全社会的创业水平具有重要意义。

二、指导思想（略）

三、计划目标（目的）

依托校内外生产性实训基地，强化创新创业能力训练，增强高校学生的创新能力和在创新基础上的创业能力，培养适应创新型国家建设需要的高水平创新人才。

四、实施步骤

（一）项目申报

训练计划项目是学生团队，每个团队一般由 3～5 名学生组成，鼓励跨系、跨专业，以团队形式联合申报（简略）。

（二）项目类型

……

五、经费管理（略）

六、组织领导

学院成立“大学生创新创业训练计划”领导小组，负责研究、制定有关政策，组织项目申报，监督项目的经费使用情况。

组长：XXX 成员：XXX

领导小组下设办公室，负责项目申报、评审、运行、验收、经费管理等具体的日常管理工作，组织项目交流和成果展示。

XXX 学院“大学生创新创业训练计划”工作领导小组

XX 年 XX 月 XX 日

二、制定项目计划书

项目计划书是指项目方为了达到招商融资和其他发展目标等目的所制作的

计划书，也是项目实施前具体落实计划，它是基于微观操作层面的行动指南和工作计划。内容主要有三项：

第一项：封面

项目计划书题目名称；项目计划制定机构；通讯地址；电话、传真、E-mail；联系（负责）人等制定机构的其他信息。

第二项：目录

指项目计划书内容各项索引。

第三项：正文

1. 项目简介 让支持单位看的项目计划书，“简要介绍部分”将成为影响“初选”结果的决定因素。面对大量的申请要求，审核单位也许没有足够的时间“看”完所有的项目计划书。所以要把重要的所有信息汇集起来。一般包括：机构的背景信息、使命与宗旨；项目要解决的问题与解决的方法；项目申请方的能力和以往的成功经验等。

2. 项目背景 说明项目意义。包括国内外现状、知识产权状况和发展趋势，导致项目产生的宏观与社会环境；项目在经济、技术、社会、生态等方面的重要意义和作用；项目可能形成的产业规模和市场前景。从长远与战略意义方面，提出这个项目的理由与原因。阐述立项依据。对项目做出需求预测及分析；可行性分析；完成项目采用的可行方法途径。从“三大效益”说明项目的发展前景和意义。

3. 目标与产出 主要指项目计划、项目的总体目标、阶段性目标与任务，以及各目标的评估标准。总体目标是一个长期的、宏观的、概念性的、抽象的描述，可以分解成一系列具体的、可衡量的、可实现的、有时间进度的阶段性目标。

4. 项目开发、建设主要内容 包括项目的主要科技攻关内容及开发任务。生产性项目要提出主要产品品种、生产工艺及生产能力；非生产项目要根据项目的不同性质说明其规模，如旅馆、宾馆项目要说明有多少客房、多少床位；房地产开发项目要说明拟建的建筑物类别及数量；成片开发建设的小区要说明小区的主要功能、建筑容积率等。

5. 市场和销售 主要指消费者需求情况；价格情况；竞争情况；品牌格局；产品特点满足市场情况；替代品情况；销售网络；市场占有率；本项目潜力与不足以及未来发展趋势等。

6. 项目实施技术、人员、原材料等生产要素与环境 主要指生产工艺技术和关键技术；劳动力和基础设施状况；原材料供应的来源、价格、质量；通讯、交通、水源、能源和电力供应；生产的环境因素，以及未来变化的趋势和应对措施等。

7. 项目资金安排 包括项目新增总投资估算、资金筹措方案（含自有资金、银行贷款、行业专项资金、扶持配套资金等）、投资使用计划。

8. 项目经济和社会效益分析 包括项目未来 3 年或 5 年生产成本、销售收入和利税估算；财务内部收益率、投资回收期、投资利润率、财务净现值等指标的动态财务分析；社会效益分析。

9. 监控与评估 在项目的不同阶段进行评估，发现问题，及时解决。包括项目技术、市场、资金等风险分析及应对措施。

10. 项目实施计划 包括项目阶段各考核指标要达到的目标及时间节点安排；项目验收指标体系。

11. 项目组织领导机构 指项目承担单位负责人及项目开发的人员分工组成情况；项目领军人物主要情况；项目的组织形式；项目的实施地点等。

12. 附件 指企业资质证书、专利证书、特殊行业许可证和产品获奖证书；项目承担单位工商登记营业执照；上年度《资产负债表》、《损益表》、《现金流量表》及审计报告；项目银行贷款承诺书、自有资金证明材料；项目有基本建设时，需有项目规划、土地、环保意见以及与项目相关的其他证明材料或文件等。

以上是项目计划书的一般内容，当然因项目的大小，在具体运用时，可能根据情况，在项目内容上有增减。

【范例】亲情服饰专卖店创业计划书

一、封面

创业计划书

单　位：亲情服饰专卖店

负责人：马六甲海峡

电　话：1234567

传　真：7654321

E-mail：abc123@456.com

地　址：大学生创业社

日　期：2014 年 9 月 29 日

二、目录

目　录

三、正文

（一）项目介绍

项目名称：亲情服饰专卖店。

经营范围：男女时尚服饰的销售、定制情侣饰物，亲子装，情侣服等。

项目投资：10 万元。

项目概况：将亲友友好的感情用丝绣等饰品形式表现在服装上（以下称为着饰品服装），展示亲情，表达友情。

（二）市场分析

1. 行业与市场分析。随着经济的发展和人民生活水平的提高，中国居民在服装方面的消费水平将逐步增长，且越来越崇尚个性的发展，着饰品服装行业将在中国服装市场，甚至在国际市场占据重要的地位，发展前景看好。时尚的各种着饰品服装越来越受到人们的青睐，这也就促进了中国服装市场的消费增长。据统计，上半年纺织服装业利润增长幅度超过收入增长幅度，呈现良好的发展势头。中国服装业迎来了一个新的发展机遇期。

2. 消费群体特征分析。对某高校在校学生 500 人的抽样调查显示。其中每月生活费 1 000 元以上的学生占 15%；800～1 000 元的占 22%；500～800 元的占 50%；300～500 元的占 13%；生活费用 500～800 元的学生占了一半比例。根据物价以学生在校每天消费 15 元左右用于基本饮食需要来估计，学生每月只需要 450 元左右。那剩下的一大半钱则用于购买一些服饰、化妆品等支出。追求时尚、个性是当今潮流。基于上述理由，制定“我的个性我做主”战略经营服饰，这不仅能迎合大学生的消费，还可以吸引追求个性、时尚的消费群体。

（三）店面分析

店址选择在地中海大学附近。

选择理由：

1. 大学附近有一条商业街，有好的市场环境。

2. 学生是消费主体，追寻个性突出，让着饰品服装得以发展。

3. 高校附近交通方便，处于接近市中心地带。

4. 高校附近商家投资方便，地租理想。

（四）前期投入分析：店面租金0.5万元/月；店面装修2万元；水电费0.05万元/月；媒体宣传0.35万元；设备订购0.5万元；原材料采购5万元；现金储备1.6万元；税收及工商管理预计0.5万元；总计前期投入：10万元。

（五）盈利分析

以旺季一天40套，淡季一天20套，平均每天30套计算，每套10～20元。每月可获利1万元左右，2个月内即可收回装修成本。

（六）风险预测

1. 货源产品数量、质量、价格等方面可能有不利变动性。

2. 选择经营场所地理位置不一定合适。

3. 对竞争对手估计不足。

4. 有新替代品出现。

5. 实际投资超预算。

6. 管理制度不健全。

（七）市场营销策略

1. 价格策略主要是薄利多销等。

2. 渠道策略是减少中间环节，采用网上销售等方式，减少费用。

3. 产品策略主要是搞好市场调查，制作符合消费者需要的产品。

4. 促销策略采用积分惠顾客户，让利开发新客户。

三、项目实施注意的问题

（一）做好准备工作

1. 认真研究政府政策环境和项目特点 要充分收集认真研读国家关于创业项目的有关政策规定，利用好有关该项目在土地、资金、税收、物质奖励等方面的扶持优惠政策，避开国家在某些层面的不利限制，利用政府营造的优良外部环境，争取有利的发展空间，为企业创造乘势而上的创业氛围。同时，要充分了解项目实施遇到的困难和问题，未雨绸缪，计划越周密、准备工作越细致，工作进展越顺利，就会形成良好的开局，为成功创业打下良好基础，做好扎实铺垫。

2. 做好项目审批工作 项目审批前要研究审批的内容和程序，做好审批工作要求的各方面准备工作。要制定项目实施方案和项目创业计划书。只有按照预先方案要求，做好充分的准备，才能做到有计划、有步骤，工作开展才能有条不紊，事半功倍。

3. 做好开工准备 项目进入审批阶段，已经是弓在弦上，进入操作阶段将迫在眉睫，需要着手考虑厂房、设施设备、原材料、资金、劳动力、技术人员、销售人员、管理团队等，要根据时间节点和工作的陆续展开，各方面要整装待发，不断到位，确保各项工作的有序推进。

（二）组织的协调统一

1. 政令统一，信息高效 团队建设的基本点是要号令统一，政令出多口，就会众口不一，下属就会无所适从，不知该干什么，不知如何干。这与军团作战一样，对于同一个士兵群体，如果一个将军让向东进攻，另一个将军让向西进攻，面对强大的敌人，士兵就会不知所措，乱作一团，结果肯定会一败涂地。同样，企业生产单位如果面临多头领导指挥，就会造成令出多头，指挥失灵。因此，组织领导的科学分工、协调一致对企业发展尤为重要。不仅内部要做到如此，对外联络也要保持高度一致，实行对口管理，才不至于造成对外政策的矛盾不一。同时，要保证团队的高效运转，必须建立信息快捷的沟通渠道，保证日常工作处于良性工作状态和遇到突发事时做出快捷反应。

2. 各部门的沟通配合 创业初期刚进入工作阶段，难免各部门对自己工作职责不清，人与人工作协调性也处于高度磨合的状态，再加上各项制度建立也刚刚起步，肯定有不完善的地方，这就会造成各部门工作协调有缺口、有漏洞情况发生，要不断巡查各方面工作运转的状态，发现问题，及时明确责任，不断完善工作职责，做到无缝隙对接。同时，加强团队教育，树立主人翁意识，要做到不越位、会补位，增强大局意识，提高团队作战思想，加强沟通协调配合，增强凝聚力和战斗力。

3. 加强系统的测试和监控，及时总结与反馈 企业要加强运行状态的测试和监控，不仅要考核工作能力、责任心，还要监测团队协调配合的情况。要不断总结工作中取得的成绩和存在的问题，对典型案例要举一反三。对于有积极表现的要采取一定的方式予以奖励，对于做法欠妥的行为也要给予一定的警示。让大家牢记责任、能力和团队协调配合对企业的重要意义。当然，鼓励或警示要根据不同情况，采用不同的策略，不要造成适得其反的效果。

（三）良好的试运营

试运营是对团队的重要考验，不仅对于领导是考验，对一般工作人员也是如此。因为大家是刚刚组合在一起的同事，而且还要把一些生产要素整合在一起，完成一项新的工作任务，这是一项全新的挑战。正如一台刚刚组装的机器，能不能正常运转，全靠看开始启动时，对各部件的功能不断进行调整，使成为能够协调配合的整体，经过一定时间的验证，如果运行平稳，才能合格使用。创业初期，领导团队工作压力最大，要时刻关注生产经营各方面的运行动态，不断调整部门功能，直至形成良好的工作运行状态，工作才能走上正轨；否则，起跑不好，与对手竞争开始就处于不利的状态，工作局面就很被动，甚至可能被淘汰。

（四）重视营销

一个企业成败关键看产品销售。它是企业发展的生命线，任何企业都要高度重视营销工作。刚刚创业的企业更是如此，良好的开端是成功的一半，如何开好局，起好步，建立一支素质优良的营销团队和销售网络对于企业发展至关重要。当然，营销业绩是多方面的，最终考验企业的综合实力。但对于创业初期，营销策略更是重要的一环。往往良好的营销开端，会让创业项目搭乘高速运行的列车。

（五）不断提高团队能力

企业良好的生产经营运营状态，必然有素质优良的战斗团队。要注意提高各方面人才的能力，不断适应企业发展的变化。要采取走出去、请进来不同的学习方式提高技术管理人员和员工的整体素质，充分调动大家的积极性，不断进行技术创新、管理创新、营销策略创新，成为行业发展的领跑者。

四、建立企业的程序

企业的类型有多种，这里主要介绍几种初级创业者常用的典型的类型。

（一）个体工商户

1. 设立条件 有经营能力的城镇待业人员、农村村民及国家政策允许的其他人员，可以申请从事个体工商业经营；申请人要有与经营项目相应的资金（自行申报，没有最低限额）、经营场所、经营能力和业务技术。

2. 设立程序

第一，办理名称预先登记。领取填写《名称（变更）预先核准申请书》，同时准备相关申报材料；递交《名称（变更）预先核准申请书》，等待名称核准结果；领取《企业名称预先核准通知书》、《个体工商户开业登记申请书》；根据工商行政管理局印制的《企业登记许可项目目录》规定核定要求，办理审批手续。

第二，全面递交申报材料，符合规定后等候领取《准予行政许可决定书》。

第三，领取《准予行政许可决定书》，按照要求到工商局交费领取营业执照，依法经营。

（二）个人独资企业

1. 设立条件　投资人为一个自然人；有合法的企业名称；有投资人申报的出资额（无最低限额要求）；有必要的从业人员；有固定的生产经营场所和必要的生产经营条件。

2. 设立程序

第一，领取填写《名称（变更）预先核准申请书》、《指定（委托）书》，同时准备相关申报材料。

第二，递交《名称（变更）预先核准申请书》，等待名称核准结果。

第三，领取《企业名称预先核准通知书》、《企业设立登记申请书》；根据工商行政管理局印制的《企业登记许可项目目录》规定核定要求，办理审批手续。

第四，全面递交申报材料，符合规定后等候领取《准予行政许可决定书》。

第五，领取《准予行政许可决定书》，根据要求到工商局交费领取营业执照，依法经营。

（三）合伙企业

1. 设立条件　有 2 个以上合伙人；有书面合伙协议；有合伙企业的名称、经营场所、合伙经营条件；有各合伙人认缴或实际缴付的出资（合伙企业资金没有最低限额要求）；合伙人应当具备完全民事行为能力和法律、行政法规规定的其他条件要求。

2. 设立程序

第一，领取填写《名称（变更）预先核准申请书》、《指定（委托）书》，同时准备相关申报材料。

第二，递交《名称（变更）预先核准申请书》，等待名称核准结果。

第三，领取《企业名称预先核准通知书》、《企业设立登记申请书》；根据工商行政管理局印制的《企业登记许可项目目录》规定核定要求，办理审批手续。

第四，全面递交申报材料，符合规定后等候领取《准予行政许可决定书》。

第五，领取《准予行政许可决定书》，根据要求到工商局交费领取营业执照，依法经营。

（四）农民专业合作社

农民专业合作社是在农村家庭承包经营基础上，同类农产品的生产经营者或者同类农业生产经营服务的提供者、利用者，自愿联合、民主管理的互助性经济组织。

1. 设立条件 设立农民专业合作社，应当具备下列条件：

（1）有5名以上符合农民专业合作社法第十四条、第十五条规定的成员。

农民专业合作社法第十四条规定："具有民事行为能力的公民，以及从事与农民专业合作社业务直接有关的生产经营活动的企业、事业单位或者社会团体，能够利用农民专业合作社提供的服务，承认并遵守农民专业合作社章程，履行章程规定的入社手续的，可以成为农民专业合作社的成员。但是，具有管理公共事务职能的单位不得加入农民专业合作社。农民专业合作社应当置备成员名册，并报登记机关。"

农民专业合作社法第十五条规定："农民专业合作社的成员中，农民至少应当占成员总数的80％。成员总数20人以下的，可以有一个企业、事业单位或者社会团体成员；成员总数超过20人的，企业、事业单位和社会团体成员不得超过成员总数的50％。"

（2）有符合农民专业合作社法规定的章程。农民专业合作社章程应当载明下列事项：名称和住所；业务范围；成员资格及入社、退社和除名；成员的权利和义务；组织机构及其产生办法、职权、任期、议事规则；成员的出资方式、出资额；财务管理和盈余分配、亏损处理；章程修改程序；解散事由和清算办法；公告事项及发布方式；需要规定的其他事项等。

（3）有符合农民专业合作社法规定的组织机构。

主要机构有农民专业合作社成员大会、理事会、监事会。

农民专业合作社设理事长一名，可以设理事会。理事长为本社的法定代表人。

农民专业合作社可以设执行监事或者监事会。理事长、理事、经理和财务会计人员不得兼任监事。

农民专业合作社成员大会由全体成员组成，是本社的权力机构，确定章程、财务、利益分配、重要人事安排等事项。理事长、理事、执行监事或者监事会成员，由成员大会从本社成员中选举产生，对成员大会负责。

理事会会议、监事会会议的表决，实行一人一票。

农民专业合作社的理事长、理事、经理不得兼任业务性质相同的其他农民专业合作社的理事长、理事、监事、经理。

执行与农民专业合作社业务有关公务的人员，不得担任农民专业合作社的理事长、理事、监事、经理或者财务会计人员。

设立执行监事或者监事会的农民专业合作社，由执行监事或者监事会负责对本社的财务进行内部审计，审计结果应当向成员大会报告。成员大会也可以委托审计机构对本社的财务进行审计。

（4）有符合法律、行政法规规定的名称和章程确定的住所。

（5）有符合章程规定的成员出资。

2. 设立原则　《农民专业合作社法》规定农民专业合作社应当遵循下列原则：

（1）成员以农民为主体。

（2）以服务成员为宗旨，谋求全体成员的共同利益。

（3）入社自愿、退社自由。

（4）成员地位平等，实行民主管理。

（5）盈余主要按照成员与农民专业合作社的交易量（额）比例返还。

3. 设立程序

（1）提交报批材料。《农民专业合作社登记管理条例》第十一条规定：申请设立农民专业合作社，应当由全体设立人指定的代表或者委托的代理人向登记机关提交下列文件：设立登记申请书；全体设立人签名、盖章的设立大会纪要；全体设立人签名、盖章的章程；法定代表人、理事的任职文件和身份证明；载明成员的姓名或者名称、出资方式、出资额以及成员出资总额，并经全体出资成员签名、盖章予以确认的出资清单；载明成员的姓名或者名称、公民身份号码或者登记证书号码和住所的成员名册，以及成员身份证明；能够证明农民专业合作社对其住所享有使用权的住所使用证明；全体设立人指定代表或者委托代理人的证明。

农民专业合作社的业务范围有属于法律、行政法规或者国务院规定在登记前须经批准的项目的，应当提交有关批准文件。

（2）核批。《农民专业合作社登记管理条例》第十六条规定：申请人提交的登记申请材料齐全，符合法定形式，登记机关能够当场登记的，应予当场登记，发给营业执照。

除前款规定情形外，登记机关应当自受理申请之日起20日内，做出是否登记的决定。予以登记的，发给营业执照；不予登记的，应当给予书面答复，并说明理由。

4. 扶持政策 《农民专业合作社法》规定：

（1）国家支持发展农业和农村经济的建设项目，可以委托和安排有条件的有关农民专业合作社实施。

（2）中央和地方财政应当分别安排资金，支持农民专业合作社开展信息、培训、农产品质量标准与认证、农业生产基础设施建设、市场营销和技术推广等服务。对民族地区、边远地区和贫困地区的农民专业合作社和生产国家与社会急需的重要农产品的农民专业合作社给予优先扶持。

（3）国家政策性金融机构应当采取多种形式，为农民专业合作社提供多渠道的资金支持。具体支持政策由国务院规定。

国家鼓励商业性金融机构采取多种形式，为农民专业合作社提供金融服务。

（4）农民专业合作社享受国家规定的对农业生产、加工、流通、服务和其他涉农经济活动相应的税收优惠。

支持农民专业合作社发展的其他税收优惠政策，由国务院规定。

（五）有限责任公司

有限责任公司是指根据《中华人民共和国公司登记管理条例》规定登记注册，由50个以下的股东出资设立，每个股东以其所认缴的出资额对公司承担有限责任，公司以其全部资产对其债务承担责任的经济组织。有限责任公司包括国有独资公司及其他有限责任公司。

1. 设立条件 《公司法》规定设立有限责任公司，应当具备下列条件：

（1）股东符合法定人数。《公司法》规定有限责任公司由50个以下股东共同出资设立。

（2）股东出资达到法定资本最低限额。《公司法》规定有限责任公司的注册资本为在公司登记机关登记的全体股东认缴的出资额。公司全体股东的首次出资额不得低于注册资本的20%，也不得低于法定的注册资本最低限额，其余部分由股东自公司成立之日起2年内缴足；其中，投资公司可以在5年内缴足。

有限责任公司注册资本的最低限额为人民币3万元。法律、行政法规对有限责任公司注册资本的最低限额有较高规定的，从其规定。

（3）股东共同制定公司章程。《公司法》规定有限责任公司章程应当载明下列事项：公司名称和住所；公司经营范围；公司注册资本；股东的姓名或者名称；股东的出资方式、出资额和出资时间；公司的机构及其产生办法、职权、议事规则；公司法定代表人；股东会会议认为需要规定的其他事项。股东应当在公司章程上签名、盖章。

（4）有公司名称，建立符合有限责任公司要求的组织机构——有限责任公司股东会。有限责任公司股东会由全体股东组成。股东会是公司的权力机构，依照公司法行使下列职权：决定公司的经营方针和投资计划；选举和更换非由职工代表担任的董事、监事，决定有关董事、监事的报酬事项；审议批准董事会的报告；审议批准监事会或者监事的报告；审议批准公司的年度财务预算方案、决算方案；审议批准公司的利润分配方案和弥补亏损方案；对公司增加或者减少注册资本作出决议；对发行公司债券作出决议；对公司合并、分立、解散、清算或者变更公司形式作出决议；修改公司章程；公司章程规定的其他职权。对前款所列事项股东以书面形式一致表示同意的，可以不召开股东会会议，直接作出决定，并由全体股东在决定文件上签名、盖章。

有限责任公司设立董事会的，股东会会议由董事会召集，董事长主持；董事长不能履行职务或者不履行职务的，由副董事长主持；副董事长不能履行职务或者不履行职务的，由半数以上董事共同推举一名董事主持。有限责任公司不设董事会的，股东会会议由执行董事召集和主持。董事会或者执行董事不能履行或者不履行召集股东会会议职责的，由监事会或者不设监事会的公司的监事召集和主持；监事会或者监事不召集和主持的，代表1/10以上表决权的股东可以自行召集和主持。

有限责任公司设董事会。除法律另有规定的以外，其成员为3～13人。董事会可以设董事长一人、副董事长。董事长、副董事长的产生办法由公司章程规定。董事任期由公司章程规定，但每届任期不得超过3年。董事任期届满，可连选连任。董事任期届满未及时改选，或者董事在任期内辞职导致董事会成员低于法定人数的，在改选出的董事就任前，原董事仍应当依照法律、行政法规和公司章程的规定，履行董事职务。

董事会对股东会负责，行使下列职权：召集股东会会议，并向股东会报告工作；执行股东会的决议；决定公司的经营计划和投资方案；制订公司的年度财务预算方案、决算方案；制订公司的利润分配方案和弥补亏损方案；制订公司增加或者减少注册资本以及发行公司债券的方案；制订公司合并、分立、解散或者变更公司形式的方案；决定公司内部管理机构的设置；决定聘任或者解聘公司经理及其报酬事项，并根据经理的提名决定聘任或者解聘公司副经理、财务负责人及其报酬事项；制定公司的基本管理制度；公司章程规定的其他职权。

董事会会议由董事长召集和主持；董事长不能履行职务或者不履行职务的，由副董事长召集和主持；副董事长不能履行职务或者不履行职务的，由半数以上董事共同推举一名董事召集和主持。

有限责任公司可以设经理，由董事会决定聘任或者解聘。经理对董事会负责，行使下列职权：主持公司的生产经营管理工作，组织实施董事会决议；组织实施公司年度经营计划和投资方案；拟订公司内部管理机构设置方案；拟订公司的基本管理制度；制定公司的具体规章；提请聘任或者解聘公司副经理、财务负责人；决定聘任或者解聘除应由董事会决定聘任或者解聘以外的负责管理人员；董事会授予的其他职权。公司章程对经理职权另有规定的，从其规定。经理列席董事会会议。

股东人数较少或者规模较小的有限责任公司，可以设一名执行董事，不设董事会。执行董事可以兼任公司经理。执行董事的职权由公司章程规定。

有限责任公司设监事会。监事会成员不得少于 3 人，设主席一人，由全体监事过半数选举产生。监事会主席召集和主持监事会会议；监事会主席不能履行职务或者不履行职务的，由半数以上监事共同推举一名监事召集和主持监事会会议。股东人数较少或者规模较小的有限责任公司，可以设 1～2 名监事，不设监事会。监事会应当包括股东代表和适当比例的公司职工代表，其中职工代表的比例不得低于 1/3，具体比例由公司章程规定。监事会中的职工代表由公司职工通过职工代表大会、职工大会或者其他形式民主选举产生。监事的任期每届为 3 年。监事任期届满，可连选连任。董事、高级管理人员不得兼任监事。

监事会、不设监事会的公司的监事行使下列职权：检查公司财务；对董事、高级管理人员执行公司职务的行为进行监督，对违反法律、行政法规、公司章程或者股东会决议的董事、高级管理人员提出罢免的建议；当董事、高级管理人员的行为损害公司的利益时，要求董事、高级管理人员予以纠正；提议召开临时股东会会议，在董事会不履行本法规定的召集和主持股东会会议职责时召集和主持股东会会议；向股东会会议提出提案；依照《公司法》第一百五十二条的规定，对董事、高级管理人员提起诉讼；公司章程规定的其他职权。

监事可以列席董事会会议，并对董事会决议事项提出质询或者建议。监事会、不设监事会的公司的监事发现公司经营情况异常，可以进行调查；必要时，可以聘请会计师事务所等协助其工作，费用由公司承担。监事会应当对所议事项的决定做成会议记录，出席会议的监事应当在会议记录上签名。

（5）有固定的生产经营场所和必要的生产经营条件。

2. 设立程序

（1）领表。申请人凭《企业名称预先核准通知书》向登记机关领取《公司设立登记申请书》，按表格要求填写。

（2）提交材料。申请有限责任公司设立，须提交材料、证件：公司董事长签署的设立登记申请书；全体股东指定的股东代表或者共同委托代理人的委托书及其代表或（代理人）的身份证明；公司章程；会计师事务所或审计师事务务所出具的验资证明，同时提交企业（公司）注册资本（金）入资专用存款账号余额通知书；股东的法人资格证明；载明公司董事、监事、经理姓名、住所的文件以有关委派、选举或者聘任的证明；公司法定代表人任职文件和身份证明；《企业名称预先核准通知书》；公司住所证明；法律、行政法规规定必须报经审批的，还应提交有关部门的批准文件。登记机关要求提交的其他文件、证件。

（3）受理审查。申请人提交材料后，领取编有号码的《工商企业（公司）申请登记受理收据》。登记机关从受理之日起30天内做出核准决定。

（4）领照《企业法人营业执照》。公司登记申请被核准后，由公司的法定代表人凭《工商企业（公司）申请登记受理收据》领取《企业法人营业执照》。

其他后续手续还有凭营业执照到公安局指定的刻章社，刻公章、财务章；办理企业组织机构代码证；银行开基本户；领取执照后，30日内到当地税务局申请领取税务登记证；申请领购发票等。当然公司类型不同和地方要求不同可能手续也有所不同，手续齐备后，才能正式开业。

实训与思考

1. 结合调查实际制定一份创业项目计划书。
2. 模拟所学各种企业的设立程序。

模块小结

项目一　产生创业意愿

一、励志故事和身边榜样产生创业意愿

二、观察事物产生创业意愿

三、生产实践产生创业意愿

（一）业主实践产生的创业意愿

（二）生产者产生的创业意愿

项目二　创业项目选择

一、确定创业目标

（一）创业目标概念和类别

创业目标是指一定时期内创业者计划选择的创业对象及其生产经营各方面所要达到的数量、质量上的规定和要求。它有狭义和广义之分。狭义的创业目标主要指选择什么样的创业对象及其生产经营在经济指标方面应该达到的数量、质量上的规定和要求；广义的概念还应该包括社会贡献指标和生态环境责任指标等。

（二）制定创业目标的要求

1. 创业目标要符合国家政策法规。

2. 创业目标要切实可行。

3. 创业目标要定位准确。

4. 创业目标要符合“三大效益”要求。

二、开展项目论证

（一）项目调研

1. 项目调研的内容

（1）市场调研

①市场需求调研。②产品调研。③价格调研。④销售调研。

（2）生产经营要素调研

①劳动力调研。②土地调研。③资本调研。④企业家调研。⑤技术调研。⑥信息调研。

（3）经济效益调研。

2. 项目调研的原则

（1）科学性原则。

（2）客观性原则。

（3）系统性原则。

（4）时效性原则。

（5）经济性原则。

（6）保密性原则。

3. 项目调研的程序。调研的程序一般分为准备阶段、调研阶段、分析阶段、撰写报告阶段 4 个阶段。

4. 制定项目调研方案

（1）确定调研目的。

（2）确定调研对象和调研单位。

（3）确定调研内容、制定调查表。

（4）调研方法。

（5）调研预算。

（6）数据分析方案。

（7）其他内容。

5. 调研的方法

（1）按选择调查对象的范围分类。①普查。②典型调查。③抽样调查。④重点调查。

（2）按收集资料的方式分类

①文献调查法。②询问法。③观察法。④实验法。⑤网络调查法。

（二）项目分析

1. 项目分析内容

（1）生产资源可行性。

（2）技术可行性。

（3）经济可行性。

（4）社会可行性。

（5）操作可行性。

2. 项目分析方法

（1）SWOT 分析法

①SWOT 内部因素分析。②SWOT 外部因素分析。③SWOT 综合分析。

（2）3C 策略分析法

①3C 策略分析法内涵。

②3C 策略分析内容特点。

三、项目选择

（一）项目选择的依据

1. 广阔的消费市场。

2. 丰富的资源条件。

3. 良好的创业环境。

4. 创业者优越条件和良好素质。

①做自己熟悉的行业。②有利于发挥自己能力专长。③有广泛的人脉。④热爱创业项目。

（二）项目选择的原则

1. 客观实际原则。

2. 循序渐进原则。

3. 量力而行原则。

4. 创新特色原则。

5. 前瞻性原则。

6. 首选熟悉原则。

7. 经济效益原则。

8. 回避风险原则。

项目三　创业项目实施

一、项目实施方案

主要内容包括项目名称、项目目的意义及指导思想、项目内容、实施项目的方法步骤和要求、资金安排、组织领导时间安排、其他需要说明的事项等。

二、制定项目计划书

内容主要有三项：

第一项：封面

第二项：目录

第三项：正文

1. 项目简介。

2. 项目背景。

3. 目标与产出。
4. 项目开发、建设主要内容。
5. 市场和销售。
6. 项目实施技术、人员、原材料等生产要素与环境。
7. 项目资金安排。
8. 项目经济和社会效益分析。
9. 监控与评估。
10. 项目实施计划。
11. 项目组织领导机构。
12. 附件。

三、项目实施注意的问题

（一）做好准备工作

1. 认真研究政府政策环境和项目特点。
2. 做好项目审批工作。
3. 做好开工准备。

（二）组织的协调统一

1. 政令统一，信息高效。
2. 各部门的沟通配合。
3. 加强系统的测试和监控，及时总结与反馈。

（三）良好的试运营

（四）重视营销

（五）不断提高团队能力

四、建立企业的程序

（一）个体工商户

1. 设立条件。
2. 设立程序。

（二）个人独资企业

1. 设立条件。
2. 设立程序。

（三）合伙企业

1. 设立条件。
2. 设立程序。

（四）农民专业合作社

1. 设立条件。
2. 设立原则。
3. 设立程序。
4. 扶持政策。

（五）有限责任公司

1. 设立条件。
2. 设立程序。

模块六 创业企业管理

学习目标：

1. 了解如何组建成功的创业团队。
2. 了解创业企业战略管理的内容。
3. 掌握人力资源管理方法。
4. 了解生产管理、成本控制、销售管理、财务管理、风险管理、创业文化管理内容和方法。

创业企业是指创业者在某个行业通过整合生产要素，协调内外环境关系，加强过程管理，实现生产经营活动从无到有运行发展的营利性经济组织。

有关创业管理与传统管理的关系学术界有争议。对于传统管理而言，创业管理应用了许多传统管理的基本理论和方法，将来的传统管理也要吸收创业管理的许多知识和理论。但创业管理与传统管理之间存在明显的差异。一是研究的对象不同。创业管理偏重于创业者和创业团队的行为和活动的研究；传统管理偏重于企业的生产要素、生产环节、管理方面的研究。二是研究的内容特点不同。创业企业研究内容具有创新性；传统管理研究内容是企业常规性的。三是研究的企业所处的阶段不同。创业管理研究的是处于创立初期和成长时期的企业（新企业）；传统管理研究是成熟发展期的企业（已有企业）。四是着眼点不同。传统管理研究的着眼点是效率和效益；创业管理尽管效率和效益很重要，但它更着眼找寻机会取得成功。

创业企业管理内容主要有团队建设、战略管理、人力资源管理、生产管理、成本控制、销售管理、财务管理、风险管理。

项目一　组建创业团队

创业团队是指由两个或两个以上具有一定利益关系、彼此间通过分享认知和合作行动，以共同承担创建新企业责任、处在新创企业高层主管位置的人共同组建形成的有效工作群体。狭义的创业团队是指有着共同目的、共享创业收益、共担创业风险的一群创建新企业的人；广义的创业团队则不仅包括狭义创业团队，还包括与创业过程有关的各种利益相关者，如风险投资家、专家顾问等。

俗话说“自己全身都是铁能打几根钉”。任何人知识和能力都是有限的，都不是全才，有优点、有不足。一个人难以完成的事，大家一起做很可能非常容易，此所谓“众人拾柴火焰高”、“团结就是力量”。创业者不可能万事皆通，在技术方面可能是天才，但在管理、财务和销售等方面可能是外行；或者可能是管理方面的专家，但对技术却一窍不通。建立一个由各层面专家组成的创业团队十分必要。一个强有力的创业团队应由管理、技术、财务、销售，甚至工程以及软件开发、产品设计等其他领域的人才组成。打造精诚合作、爱岗敬业的团队是干事创业的重中之重。

一、创业团队的人才构成

很多创业者刚开始创业的时候只有1～2人，但是随着事业的发展，创业团队愈来愈显得重要，而要形成强有力的创业团队，人才结构就必须科学合理，一般应由以下人员组成：

（一）领军人物

统帅三军的将领是团队的核心和灵魂。俗话说：“兵熊熊一个，将熊熊一窝”，一个优秀的领军人物关系创业的成败。战略定位、战略决策、政令统一、令行禁止都需要一个有胆识、有魄力、有智慧的领军人物。在他的带领下，大家才能“事业有奔头，工作有干头”，才能“心往一处想，劲往一处使”，才能凝聚合力，团结一致，冲锋陷阵，攻坚克难，取得创业的成功。否则，缺少核心的领军人物，就很难形成有力的战斗团队，队伍就会一盘散沙，没有任何的竞争力，自然也就很难取得好的业绩。

（二）行业专家

团队里有一些经验丰富的行业专家是非常重要的，他们经历了行业发展的潮起潮落，目睹了行业企业生产经营的兴衰，对行业发展有其独特的视角和独到的认识，在行业内有着丰富的从业经验，团队能够吸收这样的人才为企业把脉，肯定能够趋利避险，扬帆顺航。

（三）生产经营技术人才

“人海战术”和“小米加步枪”取得当时抗日战争和解放战争的胜利是时代的产物。现代战争如果还是凭借原来的条件要复制当时的神话几无可能。现代的企业生产经营又何尝不是如此。技术是行业发展的核心要素，不仅关系到生产经营的成本、质量、劳动生产率，对企业的生产规模和管理等诸方面都有着重要影响。因此，技术人才对于企业发展而言，在一定程度上起着决定性作用。没有优秀的技术人才就没有优秀的产品质量和优质的服务，当然就没有竞争力，被市场淘汰自然也是正常想象。对于科技发展日新月异的今天更是如此。

（四）生产经营管理人才

生产经营管理人才是企业日常工作的组织者，不仅关系质量成本控制，而且还要调动一切积极因素，实现企业高效运转，提高执行力。“一件事做好并不难，难的是做事永远都做好”。日常工作是再平常不过的事情，让大家在短时间内保持好的工作状态非常容易，但要让每一个工作人员长期保持高昂的斗志，良好的工作状态并不容易。要做到这一点，科学的管理机制固然重要，生产经营管理的执行者更为重要。没有生产经营管理人才有效发挥管理作用，生产经营就会陷入无序状态，就没有企业的正常运转，就谈不上企业竞争力和企业发展。

（五）营销业务人才

创业成功的关键在于企业产品或服务能够为消费者接受，能够实现产品或服务顺利进入消费领域。这一过程需要营销人员做出必要的努力。因此，营销人才在团队建设中有着举足轻重的作用。企业的经济效益最终都要通过营销团队的努力实现。现代企业产品和服务通常都是买方市场，营销团队需要开发新客户、巩固老客户。对营销人才的要求也逐渐提高，不仅要懂产品、懂技术，还要懂客户、懂市场及市场开发的技巧。要发挥营销专家在营销队伍中的引领作用，造就一支敢打硬仗、德才兼备的营销人才团队。

（六）理财专家

企业的发展离不开财务管理：一方面要遵守国家的法律规定；另一方面资

金的管理使用要建立一整套规范的财务制度，保证资金的合理利用和使用效果。因此，财务理财专家是团队建设中的重要组成部分。现代企业对财务人员有着更高的素质要求，不仅要精通业务，还要提高协调关系等方面的能力。只有这样，才能做到精打细算，提高资金利用效果，为企业发展保驾护航。

当然，创业团队根据发展的需要，不同时期有不同的要求。如，随着生产经营规模的扩大，也可能在团队中设立人力资源管理人员、公关人员等。

二、成功创业团队的特点

创业团队成员都应将团队利益置于个人利益之上，要充分认识到个人利益是建立在团队利益基础之上的，团队中不能存在个人英雄主义，每一位成员的价值，都体现为对于团队整体价值的贡献。成员不计较短期获取的薪资、福利、津贴等，愿意牺牲短期利益来换取长期的创业成果。

（一）拥有优秀的团队领袖

团队领袖是创业团队的灵魂和核心。俗话说："火车跑得快，全靠车头带"。知名企业家柳传志说："领军人物好比是阿拉伯数字中的1，有了这个1，带上一个0，它就是10，两个0就是100，三个0是1 000"。创业成功的事实证明：团队领袖是成功创业的关键。优秀的团队领袖有高远的志向、过人的胆识和智慧，有魄力、有凝聚力和组织管理能力，有博大的胸怀，有敢于胜利的英雄气概，不怕困难，敢于创新，为了企业发展，深谋远虑，趋利避害，不计个人得失，一往无前。许多创业团队在很短的时间内就消亡了，很重要的原因在于创业团队的带头人其实根本不是一个合格的领导者。

（二）团队成员与企业发展共命运

团队成员必须对企业长期发展经营充满信心，每一位成员对于企业经营成功要给予长期的承诺，不因一时利益或困难退出团队，都要清醒地认识到创业将会面临的挑战和遇到的困难。这样大家为了成功，才不至于有观望徘徊思想，才能破釜沉舟，付出百分之百的努力，才能全身心地投入到工作中去，才能凝聚共识，同心同德，将事业推向成功。当然，为了能形成利益共同体，不能只有语言上的承诺，还要有一定的运作制度，特别是利益上的约束。

（三）有一致的企业价值认同取向

团队成员应该有一致的企业价值认同取向，全心致力于创造新企业的价值，认为创造新企业价值才是创业活动的主要目标，并认识到惟有企业不断增值，所有参与者才有可能分享到创业的成果和利益。

（四）目标清晰责任明确

创业团队要根据发展规划制定科学的发展目标。在目标设置时，要统筹兼顾，做到近期目标、中期目标、长期目标恰贴对接，科学合理。要让团队成员熟知他们工作应该达到的目标。当然，目标制定要根据情况切实可行。过高或过低都可能会挫伤团队成员的积极性。必要时在团队目标的前提下，明确细分团队成员的具体目标。让成员清楚自己应该努力的方向和程度。在此基础上，通过建立健全制度和科学的运行机制，明确目标责任，严格考核成员履行职责情况，实行有效的奖惩办法，确保目标任务落到实处。

（五）股权分配合理且富有弹性

平均主义和大锅饭是懒惰的温床。股权分配上的平均主义也许并非合理，团队成员的股权分配不一定要均等，但必须要遵循大家认可的规则进行分配，尽量做到合理、透明与公平。要按照贡献与报酬相符的原则，防止发生某些具有显著贡献的团队成员，拥有股权数较低，贡献与报酬不一致的不公平现象。通常创始人与主要贡献者会拥有比较多的股权，但只要与他们所创造价值、贡献上能相配套，就是一种合理的股权分配。为了今后鼓励干事创业，也可以留有一定比例的股权，用来奖赏以后有显著贡献的创业成员，在利益分配上留有余地，富有弹性。

（六）能力互补相得益彰

优秀创业团队成员的能力个个都是很强的，但每个人都是某个方面的专才，这些人员的能力通常是不相同的。有的人创新意识非常强，对企业发展战略和新产品或新服务项目开发有着至关重要的作用；有的人策划能力极其强，能够全面考虑企业面临的机遇与风险，分析成本、投资、收益的来源及预期收益，甚至还包括公司管理规范章程、长远规划设计等，在这些方面大有用武之地；有的人执行能力较强，具体负责生产经营和销售，包括联系客户、接触终端消费者、拓展市场等方面，有较强的执行力；有的人技术水平很高，负责生产经营技术是专长；还有的创业团队拥有财务、法律、审计等方面的专业知识人才等。只有各个层面拥有不同类型的人才，组成人才团队，在创业实践中才能形成“八仙过海各显神通”的局面，才能形成成员间能力的互补，才能有助于强化团队成员间彼此的合作，才能充分发挥团队的整体功能，做到相互补充，相得益彰。当然，建立优秀的创业团队并非一蹴而就。在创业的过程中，创业成员也可能因为不同的原因出现调整，不断优化，逐渐孕育形成完美组合的创业团队。

（七）和谐相处团结互助

优秀的创业团队的所有成员非常熟悉，相互间了解各自的情趣爱好，性格特点，也非常清楚自身的优劣势，对其他成员的长处和短处也一清二楚，能够清醒地认识到团队合作的重要性。和谐团结的团队，才有向心力、凝聚力和战斗力。团队成员要对集体忠诚，彼此以诚相待、和谐相处。在发生冲突的情况下，能够分清是非以大局为重，主动搞好沟通与协调，及时消除误解，避免大的裂痕产生，致使积重难返。有意见分歧是正常的，因为工作辨明是非是负责任的表现。要非常重视建立和维护创业团队成员之间的相互信任，特别是团队的主要成员，一旦出现信任危机，将会带来严重后果。因此，在创业前，要特别注重对合作成员人品的了解，观察其是否有诚信，成员的行为和动机是否带有很强的私心等，将组建团队的风险排除在创业之前。

（八）有持久的创业激情

保持持久的创业激情，就会拥有昂扬的斗志，这对于保持创业团队的战斗力非常重要。团队成员能够不时提出可行性建设性意见和及时发现存在的问题隐患，对于创业过程将大有裨益。这是团队成员关心事业发展，尽职尽责的表现。在创业的过程中，创业团队要注意吸收对创业项目有热情的人员加入团队，要让所有成员如企业初创时期那样，时刻保持旺盛的精力和创业热情。让大家清楚地认识到：任何人无论专业水平多么高，如果对事业的信心不足，将无法适应创业的需求，消极因素对创业团队所有成员产生的负面影响可能是致命的。

三、创建创业团队的要素

（一）凝聚目标共识

有一个共同的目标，是团队拥有战斗力的核心。有了共同目标，大家才知道自己为什么干，如何干才能实现目标。只有努力的目标一致，大家才容易凝聚共识，增进团结，形成同呼吸、共命运的共同体，才能心往一处想，劲往一处使。才能形成团结协作的战斗集体，同心同德，攻坚克难，取得事业上的成功。

（二）建立有力的组织体系

组织体系如同一个健康机体的脉络，结构合理才能保持健康机体各部分功能正常运行，实现整体的协调运转。如果组织体系不健全就会使局部功能不能发挥，整体协调出现困难，组织统领全局的作用就难以实现；如果组织庞杂，就会局部协调交叉重叠，出现互相扯皮的现象，也会造成资源的浪费。只有设立的组织体系平行设置层面全面，纵向层次清楚，形成一个科学合理的组织系统，加上有效的管理才能体现组织的整体功能，有效发挥团队战斗力。

（三）科学配备人员

团队战斗力最终是由人员的工作表现和系统业绩体现的。要想发挥组织团队的战斗力，组织人员的配备至关重要。组织机构要发挥有效的功能，一方面要保证人才结构的合理性，这是保证各项功能发挥的前提，任何一个层面缺少了专有人才，都难以实现好的组织效果。另一方面每个层面的人员数量要合理，少了，不够用不行；多了，人浮于事效率低下，也不行。在组建团队之前要根据组织体系的要求，认真分析岗位特点，合理确定人员配备。

（四）明确责权范围

组织的协调配合是检验团队战斗力的重要指标。要使团队有一个好的表现，部门间职责和权限必须具体明确。既不能有职责权限出现空缺地带，无人管理；又不要出现职责权限重叠，互相扯皮。只有职责权限界定清楚，科学合理，才能各部门协调统一，实现军团作战的功效，发挥团队整体效能。

（五）有效的计划组织

团队的功能作用究竟如何，要通过完成一定的工作任务来体现的。这需要对组织赋予一定的工作任务，才能实现运转。因此，一方面要合理制定工作任务；另一方面要通过科学的调度指挥、组织制度机制才能保证按时保质保量的完成。所以，组织保障有力是要靠计划组织指挥的科学合理实现的。

实训与思考

1. 创业团队需要怎样的人才构成？

2. 成功创业团队有哪些特点？

3. 创建创业团队要素是什么？

项目二　创业企业战略管理

创业是激动人心而又充满挑战的经济活动。根据全球创业观察报告，当前中国在全球创业活动中处于非常活跃的状态，作为亚洲发展中国家，已超过日本、新加坡、印度、泰国而位居前列。但也有数据表明，有相当数量的企业在10年内不复存在，创业成功者只是较少的一部分。出现这种状况的原因，一方面是经济发展的全球化，市场竞争的日益加剧，以及环境因素的深刻影响，使创业者创业实践更具有挑战性；另一方面，对于创业者来说，自身管理出现问题也是重要原因。尤其对于企业发展的战略性问题认识不足，工作力度不够有着直接关系。因此，战略性管理事关企业发展的方向和生存，必须认真对待，切实放在创业企业管理的一定高度。一般而言，创业企业战略管理主要有以下内容：

一、战略规划

要实现成功创业还必须有一个实现创业的战略规划，这个规划是创业的实施蓝图，涉及企业中长期发展愿景规划，它规定了企业发展的战略目标，战略布局，是企业创业的战略行动计划。按照规划有计划、有步骤地实施，创业工作才能有条不紊，稳步实施，做到统筹兼顾，全面布局。

二、战略依据

这是企业发展的基础和根本，如果理解不清企业为什么存在，找不到面对的生产或生活消费需求点，企业没有服务的对象或搞不清服务对象，就失去了生存的条件。因为不能明确为什么创建企业，也就不知道企业生产的目的，进而在战略上就不能找到自己的定位，也就搞不清努力的目标，这样企业就失去了努力的方向和程度。正如车辆一样，如果没有方向目的地，就不能产生有效果的行程。如果创业企业不能解决为什么存在的战略性基础问题，不可能有好的未来。

三、战略可行

创业企业要全面分析创业所需的各种条件，结合自身情况逐个分析每个条件具备的程度。正确分析哪些条件具备，哪些条件还存在差异，如何解决，能否解决。影响创业的因素条件有生产因素、社会要素、经济因素等。只有认真分析应具备的创业条件，全面衡量自身能力，才能因势利导，量力而行，稳扎稳打，取得创业成功。

四、战略环境

孙子兵法云："知天知地，胜乃可全"。营造有利的内外环境关系是成功创业的战略层面。创业环境表现为产业链条上产前、产中、产后的互相衔接配合，相关产业结构比例的平衡，还有本企业内部人财物的协调统一，团结合作，外部环境条件包括政府政策环境、生产环境、生态环境、竞争环境等因素的有力支持等，对创业发展有着重要影响，如何合理运作，成为成功创业的有利因素，是创业战略思考的重要内容。

五、战略实施

企业有了存在的必要，如果创业的基本条件也已经成熟，这样就能做到成功创业了吗？仔细分析，仍然存在疑问，还要问一问要达到创业者预期的目标，究竟要采用什么方法和途径，如果缺少实现目标的方法和手段，前面一切的美好想法，都是空中楼阁，都缺少得以实现的凭借和措施。这样的创业方案仅仅是如意算盘，没有实现的理由，当然难以成功。

实训与思考

1. 创业战略管理有什么重要意义？
2. 创业企业战略管理主要有哪些内容？

项目三 人力资源管理

创业企业人力资源管理实际就是选人、用人、留人、育人、管人、做人六个方面的内容。核心是"量才适用，各尽所能"。

一、选人

创业企业要根据自己的创业发展规划，制定合理的人力资源管理发展规划，在不同的时期、不同的发展阶段，根据创业发展需要确定人员数量和人才类型，采用一定的招聘人才方法选择适用人才。

(一)选人的标准

选人基本依据是有助于企业发展。具体标准有：

1. 同时具备良好的工作态度、职业能力、忠诚度，三者缺一不可。
2. 选择有成功经验的人。
3. 选择不以赚钱为第一动机的人。
4. 选择能使团队增强凝聚力、向心力的人。
5. 选择一定要取胜，且有方法成为第一的人。
6. 选择“资产型”人才。

(二)选人注意的问题

1. 选择人才要严格标准，心太软录用不合标准的人员，就是对团队不负责任。
2. 选人要注意团队人员的性格互补。
3. 选人要注意团队人员的能力互补。

二、用人

用人基本依据是“因才适用，人尽其才”。

(一)管理用人的有效方法

1. “定期淘汰法则”。
2. 每天要求进步1%。
3. 要使优秀人才具有归属感。
4. 为其创造独当一面的机会。
5. 要求员工分析当天的得失，做好明天的工作。
6. 及时与员工沟通。
7. 因才适用。

(二)用人策略(表6-1)

表6-1 用人策略

人员类型	有意愿有能力	无意愿有能力	有意愿无能力	无意愿无能力
用人策略	授权	激励	培养	放弃

注：意愿=投入工作的态度；能力=完成任务的条件。

（三）优秀人才的具体表象

工作有主动性和自发性；注意细节；为人诚信负责；善于分析、判断、应变；乐于求知、学习；具有创新意识，工作常常具有创意；不怕困难、百折不挠，工作投入有韧性；人际关系（团队精神）良好；求胜欲望强烈；勇于担当。

（四）人力资源不同供求状况采取的措施

1. 总量平衡，结构不平衡措施　应根据具体情况制定针对性较强的各种业务规划。如，晋升规划、培训规划等。

2. 供不应求措施　将符合条件的富余人员调往空缺岗位；高技术人才缺乏时，首先考虑从内部培训晋升，不能满足需求时从外部引进；员工缺岗严重时，应考虑延长工时，适当增加报酬；论证制定实行机械化代替人力资源的规划；制定聘用临时用工计划等。

3. 供大于求措施　辞退素质较差的员工；整合臃肿机构；鼓励提前退休或内退；鼓励职工调出或自谋职业；减少职工工作时间，适度降薪。

（五）用人上的激励原则

发挥高效激励作用，使团队成员“各尽其潜、各尽其能、各尽其才、各尽其长”。

1. 因人而异　鼓励的方式有多种。如，荣誉、物质奖励、晋升等，要采用恰当的方式，才能收到理想的效果。

2. 因事而异　不同的时间或不同的情况，存在不同的背景因素，做出的工作成绩可能会有差异，要与时俱进，奖励方式要体现工作的特殊性。

3. 奖励适度　客观地评价做出的成绩，运用类比方法根据不同的情况，采取恰当的奖励措施。

4. 公平性　对于处于统一或类似状态下的积极工作表现，要一视同仁。否则，可能鼓励了一部分人，同时可能挫伤了一部分人的积极性。

三、留人

梳理员工关系，分析其不同特点。根据职工对工作的不同态度，通过采用制度留人、感情留人、事业留人、待遇留人、环境留人的不同策略，留住企业有用之才。

四、育人

创业之初，受规模和对人才需求认识的影响，人才的数量、结构有可能与创业要求不符。随着创业企业的进一步发展，这种现象可能更加明显，特别在外部人才短缺的情况下，就需要企业挖掘内部潜力，自己培养各层次人才。同时技术发展和知识的更新，员工素质都存在不断进步提高的客观要求。因此，继续教育成为企业人员素质培养的重要工作。职工素质培养主要包括知识、技能、工作态度三方面的内容。在知识培养方面除了应掌握本职工作必须的知识外，还应该学习企业战略、经营理念、经营知识、法律知识、企业规章制度等；在技能工作培养上，还要拓展人际关系、经营谈判、产品研发、技术攻关等。工作态度要重点培养对企业的忠诚度，促使员工建立良好的互信、合作工作关系，增强积极性、主动性、责任感，加强企业文化的认同感等。

五、管人——做称职的领导

管人就是对人的经营。对于企业而言，从企业董事长、总经理、中层部门领导、业务主管到基层班组长，职务无论大小，都有一定的管理职责和任务，如何胜任岗位，担当职责，做一个称职的领导是每个管理者思考的重要课题。当然一个优秀领导的基本素质要求应该是多方面的，也是综合性的，优秀的管理者不仅要具有超凡的能力，还要有脱俗的品格。

（一）优秀领导能力要求

1. 观察力 是指领导的发现能力。“看不出问题就是最大的问题”。任何发生的事件都有一定的表象，一个优秀的领导就是能善于发现客观事实产生的表象，并能通过表象，分析到表象背后的事物发生的本质。一些优秀的办案人员都是通过“蛛丝马迹”进行案件侦破的。领导者就要有一双“慧眼”，通过观察日常管理情况，表现出非同寻常的洞察力和敏感性。有时候下属的一个眼神、一句话，都可能预示着什么，有可能看似正常的事情，如果不留意，可能看不出异常。领导者要提高自己的观察力，不仅要对于从事的行业业务知识非常熟练，还要对环境和所管理的对象等方面非常了解，特别是要学会从不同的角度观察事物，更重要的是不断地加强实践锻炼，在实践中寻找事物的规律，提高观察力。

2. 思考力 是指分析推断能力。科技工作者在看到事件的现象之后，通过进行由表及里、由上到下、由前至后等不同层面的分析推理，研究得出发明创造成果，依靠的正是超常的思考力。一个优秀的管理者要领导大家不断战胜困难，取得事业上的成功，就是要具备优秀的思考力，对事物做出正确的推断，拿出科学合理的管理措施，不断使工作展开新局面，取得新进展。领导者要提高思考力，必须有足够的文化知识积淀和丰富的实践阅历，要掌握科学的逻辑思维方法。正如物理学中力具有三个基本要素（大小、方向、作用点）一样，思考力的“力”，同样离不开三要素：大小、方向、作用点。思考力的大小是指由于对思考对象所拥有的知识面、信息量等了解程度，能够产生对事物有多大的判断推理能力；思考力的方向就是围绕思考对象要达到的目标，形成的思考路径；思考力的作用点就是对思考对象在思考时的着力点、着眼点、出发点、思考把握的关键点。作用点正确可以产生事半功倍的效果。“三要素”的有机结合是形成良好思考力效果的基础。

3. 决策力 决策力是领导者对优秀方案的选择能力和决断力。田忌赛马就是很好的例证。任何管理岗位有时候都需要领导“拿主意”、“定调子”，“主意”和“调子”事关工作成效，甚至成败。可见领导决策力在管理中的分量举足轻重。领导的决策力主要体现决策是否具有理智性、适时性、果断性、正确性、全面性、创新性。正确的决策主要掌握以下要点：一是有明确的决策目标；二是充分了解掌握决策对象的发生情况和具备的条件；三是制定达到目标应有的不同方案；四是掌握分析评价方案的不同方法；五是根据目标价值取向，选用适当的决策方法确定最优方案。

4. 组织力 组织力是指领导者为达到组织工作目标，整合工作资源，带领组织成员完成工作任务的能力。

组织的绩效在很大程度上取决于领导者的组织力。体现领导者组织力的方面主要有组织成员有明确一致的工作目标；步调行动协调一致；工作效率高、质量好；沟通信息渠道健全，信息速度快、效果好；组织成员团结和谐等。领导者要增强组织力主要采用的方法有以贤能领众、以精神励众、以典范引众、以方略率众、以法纪理众。

5. 影响力 是指领导者通过自己的思想、行为以潜移默化的形式对组织成员在思想、行为方面产生的引导、驱动作用。东施效颦就是影响力的结果。体现领导者影响力的主要方面有思想、舆论、崇拜、工作技能、生活、言行等。领导者提高自己的影响力主要从以下方面着手：拥有渊博的知识，掌握高超的专业能力，练就雄辩的口才、陶冶高尚的情操、提高公正的处事能力，强调重视别人的利益、丰富实践展示平台等。

6. 执行力 是指解读贯彻执行上级指示精神，安排部署和完成上级工作任务的能力。执行力是检验领导水平、责任意识、大局意识的重要方面。良好的执行力主要表现在安排工作顺畅；工作效率高、效果好；令行禁止等。提高领导者执行力主要从以下方面着手：提高领导者责任意识、大局意识；提高领导者综合素质和管理能力；加强组织制度建设；加强团队建设，增强凝聚力等。

（二）优秀领导的性格特征

1. 沉稳　沉稳是指稳重，淡定，沉着冷静，遇事不慌，不浮躁。处惊不乱，处乱不慌，遇到意外情况时，能够保持头脑清醒，分析发生的原因，对事件做出正确的判断，经过理性思考再做决定。性格沉稳主要表现为不随便显露情绪、不随便诉说困难和遭遇、紧急情况行动稳健不慌不忙。做一个性格沉稳的领导者要锤炼自己的稳重习惯。在任何情况下，讲话语速适中，不要匆忙；遇事冷静，处乱不慌；行动稳健，不慌里慌张；征询别人意见，先思考但不急于讲；重要决定先调查研究，不急表主张；遇到不满，不发牢骚，表现正常。

2. 细心　细心是指心思细密，做事仔细。思考问题方方面面考虑得周全，做起事来注重细枝末节。

细心的主要表现：想到别人常常想不到的层面，做事能够注意常常容易忽略的细节。细心主要做到：一要思考问题学会分析事物的方法。要注意从事物发生的根源上寻找要达到的目标途径，运用发散思维方式逐条分析，不出遗漏。二要养成良好的行为习惯。对执行不到位的问题，要发掘产生的症结；对做事惯例，要思考优化的办法；养成井井有条的处事习惯；经常查找工作中别人难以发现的问题；工作中发现缺失及时“补位”等。

3. 胆识　胆识是指胆量和见识。人人都渴望成功，人人都具有成功的潜能，但现实生活中，只有那些拥有超常胆识的人，才能够成为真正的成功者。当然胆识是建立在充满自信和分析论证基础之上的，绝不是盲目冒险的鲁莽行为。有胆识的领导者常常表现为：讲话充满自信；做事意志坚定，不反悔；遇到争执不下的问题，旗帜鲜明，有自己的主张，不随波逐流。遇到不公、不正、不仁、不义之事，敢于表明立场；对于资历资格老、自视清高、专横跋扈者的违规行为，能够坚持自己的观点；自己负责的工作，能够处理好原则与感情的关系；在做好论证时，勇于尝试风险等。有胆识主要做到：一要分析论证透彻；二要做事准备充分；三要过程随机应变；四要敢于承担风险。

4. 积极　积极是指在工作中不甘落后总是走在别人前面的行为。积极的品格是追求上进的表现，是创造不菲业绩的条件。积极品格主要表现：思考问题从正面考虑得多，心里阳光，充满希望；做事充满信心，有将事情做得又快又好的愿望和行动。养成积极品格助推成功的主要措施：一要养成要求进步的习惯；二要遇事做好周密的思考和准备；三要实施计划分析有没有优化的办法；四要有竞争意识，不胆怯；五要遇到不利的局面，能让团队保持乐观阳光的心态，带领团队寻求突破，走出困境；用心做事，不负众望；六是结束或放弃困局干净利落。

5. 大度 大度是指度量大，心胸宽广、宽容。大度主要表现：能够原谅别人的过错；不计前嫌；难事能够拿得起放得下；处理利益攸关的事不斤斤计较；事事从对方考虑，换位思考，谦让等。大度主要做到：一要心胸宽广，“大肚能容天下之事”，“宰相肚里能撑船”；二要无私，“心底无私天地宽”；三要重情义，“为朋友两肋插刀”，不计个人得失；四要轻权利，“无权一身轻”，不注重权利带给自己的利益与荣耀；五要乐于奉献，助人为乐。

6. 诚信 诚信是指诚实守信用。诚信的主要表现用一句话概括就是“言必行，行必果”，即说到做到。做到诚信主要从以下方面：做不到的事情不说；不要虚的口号和标语；解决企业存在的“不诚信”问题；遵守职业操守；倡导诚信文化；维护品牌信誉等。

7. 担当 担当是指承担并负起责任。主要表现：临危受命；主动请缨；缺位时主动补位；主事人不履行职责或能力不足时，主动担当；总结过失教训时主动受过。做到担当主要从以下方面：总结工作先查找自己“过错”；承担过错从上级开始；在划分任务时，勇挑重担；对于胆小怕事之人，要明确敢于担责后造成的损失应有组织承担。

（三）领导管人的措施

1. 思想工作 要真正有效必须因人而异，实行“一把钥匙开一把锁”。

2. 合理运用奖惩机制 主要形式：建立健全管理用人制度，切实贯彻落实；了解人性特征，恰当运用调控手段；适当采用物质奖励；加强教育；及时采用恰当精神激励方式；采用人生价值等心理行为管理方式。

六、做人——当合格的下属

人在社会生活和工作中，扮演着多种角色，很多情况下管理者相对于下属行使着领导职责，而相对于上司则又成为下属。事实上大多数人更多的时候在扮演着下属的角色。因此，如何做一个称职的下属，不仅关系自身发展，对于企业团队建设至关重要，在很大程度上直接影响着工作执行力，最终影响企业发展。

（一）提高素质创新工作

1. 提高综合素质 专业素质主要指包含思想素质、专业知识技能、体力三部分。而综合素质则是专业素质的进一步拓展，是一切与工作相关的知识和能力的总和。除了包含专业素质外，还应该包括口才、文字写作、人际交往、办公设备和工作中非岗位工具使用、管理知识技能，甚至更宽泛的知识文化修养、社会技能和生活高雅情趣等。综合素质提高途径除了专业培训，更重要的是自身对知识和技能的学习实践，尤其有意识地学习更有利于综合素质的提高。

2. 生产技术创新 技术一流是生产人员追求的目标。考察生产技术的指标，一是看生产效率，二是看生产质量。生产者能够在哪一方面比原来做得更好，都是对技术的创新。事实上生产者是一线劳动者，对于生产过程最熟悉，对于生产中影响生产效率和产品质量的因素最了解，通过细心观察和正确分析，进行生产技术革新完全是有条件和机会的，关键是在与其他相关知识（如，机械知识）有效链接上如果实现了瓶颈突破，实现技术创新更有可能。作为下属，特别是生产者，要充分认识行业竞争的激烈性、技术发展的快速性，不断提高技术创新能力。

3. 管理上创新 企业效益是企业追求的目标。企业“三分技术，七分管理”。作为下属都有一个岗位管理的职责，所有岗位管理构成了企业管理。作为下属履行好本职岗位管理职责说明有良好的执行力。如果能够结合岗位管理特点，对管理制度、管理组织体系、管理方式进行改革创新，实现岗位组织管理更加高效，是提高执行力的突出表现。

（二）加强责任心提高执行力

影响工作业绩的因素：一是工作时间，二是工作效率；当然还有生产环境等其他因素。影响工作效率的因素：一是工作能力，二是工作态度。而工作态度除了理想信念、激励因素之外，一个重要因素就是责任心。从生产实践中可以得到证实，责任心强的人担心自己影响大局，在缺位时补位也是为他人、为企业、为大局着想。责任心不强的人，即使工作能力强，工作效率也不会很突出，有时可能会出现纰漏。因此，加强责任心，对工作负责、对企业负责、对他人负责、对社会负责，就能提高工作效率，提高执行力。

（三）忠于上级

企业管理职能是通过组织系统实现的。企业的高效管理体现在组织系统优良的组织能力。组织管理的职能之所以从高层到基层畅通无阻，顺利执行，就是因为中下层次的管理者作为上一级的下属能够不打折扣地执行上一级的指令。所以，只有下属对上级忠诚，才能执行工作效率高、力度大。要做到忠于上级应该做到：准确理解上级指令意图；及时传达落实上级指令；自动报告工作进度；自觉接受上级指导；对上级批评意见虚心接受，分析原因，不再重犯；接受任务干脆痛快；积极帮助他人工作；向上级建言业务优化方案等。

（四）团结合作

作为下属要了解组织团队的重要性。通常情况下，工作业绩是团队集体团结协作共同努力的结果，个人或部门在团队工作中都是一个协作单位。工作目标要互相依赖，协作完成。作为下属要认识到团结的重要性，只有大家高度协调统一，团结合作，协作配合，才能实现团队战斗力，实现共同目标。

（五）勇于担当

担当是高度责任心的表现。企业要发展，特别是创业企业，有时人才匮乏，很多工作都是第一次，很多时候需要勇敢精神，需要有人敢冒风险，需要有人能够冲上去、顶得上。特别是领导不在现场的情况下，及时补位对解决当时困局异常关键，作为下属为企业发展，为领导和组织分忧，是优秀下属的责任。敢于担当体现一个人综合素质和高度的责任心，这样的下属才是领导的臂膀，才是组织的保证，才是企业发展的根本。

【教学案例】

抗美援朝战争胜利已经60多年了，可是在战争初期，面对美军的嚣张气焰，在打与不打，如果打由谁挂帅问题上，可以说意见不一。特别是在选帅问题上更是有一番波折。中央最初人选是林彪，可林彪对于出兵朝鲜持否定态度，对于挂帅出征以多病缠身为由加以推脱。在这种情况下，中央决定改由彭德怀执掌帅印，立即派飞机将在西安主持西北军政要务的彭德怀接回北京。在听取了与会同志对于抗美援朝的分析意见后，轮到彭德怀发言时，他的话冲口而出，带出一种战将的肃杀之气："我支持毛泽东同志出兵朝鲜的主张，我们跟美国打，打烂了，大不了美国打进中国来，最多也就等于中国晚解放几年就是了！如果美军摆在鸭绿江和台湾，它要发动战争，随时都可以找到借口"。当毛泽东谈到中央决定由他挂帅出征时，彭德怀的嘴角笑了，昂起头说："主席，我这个人的脾气你是了解的，我服从中央的决定！"。1950年10月19日，中国人民志愿军在司令员兼政治委员彭德怀率领下，跨过鸭绿江，开赴朝鲜战场，25 日揭开抗美援朝战争序幕。1953 年 7 月 27 日，战争双方在朝鲜停战协定上签字。至此，历时 2 年零 9 个月的抗美援朝战争宣告结束。

【案例分析】

担当是一种责任。面对刚刚取得中国革命胜利的形势，满目疮痍，百废待兴。有人主张休养生息，与头号军事强国美军作战没有取胜的把握。在挂帅出征问题上，搞不好就会身败名裂。在这样的形势下，彭德怀元帅抛开个人私心杂念，以民族大义为重，依然果敢出征，表现了民族的气节、军人的胆识。这就是担当。

实训与思考

1. 人力资源管理的内容有哪些？
2. 模拟人才招聘场景熟悉选人标准和方法。
3. 如何做一个称职的领导或合格的下属？

项目四　生产管理

对于任何生产企业来说，生产都是日常管理的主要方面，目的是通过生产管理达到高效、低耗、灵活、准时地生产合格产品，为客户提供满意的服务。创业企业要形成自己的生产管理模式，制定出一整套管理制度与方法，要经过一个阶段的实践探索才能完成。但在管理的层面上也有一般性的规律可循。一般生产管理主要包括安全管理、计划管理、采购管理、制造管理、品质管理、效率管理、设备管理、库存管理、士气管理及精益生产管理十个方面。

一、安全管理

安全是任何企业的头等要务，“没有安全，一切都完”。创业企业是新创企业，一切都在探索之中。创业者面对的团队、生产要素、生产环境、生产过程等方面都是全新的，对于正在发生或将要发生的事情都有很多的未知数，缺乏亲历经验，也缺少借鉴和参考的成功案例，安全隐患时时处处、方方面面都有可能存在，格外重视安全管理尤其重要。广义的安全管理概念还包括各种风险的管理。这里是狭义的概念，主要是指为防止生产环境、生产过程、日常管理等方面出现非正常情况、发生意外事故对人财物造成伤害或经济上的损失，以及意外情况发生后所采取的措施方法、管控手段的各项工作活动的总称。

安全管理内容包括防火防盗、自然灾害、生产操作、设施设备安全、交通安全、环境安全等方面。

安全管理主要采取以下措施：一要安全教育，全员参与。根据企业的特点分析存在安全隐患的方面，尤其容易产生安全事故的关键部位做好案例教育、责任教育。加强宣传教育力度，全员参与。编印安全手册，制定朗朗上口的安全口诀。让安全意识深入人心，警钟长鸣。二要建立健全安全责任制度。企业根据生产环节特点、厂区地理区域特点等实施责任管理。建立责任人体系、责任类型体系、责任范围体系、责任制度体系。三要制定安全生产操作规程和培训。分析生产环节，详细制定每个方面、环节的安全操作细节规程，做到全方位不遗漏，操作可行。对于复杂方面要提前做好培训和训练，做到熟练安全操作。四要增强防范意识，加强安全检查。要增强防患于未然意识，一切做到“0”事故发生。要建立专门的安全检查机构，制定巡查制度，根据各方面不同特点制定不同的巡查周期，对于发现安全隐患及时排除，做出的成绩要给予不同形式的奖励；对于玩忽职守，造成安全责任人要给以警示或处罚。五要加强学习调研。要经常学习安全生产新知识、新技术、安全措施新方法，调研学习相关企业安全生产新经验，与时俱进，增强安全管理本领。

二、计划管理

企业生产管理应按照计划管理的原则进行，计划是开展各项工作的依据，企业生产没有计划性，就会陷入混乱盲目的状态。创业企业工作千头万绪，一切工作都是新的内容，如果没有行动计划，就会造成“眉毛胡子一把抓”的局面，陷入无重点、无秩序的工作状态。因此，按照计划为主线的监控原则，监控企业生产管理各项工作，根据实际工作的进度及完成情况，进行工作进度分析，完善管理措施手段，提高管理水平。在计划管理的过程中，要做好阶段检查，特别是在生产进行过程中要根据几个关键的时间阶段，检查进度的完成情况，发现问题及时处理，防止出现较大偏差难以弥补。这些“阶段”一般可选在进程的四分之一时间、三分之一时间、二分之一时间和完成计划的前 3 天。同时，做好生产管理的跟踪协调，将产前计划、产中监控、产后总结协调统一起来，充分发挥“计划”的基础依据作用，通过“监控”、“总结”督促生产管理的有效开展和正常运行。

三、采购管理

采购是企业生产的起点，采购管理的优劣对后来的企业生产有着至关重要的影响，不仅直接影响产品生产成本、产品质量、生产进度，还会波及资金周转、产品销售、部门协作配合等多方面。因此，采购管理放在企业发展的战略层面一点也不为过。说到底采购管理的最高境界就是“花最少的钱买最好的东西”。当然这里的“最好的东西”是指“质优、量大”。如何做到经济采购，应该采用以下措施：一是加强采购计划性。采购计划性可以避免盲目性带来的积压和短缺危害，既节约成本，又保障供给，不影响正常生产。二是优化供应商关系。根据企业自身生产特点，一方面要“货比三家”选择主要供应商，建立长期合作关系，能够获得价格等方面的更多优惠待遇；另一方面要密切供应商关系，建立战略互惠双赢关系，能够得到更多的优惠条件和优质服务。三是实行集中采购。当然集中采购要以自身需求和供货周期为依据，绝不是为获得价格上的优惠，增加库存和资金占用，降低资金利用效果。集中采购主要是指企业规模较大的情况下，如果子企业或部门分别采购不仅会增加成本，也会失去与供应商在“量”上的谈判优势。对于中小企业有时采用联合采购也是因为有这样的好处。四是提高供货效率，减少库存。减少库存就能减少资金占用，提高资金利用率。

四、制造管理

制造管理就是对制造过程进行计划、组织、指挥、协调、控制和考核等一系列管理活动的总称。

制造管理的主要任务和目的就是降低制造管理费用，改进工作效率，提高管理工作水平。制造管理费用包括产品生产成本中除直接材料和直接工资以外的其余一切生产成本，主要包括企业各个生产单位（车间、分厂）为组织和管理生产所发生的一切费用，以及各个生产单位所发生的固定资产使用费和维修费，具体有以下项目：各个生产单位管理人员的工资、职工福利费，房屋建筑费、劳动保护费、季节性生产和修理期间的停工损失等。对产生制造管理各个项目费用进行深入的分析。分析它们产生的合理性，包括项目费用该不该产生，是不是可以通过采取改进措施，消除该项费用发生；必须产生的项目有没有降低的办法，可以采用什么办法降低，还有没有更好的措施等。在提高工作效率方面，主要通过分析制造管理中各项目工作的特点，加强项目管理制度建设，提高执行力，降低管理环节和执行人员低效率产生的不必要费用。

五、品质管理

品质管理的途径，一是提高品质意识，二是加强品质管理。品质管理不仅仅是领导层、管理层的事情，要形成全员品质意识的氛围，要全力提高品质是企业生命线的思想认识。

品质包括产品品质、工作品质。品质意识就是指人们在生产经营中，对品质及其相关各种活动的主客观看法和态度，即通常人们对产品品质的认识和对提高产品品质的意愿和做法。品质意识指导工作实践。品质意识不高，很难生产出优质产品。品质意识强，再拥有较高的工作技能，才可能生产出优质产品。可见，品质意识对产品品质有着非常重要的作用。因此，要在以下方面加强品质意识的管理：一是树立品质预防意识。防患于未然是品质管理的最高境界，一旦生产出不合格产品，就会造成事实上的损失，把不合格产品挡在生产过程之前是品质管理的上上之策。二是树立品质标准意识。在生产操作的过程中，思想上要紧绷品质意识这根玄，按照操作规程和技术要求标准实施生产。有了品质标准意识，才能从材料采购、生产、检验、销售等各环节严格按照品质标准完成产品流程，才可能生产出优质产品。三是树立品质责任意识。品质是产品是否畅销的决定因素之一，品质优劣直接表现为是否对消费者负责，消费者对产品的态度还是要反馈给企业，影响企业生产发展，最终影响到自身利益。因此，树立品质责任意识，就是对消费者负责、对企业负责、对社会负责、对自己负责。四是树立品质成本意识。成本与品质息息相关，品质有保证，可以有效降低产品成本。品质出了问题，就会使产品合格率降低。次品、返修率、退货率等品质下降的情况，必然引起成本的上升，长期下去，会影响企业的正常发展，甚至会将企业推向绝境。五是树立品质持续改善意识。长期树立品质意识，才能养成品质意识习惯，才能做到“品质没有最好，只有更好”。

加强品质管理：一是要全员参与。人人都是品管员，大力倡导品质第一的理念，营造品质管理氛围。二是加强制度管理。在产品形成的各环节根据不同特点制定合理的品质保证制度，重要环节签订保证书，确保从制度上不留死角，建立健全责任体系。三是严格流程品质管理。从供应商、生产线、质检各环节形成层层防火墙，严把质量关。把品质作为企业的命脉，杜绝不合格品出现，形成全方位齐抓共管的局面。

六、效率管理

效率的概念主要有两种解释：一种解释是效率＝收益/投入，另一种解释是单位时间完成的工作量。效率管理从管理学的角度使两种含义做到了有机统一。效率管理是一门研究改进组织效率的方法，它分析组织及组织的流程，对组织的效率进行规定、评估和分析，提高组织的效率，从而有效地实现组织的目的。当效率管理在管理中作为实现管理的目的和效果时，把效率作为一切管理活动的出发点和归宿，一切管理行为的开始是确定效率标准，体现的是效率的第一种含义；为了实现第一种含义的目标，管理者就必须分析组织和组织流程的每个环节、工作的每个细节，通过制度建设和加强监督管理，实现组织工作的高效运转，执行过程也以效率为指针，管理过程的结束也是以效率来评价优势，将效率渗透到管理活动的各个方面，此时的管理发挥的作用正是效率的第二种含义。所以，效率第一种含义是基本要义，第二种含义是第一种含义要实现必须采用的方法措施，是第一种含义实施的自然结果。因此，效率管理有时主要是指第一种含义。强调了第一种含义，第二种含义也必然得以实现。

效率管理要求组织根据具体问题的性质和特点选择适当管理方法，用以解决组织的效率问题，有利于效率提高的一切方法都在效率管理关心的范围之中，它强调要以一切可行的效率为核心标准统一人们的思想，高效推进组织运行，指导人们的行动，这种思想是效率管理的精髓。由此得出效率管理的特点主要有以下方面：

（一）以组织为中心的全面管理

一切经济活动都在一定的组织体系下实施运行的。按照系统论原理，根据企业生产的特点分析组织体系工作的各环节、各层面，找出需要改进的方面。通过制定完善的制度、更新现代技术和工具、改进使用科学的工作方法手段、实施有效的监控措施和激励机制，对组织进行全面管理，就能做到资源的有效利用，工作效率的全面提高。可见，效率管理以组织为中心，就是抓住了管理的核心，就是抓住了效率管理的关键，就是抓住了效率管理的牛鼻子。

（二）效率管理的目的是追求效率

实施效率管理的基本思想和出发点就是实现工作的高效，这是实施效率管理的目的，用最短的时间完成最多的工作、用最小的投入获得最大的收益，这是任何企业生产的理想目标。实施管理的目的就是实现资源的有效利用，工作效率的全面提高，这正是效率管理的确切内涵，这也正是效率管理与目标管理的区别所在。目标管理是注重结果，不关注实现的过程方法，而效率管理即是以追求效率为起点，也是以考核组织目的的实现为终结，是一种重视过程的管理方法。效率管理是通过效率目的而重视实施过程来优化实施方法手段的。

（三）动态解决管理问题

效率管理虽然也是管理的最终目的，但与目标管理有很大不同。目标管理注重看结果，但一旦结果出现，再反过来修正产生结果的过程，一方面产生不应有的成本，另一方面扭转产生的负面作用和影响需要花费一定的时间、精力、财力。而效率管理则不同，它是通过分析工作流程中各环节、各层面在效率方面存在的问题，及时采取相应的有效措施，对将要或正在发生的活动实施组织、指挥、监督、调节等方面的管理，甚至对发生偏差的基本操作或动作及人员所使用的工具及时采取措施加以纠正，在管理的过程中就能动态地解决管理问题。这样的过程控制，实施了管理重心前移，有利于避免管理工作的重大失误和不必要的浪费。

现代企业管理越来越重视效率管理，这已成为企业成败的最具有决定性的因素之一。提高效率管理成为企业管理的重要课题。从效率＝收益/投入的概念来看，实现效率提高的方法：一是投入不变，收益提高；二是收益不变，投入降低；三是投入小幅增加，收益比投入实现大幅度增加；四是收益小幅下降，投入比收益出现大幅度下降。前三种是积极的管理方法，第四种是在生产条件和环境不利时不得已使用的方法。但无论哪一种方法都要通过对人财物施加影响才能实现。因此，最终提高管理效率的方法主要归纳为两类，即提高人的效率和提高财物的效率。提高人的效率主要通过制定完善的规章制度和激励机制，加上科学地发挥计划、组织、指挥、协调等管理职能，以提高人员的工作效率。提高财物的效率主要是通过对财物管理实行科学的建章立制，在财物的筹措、供应、使用、保管等方面统筹安排、科学调度，以提高物资、装备的使用效率。

七、设备管理

设备管理是以设备为研究对象，追求设备综合效率，应用一系列理论、方法，通过一系列技术、经济、组织措施，对设备的物质运动和价值运动进行全过程（从规划、设计、选型、购置、安装、验收、使用、保养、维修、改造、更新直至报废）的科学型管理。

设备管理的主要目的是用技术上先进、经济上合理的装备，采取有效措施，保证设备高效率、长周期、安全、经济地运行，保证企业获得最好的经济效益。

设备管理坚持“五个相结合”的原则，即设计、制造与使用相结合；维护与计划检修相结合；修理、改造与更新相结合；专业管理与群众管理相结合；技术管理与经济管理相结合。

企业设备管理应当以效益为中心，坚持依靠技术进步，促进生产经营发展和预防为主的方针。设备管理的主要任务和目的是提高设备功能作用，充分发挥设备功效，保障设备完好，取得良好设备投资效益。

设备管理是从设备的规划工作起直至报废的整个过程的管理，是对设备寿命周期全过程的管理，是从选择、使用、维护修理到更新改造全过程的管理。一般分为前期管理和使用期管理两个阶段。

设备前期管理是指设备在正式投产运行前的一系列管理工作，设备在选型购置建造时，进行的调研、论证、比较、选型、招标、设计、制造等一系列活动。管理上应注意的方面：一是要坚持设计、制造与使用相结合原则。二是加强技术经济论证，依据技术上先进、经济上合理、生产上可行的原则，充分考虑投入生产后技术支持和运行维护，选用综合效率高的技术装备。三是设备购置要考虑设备的效率。如功效、行程、速度等；精度、性能的保持性，零件的耐用性、安全可靠性、可维修性、节能性、环保性、成套性、灵活性等。

设备的使用期管理分设备初期管理、中期管理和后期管理。初期管理一般指设备自验收之日起、使用半年或一年时间内，对设备调整、使用、维护、状态监测、故障诊断，以及操作、维修人员培训教育、维修技术信息的收集、处理等全部管理工作。管理上应注意的方面：一是建立设备固定资产档案、技术档案和运行维护原始记录；二是建立设备管理、维护保养管理职责、制度体系；三是掌握设备初期运行特点和规律，调试最佳运行状态，积累基础数据。设备的中期管理是设备过保修期后的管理工作。管理上应注意的方面：一是坚持维护与计划检修相结合原则。合理安排大、中、小修时间及内容。二是老、旧设备不断进行技术革新和技术改造。三是严格执行有关规章制度，合理使用机器设备，防止超负荷、拼设备现象发生。四是工作期间注意观察设备，发现异常，及时处理。五是防止设备带病作业。六是做好维修质量检查，防止设备发生经常习惯性故障。七是做好备件的使用与管理。八是提高人员素质，实行全员管理。设备的后期管理指设备的更新、改造和报废阶段的管理工作。对性能落后、不能满足生产需要以及设备老化、故障不断，需要大量维修费用的设备，应进行改造更新。管理上应注意的方面：一是坚持修理、改造与更新相结合原则；二是设备的更新改造应做到有计划、有重点地对现有设备进行技术改造和更新。包括设备更新规划与方案的编制、筹措更新改造资金、选购和评价新设备、合理处理老设备等。

八、库存管理

库存是指企业在日常生产经营过程中持有以备出售或者将消耗的材料或物料等，是企业存储的各种物品与资源的总和。包括销售之前流通环节的产品、未进入流通环节的产品、半成品、在制品、原材料等。造成企业库存的主要原因是争取销售机会、缩短交货期、规避风险、缓和季节变动与生产高峰的差距、投机性的购买、供应来源不稳定以及增加订货批次会增加费用等。形成库存就必然是生产量大于销售量，但是库存多就会造成不良的资金占用、支付贷款利息、存货积压形成仓储费用等。因此，合理的库存对于保证生产、产品供应，提高生产效益意义重大。在库存成本合理范围内达到顾客满意的服务水平是企业的总目标。在零库存或尽量少的库存状态下，实现生产销售顺畅是企业库存管理追求的目标。

库存管理主要有两种方式：拉动式库存管理（pull inventory management）和推动式库存管理（push inventory management）。拉动式库存管理是根据客户的实际需要来安排的。每个工序只生产下一工序需要的东西，将库存降到尽可能的低，按照每个仓库的特定需求安排一定的订货批量补足库存。此方法可以对每个存储点的库存进行精确控制，但各地库存单独决策，可能造成补货批量和补货时间不一定能够与整个企业生产批量、经济采购批量等很好地协调起来。推动式库存管理是根据对需求的预测和物料来源安排的。计划形成后，每个工序就会推动部件到下一个生产程序。按照每个仓库的预测需求将剩余产能分配给每个仓库。此方法可以使整个企业一盘棋，纵观全局，统筹兼顾。不足之处在于必须预测客户需求和交货时间。预测失误会导致大批量的存货。

九、士气管理

（一）士气管理概念

所谓士气就是一个组织在工作中，为达到一定目标，团队成员所表现出的团结程度、思想情绪、精神斗志等方面的状态氛围。士气高昂能够激发团队潜能、不断创造奇迹；士气低落就会挫伤团队激情，使团队精神涣散，缺乏战斗力。因此，团队士气是影响团队战斗力的关键。《左转·庄公十年》：“夫战，勇气也。一鼓作气，再而衰，三而竭”。《孙子兵法》：“克敌，攻城为下，攻心为上”。打造士气旺盛的工作团队是创业者工作的重要任务，是团队取得优良战绩的有力保障。士气管理就是对团队士气状态的管控活动。

（二）影响士气的管理理论

影响士气的管理理论有多种，这里主要介绍马斯洛需求层次理论、赫兹伯格双因素激励理论、麦克利兰的成就动机理论。

马斯洛需求层次理论认为人的需求有五个层次（图 6－1），最基本的需求就是生理需求，在生理需求满足之后，还会有安全、社交、尊重、自我实现越来越高一级层次的需求。管理者通过分析下属现实的需求层次，采用恰当地满足需求的方式，就会有效调动积极性，振奋士气，激发干劲。

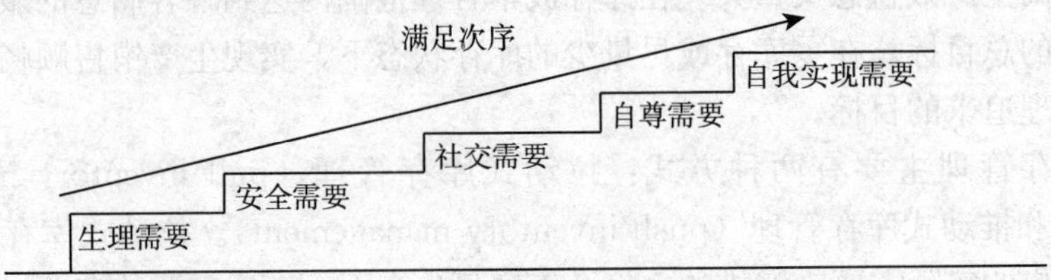

图 6－1　马斯洛需求层次图

赫兹伯格双因素激励理论认为影响人的行为的因素有两大类：一类因素包括公司政策、管理措施、监督、人际关系、物质工作条件、工资、福利等被称为保健因素。保健因素的满足对职工产生的效果类似于卫生保健对身体健康所起的作用。另一类因素包括成就、赏识、挑战性的工作、增加的工作责任，以及成长和发展的机会等被称为激励因素。具备激励因素能对人们产生更大的激励。赫兹伯格认为管理者应该认识到保健因素是必需的，不过它一旦使不满意中和以后，就不能产生更积极的效果。只有激励因素才能使人们有更好的工作成绩。

麦克利兰的成就动机理论把人的高层次需求归纳为对成就、权力和亲和的需求。成就需求（need for achievement）是争取成功希望做得最好的需求；权力需求（need for power）是影响或控制他人且不受他人控制的需求；亲和需求（need for affiliation）是建立友好亲密的人际关系的需求。麦克利兰的成就动机理论在企业管理中很有应用价值。在人员任用方面，通过测量和评价一个人动机体系的特征，可以恰当地安排职位、分配工作；通过了解员工的需求与动机，可以根据员工不同需求，采用不同的激励方式，建立有效的激励机制；通过训练和激发员工的成就动机提高生产率。

激励原理是一般性规律的总结，具体管理工作过程是复杂多变的。团队士气不高，很多情况下是由于需求长期得不到满足、控制过严、目标出现问题、批评过多、处事不公等方面的问题造成的。有时候人的行为也很容易受到偶然性因素影响。因此，士气管理在团队建设中的作用举足轻重。

（三）士气激励基本步骤

1. 确定职员应完成的工作目标。

2. 分析职员本人需求目标。

3. 实施激励措施。将职员本人需求目标和工作目标分析后，采用激励措施促使职员本人需求目标和工作目标协调一致，激励职员为达到目标，团结一致、努力进取的激情。

4. 评价完善提高。

（四）士气管理方法

士气管理的激励主要形式有以下几种：

1. 精神激励　通过及时的口头表扬、评选各种标兵、树立先进典型、劳模等多种形式，采用不同有效的表彰形式，在精神上给予鼓励，大张旗鼓地弘扬正气，营造比学赶帮超干事创业的氛围。

2. 情感激励　将心比心，以心换心；放低姿态，服务尊重；交流思想，增进友情；患难与共，分享成功；沟通情感，凝心聚力；以人为本，团结共荣。

3. 物质激励　适当的物质奖励，能够调动工作干劲，激发工作热情。

4. 成就激励　对于有人生价值追求的下属，通过提拔重用和安排恰当的工作岗位，提供发展平台，给予展现自我的机会，将起到有效激励。

5. 信任激励　“士为知己者死”，“用人不疑，疑人不用”，信任是关系和谐的基础，赏识信任、对下属充满期待是对下属的工作肯定，充分放权将使下属放开手脚，施展才干。

6. 行为激励　身教重于言教。下属不只听领导说了什么，更注重领导做了什么。人前说一套，背后做一套的行为是对领导威信的极大损害。身先士卒、身体力行做表率，“御驾亲征”往往起到预想不到的激励效果。

7. 公平激励　处事不公会伤害大家的积极性。公平合理，大家“凭本事吃饭”会有效地调动工作热情。

十、精益生产管理

(一) 精益生产概念

精益生产是通过系统结构、人员组织、运行方式和市场供求等方面的变革，使生产系统能很快适应用户需求不断变化，并能使生产过程中一切无用、多余的东西被精简，最终达到包括市场供销在内的生产的各方面最好结果的一种生产管理方式。精益生产管理产生于丰田生产方式，是由美国麻省理工学院组织世界上17个国家的专家团队，运用5年时间，耗资500万美元，以汽车生产典型工业为例，经过理论系统化后总结出来的。其核心是将目标确定在尽善尽美上，通过采用不断降低成本、提高质量、增强生产灵活性、实现无废品和零库存等手段，消除一切无效劳动和浪费，确保企业在市场竞争中取得优势。同时，精益生产强化组织结构各层次责任，采用小组工作法，充分调动每位职工的积极性，发挥大家的聪明才智，把缺陷和浪费及时地消灭在每一个岗位。其实质是过程控制管理，主要有人事组织管理的优化，精简机构，减少非直接生产人员；推进生产环节衔接均衡顺畅合理，追求零库存与柔性生产；实现全生产过程（包括整个供应链）链条质量保证基础上，减少和降低任何环节上的浪费，达到零浪费；最终实现拉动式准时化生产方式。

(二) 精益生产管理特点

1. 精益生产精简繁文缛节，杜绝浪费 精益生产管理将不能增加价值的所有生产活动均视为浪费。并予以坚决剔除，杜绝不应有费用的产生。

2. 精益生产强调以人为本，发挥团队潜能 精益生产管理将责任和任务落实到能直接为产品增值的生产者身上。把责任和工作任务下达到工作小组，由组内成员协助完成，要求组内成员精通多种工作，减少不直接增值的一线工人，并给予生产者一定的生产权限。通过采用适当的措施，充分调动大家工作的积极性和创新精神，有力地推动精益管理。

3. 精益生产追求适度自动化，也强调生产系统柔性 精益生产管理一切从“优质高效”为出发点，生产流程的现代化、自动化与生产系统柔性相结合，做到刚柔相宜，才能追求效率的同时，减少浪费，实现效益。

4. 精益生产不断优化，追求“完美” 精益生产管理把“消除不足，追求完美”作为一直追求的目标，把它看成是一个持续性、反复性追求卓越的过程。企业要发展，就要永远致力于改进和不断进步，不断地改进生产，消除浪费，降低成本，提高质量，各方面追求精益求精。

（三）精益生产管理原则

原则 1：管理决策必须以长期理念为基础，即使必须因此牺牲短期财务目标也在所不惜。

原则 2：建立无间断的作业流程以使问题浮现。

原则 3：使用“后拉式制度”以避免生产过剩。

原则 4：使工作负荷平均（平准化）。

原则 5：建立立即暂停以解决问题、一开始就重视品管的文化。

原则 6：职务工作的标准化是持续改善与授权员工的基础。

原则 7：使用视觉控管，使问题无从隐藏。

原则 8：使用可靠的、已经经过充分测试的技术以支持人员及流程。

原则 9：栽培彻底了解并拥抱公司理念的员工成为领导者，并使他们能教导其他员工。

原则 10：栽培与发展信奉公司理念的杰出人才与团队。

原则 11：重视公司的事业伙伴与供货商网络，挑战它们，并帮助它们改善。

原则 12：亲临现场查看以彻底了解情况（现地现物）。

原则 13：决策不急躁，以共识为基础，彻底考虑所有可能选择，快速执行决策。

原则 14：透过不断地省思与持续改善，以变成一个学习型组织。

实训与思考

1. 生产管理的内容有哪些？
2. 士气管理在生产管理上有何重要意义？怎样加强士气管理？

项目五　成本控制

成本控制是企业根据一定时期成本管理目标，由成本控制主体在其职权范围内，在生产耗费发生以前和成本发生过程中，对各种影响成本的因素和条件采取的一系列预防和调节措施，实现成本降低和成本管理目标的管理行为。企业成本水平的高低直接决定着企业产品盈利能力的大小和竞争能力的强弱。控制成本、节约费用、降低物耗，对于企业具有重要意义。

一、成本控制的原则

（一）领导重视原则

“历览前贤国与家，成由勤俭败由奢”。企业收益一靠产出多，二靠开支少。产生费用的方面多、项目多，控制不好，浪费得就多，企业运行成本就大。必须引起高度重视。领导要站在战略的高度，抓好落实，成本就能得以有效控制。

（二）全员参与原则

成本控制是全体工作人员的工作任务之一，着眼“一滴水、一张纸、一度电”，从点滴做起。营造节约光荣、浪费可耻的氛围。全员参与，人人有责。

（三）经济性原则

指因推行成本控制而发生的成本，应少于因缺少控制而丧失的收益。

（四）因地制宜原则

成本控制要根据特定企业类型、岗位部门的要求，分析项目成本费用产生特点，制定有企业特色，有部门特点、项目特点、费用特点的成本控制方案，有效实施成本控制。

二、成本控制的环节

重点抓好采购成本、生产成本、销售成本、管理费用等支出的管理，采购成本管理要重点抓好原辅材料的价格、质量结构和存量，要认真研究原辅材料的市场和采购策略，按照货比多家、比质比价、择优选择的原则进行采购；生产成本要分析产生费用的项目，寻找可以降低成本的途径。同时加强质量管理，防止不合格品和返修品出现；销售成本控制重点放在销售费用，压缩库存，清欠货款，减少资金占用和利息支出上；管理费用的控制重点放在业务招待费、差旅费上，严格审批手续，真正把管理费用管好、控制好。

三、成本控制的方法

成本控制的方法有多种，这里主要指常用和有效的管理方法。

（一）目标成本管理

目标成本管理的基本思想就是以市场可能接受的产品销售价格减去合理利润和税金后所能允许发生成本的最大限额为依据，制定可行的成本目标，在产品生产准备前下达给技术、生产等职能部门，通过进行环节和费用项目分析，研究费用控制途径，制定费用控制措施和方案，并加以落实实施，最终实现成本目标，达到成本控制的目的。

（二）作业成本管理

作业成本管理的基本思想就是理清企业的作业项目总量，将企业消耗的所有资源费用按照一定的方法准确计入作业项目，再将作业项目成本按照一定方法分配成本计算对象（产品或服务）的一种成本计算方法。作业成本管理将作业作为成本计算的核心和基本对象，全部作业的成本总和构成产品成本或服务成本，是实际耗用企业资源成本的累计。

（三）责任成本管理

责任成本管理的基本思想就是将企业划分为负责成本管理的若干责任单位或个人，由责任单位或责任人管理负责所承担的责任范围内所发生的各种耗费。具体操作是按照企业管理系统，将成本管理责任落实到各部门、各单位和具体执行人，由责任单位或责任人分析成本项目，落实成本责任，实施成本有效控制。

（四）标准成本管理

标准成本管理的基本思想就是研究制定标准成本，分析实际成本与标准成本差异，制定成本差异部分的解决措施。标准成本管理以产品成本为研究对象，将成本计划、成本核算、成本控制融为一体，突出成本的系统控制，及时揭示成本差异，明确职责分析和控制产生的各种差异，通过改进管理，降低消耗，实施有效成本控制。

实训与思考

1. 成本控制有什么重要意义？

2. 成本控制的原则、环节、方法有哪些？

项目六　销售管理

创业企业的销售应该放在更加突出的战略地位。主要因为，创业企业刚刚起步，消费者对企业产品的认同感和接受程度有待市场检验。同时，创业企业的销售网络有待于健全，销售团队建设也刚开始起步，再加上缺乏销售经验。这样一批新人，面对的是有待于开发的新市场处女地，做的又是新的销售业务，就足以说明创业企业销售工作任务的艰巨性。因此，销售工作放在更加突出的战略地位实属必然。对于创业企业而言，主要从以下方面开展销售工作。

一、“拾遗补缺”营销战略

有一定规模的大型企业为了追求超额利润，取得规模经济效益，一般现代化、专业化程度比较高，少品种、大批量往往是这些企业的生产特点，这样社会需求的多样性生产或服务就得不到满足，这就为创业企业留下了很多大企业难以涉足生产或服务的“空白地带”，创业企业就可以根据自己的特点，弥补市场需求和大企业的供给不足，在夹缝中“拾遗补缺”，赢得自己的发展空间。

二、“共生”营销战略

规模经营的大型企业在生产经营过程中，在产前、产中、产后环节上的一些衔接本企业生产经营的项目，出于成本、生产资源、利润、专业化生产等因素，放给其他企业生产。围绕该大型企业供货形成的“卫星厂”，客观上为企业供货同时，也取得自身营利发展。而大企业也正是因为“卫星厂”提供的产品，才得以发展，这就形成了互相依存的“共生关系”，这是创业企业成功创业的又一条可行的营销战略。

三、“避风港”营销战略

创业企业在生存过程中，如果形成与成熟大型企业狭路相逢的对抗局面，就如同以卵击石自取灭亡。与其正面交战，倒不如采用“遁形术”，逃进“避风港”，开展“游击战”。创业企业可以通过技术开发和工艺创新，取得具有新颖性、实用性很强的技术发明成果或设计出新式样的新产品。避开大企业的竞争压力，利用知识产权保护和法律手段，维护自己产品的专有权或垄断权，以赢得相对平稳的发展空间。

四、“潜在需求”营销战略

在消费需求中，有些是消费者实际需要，但是市场上并没有生产出相应的产品满足这方面的需求；有些时候新产品已经出现，因为引导不够，消费者虽然非常需要，却对此产品一无所知，造成没有满足消费。这两种现象都是市场的“潜在需求”。创业企业要重视当前和未来市场的“潜在需求”，在深入市场调研基础上，挖掘前景良好的潜在需求，及时组织生产经营，以取得更好的经济效益。

实训与思考

1. 销售管理有什么重要意义？
2. 谈谈企业销售管理战略。

项目七 财务管理

创业企业与其他企业一样，追求的目标是生存、发展、获利，财务管理要服务于企业目标，通过不断降低资金成本和财务风险，提高投资报酬，降低投资风险，加速资金周转，合理分配收益，谋求企业价值最大化。

一、创业企业财务管理常见问题

1. 财务制度不健全，管理随意性大。
2. 内部会计控制薄弱。
3. 财务人员业务素质不高。
4. 现金管理不到位。
5. 投资决策存在盲目性。
6. 融资能力不够、风险较高。

二、财务管理策略

（一）筹资管理

创业期企业主要资金来源为创业投资，创业投资资金额成为制约创业企业初期工作的决定因素，如何尽快筹集足额资金到位，成为创业者顺利创业的关键。因此，在人脉圈内融资或运用融资政策吸引风险投资是创业期企业首要任务。创业者应十分清楚自己有哪些融资渠道，能够融资的额度是多少，尽量争取他们各方面的支持。这样一方面资金来源有了可靠保证，另一方面也能化解风险，提高资金利用效果。

（二）投资管理

创业企业投资要使有限的资金发挥较大的利用效果，就必须制定科学合理的投资计划，做好资金预算，对于企业的投资项目、项目的投资金额、投资的时机及怎样使用每一笔资金，都要有详细的方案。这样才能确保“资金用在刀刃上”。一般在投资初期往往采用专业项目集中投资策略，常常收到“集中优势兵力打歼灭战”的效果。在创业初期人财物有限的情况下，投资于某个特定行业或特定市场，能够最大限度提高资金利用率。

（三）营运资金管理

营运资金管理是通过对创业企业资金的使用进行有效控制，达到使用合理、运转高效的目的，是创业企业财务管理的重要内容。通过按月编制营运资金分析表可以有效地控制营运资金。要经常做好资金拥有量和资金占用量差额分析，发现营运资金不足时，应及时采取相应的资金弥补措施，避免资金原因影响创业企业工作进展。

（四）利润分配

获得收益是每个投资商的投资目的。创业企业在进行股利分配时，要站在企业战略发展的角度，重视投资商对投资利益的关切，更要重视企业长远战略发展。正确处理眼前利益与长远利益的关系，切不可杀鸡取卵、急功近利。要正确分析企业自身状况，选择适当的股利分配政策，既能满足企业发展的需要，又能取得投资者的理解和满意。一般认为初创期企业收益水平低且现金流量不稳定，实行低股利政策或零股利政策往往是较明智的选择。

（五）财务控制

创业初期往往头绪多、事务杂，财务管理方面缺乏制度规范、随意性较大等是常常出现的问题。要解决创业期企业财务管理上存在的问题，必须正视和分析存在问题的种种原因，建立健全财务管理制度体系和运行机制，发挥财务管理内部控制的应有职能，实现财务管理的目标。

实训与思考

1. 创业企业财务管理常见的问题有哪些？

2. 谈谈创业企业财务管理策略。

项目八 风险管理

创业活动是一项系统工程，创业过程涉及的方方面面都达到协调一致、良性发展运行，才能取得创业成功。在创业过程中的任何因素，例如，创业者、创业团队、投资资金、消费市场、创业机会、创业环境等，如果出现大的变故，都会造成创业上的不确定性，给创业带来风险。

一、创业风险类型

企业风险分类按照不同的标准有多种分类方法。依照风险的内容和来源，《中央企业全面风险管理指引》将企业风险分为：战略风险、财务风险、市场风险、运营风险、法律风险。研究创业企业风险一般按照创业企业的发展阶段分为种子期企业风险、初创期企业风险、成长期企业风险、成熟期企业风险。种子期企业风险主要是技术风险和资金风险；初创期企业风险主要是技术风险和项目选择风险；成长期企业风险主要是管理风险；成熟期企业风险主要是开拓进取风险、创新风险和产业多元化风险。

二、创业企业风险控制

风险控制是创业企业管理的重要方面。常用的风险控制策略主要有规避风险、预防风险、转移风险、分散风险、减少风险等。

（一）规避风险

无论是创业之前的整个创业企业还是创业过程中某个分项，经过分析如果实施，存在风险的可能性很大，而且又没有降低风险的办法，还面临着一旦风险出现将无法直接承担经济损失的窘境，这时就必须采取规避策略主动放弃。也可以在分析论证的基础上，寻找替代方案或局部调整方案，采用迂回策略避开风险，稳步推进工作方案。

（二）预防风险

创业风险之所以存在，一是因为预先掌握的信息不够，对事物分析不透彻，造成决策失误造成的风险；二是预先分析虽然正确，但过程中有些条件因素发生变化，令人猝不及防，造成损失形成的风险；还有就是预测风险要发生，但在控制风险时，采用的措施手段没有预想的有效，造成损失形成的风险。如果能够在风险没有发生之前，早已有了预判，采取了有效措施，就会使原先的工作方法或举措得到优化，很可能就会使工作改变了走向，向有利的方向推进，这样就做到了未雨绸缪，防患于未然。预防风险是减少损失的有效途径。

（三）转移风险

风险的发生是要造成损失的，为了能够减少损失，不至于因创业风险的发生令创业企业大伤元气，创业者通常将在创业过程中要发生的风险提前采取了保险措施，进行了风险转移。常见风险转移的方式有 3 种：一是签订的合同使风险向其他主体转移；二是投保将风险全部或部分转移给保险公司；三是采用各种风险交易工具转嫁风险。

（四）分散风险

风险有时发生在特定的行业或特定的产品市场。当创业企业局限于某一行业生产经营或主打产品类型单一时，一旦生产经营的行业或主打产品因为某种原因出现变故，就会令创业陷入困难的境地，甚至是灾难。表现出企业抗风险能力薄弱。因此，为了增强企业抵御风险的能力，在某一行业或产品市场出现异常时，不至于一败涂地，常常采用以下经营策略：一是项目投资多元化；二是产品类型多元化；三是生产经营方式多元化，例如，合资、合营、兼并扩张等。

（五）减少风险

有时不管预先计划方案怎样周密，防范措施如何的到位，但不可预料的随机因素仍然会不期而至，风险还是不可避免地发生了。此时，需要冷静思考，风险发生的根源，以及将要对以后产生的不利影响，在哪些方面会造成危害，要做好全面的分析。在此基础上，面对风险应在哪些方面，采取什么样的积极应对措施，抑制风险的进一步扩大，变被动为主动，将损失降到最低。

实训与思考

1. 创业风险类型有哪些?
2. 谈谈创业风险控制策略。

项目九　创业文化管理

企业文化是指在一定的社会经济条件下，通过社会实践所形成的，带有本组织特点的使命、理想、宗旨、意志，并为全体成员遵循的企业精神、共同意识、价值观念、职业道德、行为规范和准则的总和。是一个企业或一个组织在自身发展过程中形成的以价值为核心的独特的精神内涵管理模式，是社会文化与组织管理实践相融合的产物，是企业在经营管理过程中创造的具有本企业特色的意识形态总和。

企业文化是推动企业发展的不竭动力。它包含着非常丰富的内容，其核心是企业的精神和价值观。是企业在经营活动中形成的经营理念、经营目的、经营方针、价值观念、经营行为、社会责任、经营形象等的总和。是企业个性化的根本体现，它是企业生存、竞争、发展的灵魂。

一、构建企业文化遵循的原则

1. 系统性原则
2. 实效性原则
3. 以人为本原则
4. 与时俱进原则

二、优秀创业企业的文化特征

企业文化是企业的灵魂，它是构成企业核心竞争力的关键所在，是企业发展的原动力。创业企业要开好局、起好步，构建企业文化是创业企业工作的重要一环，它是创业企业的生命之源、指路明灯、形象大使，对企业的发展将产生深远的影响。优秀的创业企业文化体现以下基本特征：

1. 观念创新，价值认同。
2. 凝聚共识，团结友爱。
3. 振奋精神，激励员工。

4. 塑造形象，个性鲜明。

5. 积极进取，争创一流。

6. 植根民族，通俗易懂。

三、构建创业企业文化的方法途径

（一）明确奋斗目标

创业企业首先要明确自己的奋斗目标，才能清楚努力的方向和程度。企业文化围绕企业奋斗目标，体现共同价值观，统一思想，凝聚大家共识。充分调动员工积极性，营造团结和谐、努力进取的工作氛围。增强职工自信心、自豪感、荣誉感。鼓励大家为了一个共同目标，不畏艰难，敢于胜利。展现企业良好形象，凝聚公众认同共识，创建优化企业发展环境，发展企业与社会的良性合作互动关系。

（二）明确核心理念

企业创建有一个过程，企业创建的方方面面也都是从“零”开始。企业文化的构建也是随着创业企业的发展逐渐成熟形成的。因此，创业企业的企业文化并不是一蹴而就的，真正属于自己的企业文化形成还需假以时日。企业的核心理念是企业文化的精髓，是企业精神的高度凝练，离开了核心理念，企业就失去了精神支柱。就像高楼大厦一样，没有了筋骨和脊梁，就会轰然倒塌。就像航船失去航标一样，就会迷失方向，随波逐流。

（三）构建个性企业文化

企业文化从构建的层面角度有其相同的方面，作为每个企业的文化必须避免千首一面，体现自己独有的特点。只有突出自己的价值观、企业精神、企业形象、经营理念特点，展现企业职工自身的精神风貌、进取精神、团结合作的态度，才能在激烈的市场竞争中，独树一帜，独占鳌头。

实训与思考

1. 构建企业文化应遵循哪些原则？

2. 创业企业文化的特征和构建方法途径有哪些？

模块小结

项目一　组建创业团队

创业团队是指由两个或两个以上具有一定利益关系的，彼此间通过分享认知和合作行动，以共同承担创建新企业责任的，处在新创企业高层主管位置的人共同组建形成的有效工作群体。

一、创业团队的人才构成

（一）领军人物

（二）行业专家

（三）生产经营技术人才

（四）生产经营管理人才

（五）营销业务人才

（六）财务理财专家

当然，创业团队根据发展的需要，不同时期有不同的要求。如，随着生产经营规模的扩大，也可能在团队中设立人力资源管理人员、公关人员等。

二、成功创业团队的特点

（一）拥有优秀的团队领袖

（二）团队成员与企业发展共命运

（三）有一致的企业价值认同取向

（四）目标清晰责任明确

（五）股权分配合理且富有弹性

（六）能力互补相得益彰

（七）和谐相处团结互助

（八）有持久的创业激情

三、创建创业团队要素

（一）凝聚目标共识

（二）建立有力的组织体系

（三）科学配备人员

（四）明确责权范围

（五）有效的计划组织

项目二　创业企业战略管理

一、战略规划
二、战略依据
三、战略可行
四、战略环境
五、战略实施

项目三　人力资源管理

一、选人

（一）选人的标准

1. 同时具备良好的工作态度、职业能力、忠诚度，三者缺一不可。
2. 选择有成功经验的人。
3. 选择不以赚钱为第一动机的人。
4. 选择能使团队增强凝聚力、向心力的人。
5. 选择一定要取胜，且有方法成为第一的人。
6. 选择“资产型”人才。

（二）选人注意的问题

1. 选择人才要严格标准，心太软录用不合标准的人员，就是对团队不负责任。
2. 选人要注意团队人员的性格互补。
3. 选人要注意团队人员的能力互补。

二、用人

（一）管理用人的有效方法

1. “定期淘汰法则”。
2. 每天要求进步1%。
3. 要使优秀人才具有归属感。
4. 为其创造独当一面的机会。
5. 要求员工分析当天的得失，做好明天的工作。
6. 及时与员工沟通。
7. 因才适用。

（二）用人策略

表 6－1　用人策略

人员类型	有意愿有能力	无意愿有能力	有意愿无能力	无意愿无能力
用人策略	授权	激励	培养	放弃

注：意愿＝投入工作的态度；能力＝完成任务的条件。

（三）优秀人才的具体表象

工作有主动性和自发性；注意细节；为人诚信负责；善于分析、判断、应变；乐于求知、学习；具有创新意识，工作常常具有创意；不怕困难百折不挠，工作投入有韧性；人际关系（团队精神）良好；求胜欲望强烈；勇于担当。

（四）人力资源不同供求状况采取的措施

1. 总量平衡，结构不平衡措施。

2. 供不应求措施。

3. 供大于求措施。

（五）用人上的激励原则

1. 因人而异。

2. 因事而异。

3. 奖励适度。

4. 公平性。

三、留人

四、育人

五、管人——做称职的领导

（一）优秀领导能力要求

1. 观察力。

2. 思考力。

3. 决策力。

4. 组织力。

5. 影响力。

6. 执行力。

（二）优秀领导的性格特征

1. 沉稳。

2. 细心。

3. 胆识。
4. 积极。
5. 大度。
6. 诚信。
7. 担当。

（三）领导管人的措施

1. 思想工作。
2. 合理运用奖惩机制。

六、做人——当合格的下属

（一）提高素质创新工作

1. 提高综合素质。
2. 生产技术创新。
3. 管理上创新。

（二）加强责任心提高执行力

（三）忠于上级

（四）团结合作

（五）勇于担当

项目四　生产管理

一、安全管理

二、计划管理

三、采购管理

四、制造管理

五、品质管理

六、效率管理

效率管理的特点主要有以下方面：

（一）以组织为中心的全面管理

（二）效率管理的目的是追求效率

（三）动态解决管理问题

七、设备管理

八、库存管理

九、士气管理

（一）士气管理概念

（二）影响士气的管理理论

（三）士气激励基本步骤

1. 确定职员应完成的工作目标。

2. 分析职员本人需求目标。

3. 实施激励措施。

4. 评价完善提高。

（四）士气管理方法

1. 精神激励。

2. 情感激励。

3. 物质激励。

4. 成就激励。

5. 信任激励。

6. 行为激励。

7. 公平激励。

十、精益生产管理

（一）精益生产概念

（二）精益生产管理特点

1. 精益生产精简繁文缛节，杜绝浪费。

2. 精益生产强调以人为本，发挥团队潜能。

3. 精益生产追求适度自动化，也强调生产系统柔性。

4. 精益生产不断优化，追求“完美”。

（三）精益生产管理原则

原则 1：管理决策必须以长期理念为基础，即使必须因此牺牲短期财务目标也在所不惜。

原则 2：建立无间断的作业流程以使问题浮现。

原则 3：使用“后拉式制度”以避免生产过剩。

原则 4：使工作负荷平均（平准化）。

原则 5：建立立即暂停以解决问题、一开始就重视品管的文化。

原则 6：职务工作的标准化是持续改善与授权员工的基础。

原则 7：使用视觉控管，使问题无从隐藏。

原则 8：使用可靠的、已经经过充分测试的技术以支持人员及流程。

原则 9：栽培彻底了解并拥抱公司理念的员工成为领导者，并使他们能教导其他员工。

原则 10：栽培与发展信奉公司理念的杰出人才与团队。

原则 11：重视公司的事业伙伴与供货商网络，挑战它们，并帮助它们改善。

原则 12：亲临现场查看以彻底了解情况（现地现物）。

原则 13：决策不急躁，以共识为基础，彻底考虑所有可能选择，快速执行决策。

原则 14：透过不断地省思与持续改善，以变成一个学习型组织。

项目五　成本控制

成本控制是企业根据一定时期成本管理目标，由成本控制主体在其职权范围内，在生产耗费发生以前和成本发生过程中，对各种影响成本的因素和条件采取的一系列预防和调节措施，实现成本降低和成本管理目标的管理行为。

一、成本控制的原则

（一）领导重视原则

（二）全员参与原则

（三）经济性原则

（四）因地制宜原则

二、成本控制的环节

重点抓好采购成本、生产成本、销售成本、管理费用等支出的管理。

三、成本控制的方法

成本控制的方法有多种，这里主要指常用和有效的管理方法。

（一）目标成本管理

（二）作业成本管理

（三）责任成本管理

（四）标准成本管理

项目六　销售管理

对于创业企业而言，主要从以下方面开展销售工作。

一、“拾遗补缺”营销战略

二、“共生”营销战略

三、“避风港”营销战略

四、“潜在需求”营销战略

项目七 财务管理

一、创业企业财务管理常见问题

（一）财务制度不健全，管理随意性大

（二）内部会计控制薄弱

（三）财务人员业务素质不高

（四）现金管理不到位

（五）投资决策存在盲目性

（六）融资能力不够、风险较高

二、财务管理策略

（一）筹资管理

（二）投资管理

（三）营运资金管理

（四）利润分配

（五）财务控制

项目八 风险管理

一、创业风险类型

企业风险分类按照不同的标准有多种分类方法。依照风险的内容和来源，《中央企业全面风险管理指引》将企业风险分为：战略风险、财务风险、市场风险、运营风险、法律风险。研究创业企业风险一般按照创业企业的发展阶段分为种子期企业风险、初创期企业风险、成长期企业风险、成熟期企业风险。

二、创业企业风险控制

风险控制是创业企业管理的重要方面。常用的风险控制策略主要有规避风险、预防风险、转移风险、分散风险、减少风险等。

项目九 创业文化管理

企业文化是指在一定的社会经济条件下，通过社会实践所形成的，带有本组织特点的使命、理想、宗旨、意志，并为全体成员遵循的企业精神、共同意识、价值观念、职业道德、行为规范和准则的总和。

一、构建企业文化遵循的原则

（一）系统性原则

（二）实效性原则

（三）以人为本原则

（四）与时俱进原则

二、优秀创业企业的文化特征

优秀的创业企业文化体现以下基本特征：

（一）观念创新，价值认同

（二）凝聚共识，团结友爱

（三）振奋精神，激励员工

（四）塑造形象，个性鲜明

（五）积极进取，争创一流

（六）植根民族，通俗易懂

三、构建创业企业文化的方法途径

（一）明确奋斗目标

（二）明确核心理念

（三）构建个性企业文化

模块七

农村资源典型项目

学习目标：

1. 了解特种动物养殖项目的类别及其特点。
2. 了解园林苗木花卉项目特点。
3. 通过设施园艺项目，了解常规农业项目发展的情况。

“农村是一个广阔的天地，在那里是可以大有作为的”。我国农村资源丰富，各地又具有不同的特点。因此，项目繁多，创业空间巨大，这里仅就一些生产项目类别中的个别项目进行介绍。项目介绍时也只是偏重于其经济价值，至于生产技术还要通过专业学习获得。

项目一　特种动物养殖项目

一、毛皮动物养殖

中国毛皮动物养殖业始于20世纪50年代，到现在已有50多年的发展历史。据不完全统计资料显示：各种毛皮动物存栏约4 000万只，其中水貂2 000万只、狐狸1 200万只、貉子800万只。中国毛皮动物养殖业由当初的外贸国营养殖发展到目前的国有集体及个体共同发展，并且绝大多数以个体为主，全国毛皮动物养殖场户达上万家，从业人员100多万人。养殖地区主要分布于山东、河北、辽宁、吉林、黑龙江、内蒙古、北京、山西、陕西、宁夏、新疆、河南、江苏、浙江等地。饲养的主要品种有水貂、银狐、蓝狐、貉子等。已成为名副其实的毛皮动物养殖大国。

中国的毛皮动物饲养管理方式多样、水平不一。对毛皮动物饲养管理、繁殖育种、疾病防治、产品加工等仍停留在比较原始落后的水平，致使饲料营养与加工、饲养管理、产品质量差距较大，总体粗放，全国人均饲养定额仍停留在100只左右，劳动生产率相对较低。因此，我国可以称为毛皮动物养殖大国，但绝不是一个养殖强国，在诸多方面与北欧、北美等毛皮动物养殖先进国家相比，仍有较大差距。

（一）狐狸

主要外部特性与分布：狐狸，犬科，狐属。身体纤瘦，毛长且厚。狐狸毛茸茸的尾巴，大多种狐狸耳朵大、直立、呈三角形。不同种类的狐狸颜色不同。狐狸种类主要有银狐、蓝狐、雪狐、彩狐等。我国的狐狸养殖主要分布在山东、河北、内蒙古、北京、黑龙江、吉林、辽宁等地（图7-1）。

图7-1　狐　狸

主要生活习性与繁殖特性：狐狸听觉灵敏，但生性多疑，行为谨慎，需要安静环境。

狐狸一年繁殖一次，发情期不一致，从1月起至4月中旬，为发情配种时期。母狐是自发性排卵动物，在一次发情中所产生的滤泡不是同时成熟和排卵，一般只交配一次的母狐，妊娠率只有70%左右，需要复配2～3次，才能提高妊娠率。妊娠期一般52天，1胎一般可产子狐6～12只，40天后可以分窝。如果生产速度快，狐狸3个月就可以出栏。没有经过人工授精改良的当地狐狸，生长周期较长，个头也较小，皮小相应价格就低。

经济价值与市场行情：狐狸是重要的经济毛皮兽，与水貂皮、波斯羔羊皮形成国际裘皮业的三大支柱。

目前国内蓝狐皮年产量已达到100多万张，雪狐200万～300万张，彩狐较少，年产2万多张。狐狸皮价格会随着行情波动，以往行情较好时是目前行情（表7-1）的2～3倍。但妥善经营，仍有一定利润空间。在山东、河北一带从狐狸采食直至取皮成本一般一年每只所需费用大概200～300元。

表7-1　2014年8月25日河北尚村蓝狐皮价格行情

国内规格	山东银蓝狐皮生皮价格（元/张）		东北银蓝狐皮生皮价格（元/张）	
	一等皮	二等皮	一等皮	二等皮
100厘米以上	600	550	650	600
95～100厘米	550	500	600	550

（续）

国内规格	山东银蓝狐皮生皮价格（元/张）		东北银蓝狐皮生皮价格（元/张）	
	一等皮	二等皮	一等皮	二等皮
90～95 厘米	500	450	550	500
85～90 厘米	450	400	500	450
80～85 厘米	350	300	400	350
75～80 厘米	250	200	300	250

注：资料来自今商网。

（二）水貂

图 7-2　水　貂

主要外部特性与分布：水貂，鼬科，鼬属。属于小型珍贵毛皮动物。水貂体形细长，雌性较小。尾细长，毛蓬松。四肢粗壮，前肢比后肢略短，指、趾间具蹼，后趾间的蹼较明显，足底有肉垫。水貂在动物分类学上在野生状态下，有美洲水貂（M. vison）和欧洲水貂（M. lutreola）两种。野外分布于美国、加拿大等地。养殖基地主要分布于我国山东、河北及东北地区（图 7-2）。

主要生活习性与繁殖特性：水貂是一种半水栖动物，野生水貂多在近水地带，善于游泳、潜水，夏天更喜欢嬉水。是肉食动物，喜食鱼、虾、蛙、蛇、野鼠、野兔、鸟类，除交配和哺乳期外，多单独散居。

水貂的寿命一般为 12～15 年，其中繁殖能力年限 8～10 年，人工饲养条件下，繁殖利用年限为 3～6 年。水貂是季节性繁殖动物，一年只有一次发情期、一次配种期、一次产仔期。每年 2～3 月发情配种，4～5 月产仔。一胎产仔一般为 5～8 只，多达十几只。仔貂 9～10 月龄性成熟，但一般需到第三年才正式配种。公母貂只在配种时在一起，配后又分居饲养。每年春秋季均换毛一次。

经济价值与市场行情：是一种珍贵的毛皮兽动物，其经济价值高、经济效益好，素有“裘皮之王”的美称。我国的水貂饲养业已有近 50 年的发展历史，全国拥有水貂饲养场户 5 000 多家，种貂存栏 250 万头，年产水貂皮 800 万张。近几年饲养数量迅速增长，水貂的品种一般以貂的毛色区分，黑褐色的称为标准貂，其他颜色的统称为彩貂。据有关资料介绍，目前全世界已培养彩貂色型多达120余种，其中色型较稳定的有白色、米黄色、棕色、咖啡色、灰色、蓝宝石色、银蓝色、珍珠色、翠绿色等。

水貂的主产品是貂皮，貂皮制品保暖、轻巧、美观，穿着舒适。其副产品貂心、貂鞭、貂油、貂肉、内脏及貂粪等也具有很高的实用价值和经济价值。2014年8月份来看，貂皮价格行情都不太乐观（表7-2），不及往年好行情价格的一半。貂饲养成本各地有差异，在山东、河北一带一般每只在100～200元。

表7-2　2014年8月25日河北尚村水貂皮价格

名称	国际规格	大连黑貂生皮价格（元/张）	山东文登黑貂生皮价格（元/张）	山东诸城黑貂生皮价格（元/张）
公貂皮	77～89厘米	270～300	230～240	180～190
母貂皮	59～77厘米	170～180	120～140	110～120

注：资料来自养殖巴巴网。

（三）貉

主要外部特征与分布：貉，犬科，貉属。体型较小，小于犬、狐。形状像狐狸，被毛长而蓬松，外形粗短、肥胖、头锐而鼻尖、斑色、嘴尖细、四肢细短。前足5趾，第一趾短，行走时短趾悬空，四趾触地。后肢狭长，后足具4趾（图7-3）。

图7-3　貉

我国长江以南称为南貉，长江以北称为北貉。2000年之后人工养殖的貉，绝大多数来源于北貉，并以黑龙江省的乌苏里貉为最多。

主要生活习性与繁殖特性：貉一般利用其他动物的废弃洞穴或营巢于陵墓、河谷、溪流、树根际和石隙间等作为栖息地。穴居，生性好睡觉，白天在洞内睡眠，夜间外出觅食，行动缓慢。主要以蛇、蟹、小型啮齿类、鸟类及鸟卵等为食，也吃植物性食物如浆果、真菌、谷物等。天敌有狼和猞猁等。

北方貉在冬季有蛰眠习性，但与真正的冬眠不同，呈昏睡状态，代谢活动并不停止。

貉的寿命8～16年，繁殖年龄7～10年，繁殖最佳年龄3～5年。貉是季节性繁殖动物，春季发情配种，每年3月间交配，个别貉可在1月和4月份发情配种，一雄配多雌，怀孕期60天左右，5～6月间产仔，每胎4～8只，多者达10多只，哺乳期50～55天，幼兽生长很快，当年秋天即可独立生活。

经济价值与市场行情：貉是一种较贵重的毛皮兽，毛深厚、光滑，板质轻韧，绒皮为上好制裘原料。当前貉皮市场价格不是历史最好时期（表7-3）。在山东、河北一带每只成本在200元上下。

表7-3　2014年8月25日河北尚村貉皮价格

国内规格	山东貉皮生皮价格（元/张）		东北貉皮生皮价格（元/张）	
	一等皮	二等皮	一等皮	二等皮
100厘米以上	400	350	470	440
95～100厘米	320	280	400	350
90～95厘米	270	240	300	280
85～90厘米	240	210	270	240
80～85厘米	180	150	200	170
75～80厘米	120	100	150	120

注：资料来自养殖巴巴网。

（四）獭兔

主要外部特征与分布：獭兔，兔科，野兔属。一种典型的皮用型兔，因其毛皮酷似珍贵毛皮兽水獭，故称为獭兔。獭兔体型匀称，颊下有肉髯，耳长且直立，须眉细而卷曲，毛绒细密、丰厚、短而平整，外观光洁夺目，手摸被毛有凉爽的感觉。獭兔已有90多种颜色，有海狸色、白色（包括特白色）、红色、蓝色、青紫蓝色等20多种色型（图7-4）。

图7-4　獭　兔

原产法国。獭兔在我国北方常见，尤以北京、天津、河北、山东、河南等地区居多。

主要生活习性与繁殖特性：獭兔有昼伏夜行、夜食奢眠、胆小怕惊、耐寒怕热、喜干爱洁、嗅觉发达、群居性差、顿足动作、喜欢穴居、抗逆性差等生活习性。

初配年龄为母獭兔6月龄、公獭兔7月龄。配种时复配可提高受孕率。一只母兔一年平均可以繁殖5～6窝，每窝10只左右，每组1公3母。

经济价值与市场行情：獭兔被世人誉为食草珍珠。兔皮是做高档裘皮制品的上等原料；獭兔毛绒细密、丰厚、短而平整、光洁亮丽，是最好的工业皮料；獭兔肉质以细嫩、高蛋白质、低脂肪、低胆固醇等特点被誉为“美容长寿”肉。

獭兔皮行情好时在近百元。现在獭兔皮价格随着毛皮行业行市走低，不及好行情时的一半。在山东、河北一带一只獭兔6个月现行成本在20～35元，差距主要在于饲料来源。

二、兽类养殖

（一）驴

主要外部特征与分布：驴，马科，驴属。形象似马，体型比马和斑马都小，多为灰褐色，头大耳长，胸部稍窄，四肢瘦弱，躯干较短，颈项皮薄，蹄小坚实，体质健壮，性情温驯（图7-5）。

图7-5　驴

我国已有4 000多年的养驴历史，是世界上养驴最多的国家之一，年存栏量约为1 000万头。家驴由野驴驯化而来。中国驴起源于亚洲野驴。驴作为役畜之一，曾经遍布于中原农区和半农半牧区。

我国驴品种有30余种，优良驴种有5种。由于我国驴种分布广，产驴地区辽阔，在自然条件、生态环境和社会经济条件等方面存在差异，用驴方式和饲养条件都不同。所以，驴的大小、体尺、外形结构和生产性能等方面也有显著差异。根据各地驴品种资源和分布情况，我国驴种可分为3个类型：一是大型驴。体高在130厘米以上，体重250～290千克，种公驴也有在350千克以上的。如陕西关中驴、山东德州驴（渤海驴）、山西晋南驴和广灵驴等。二是中型驴。体高在115～125厘米，体重220～250千克，种公驴也有300千克以上的。如山西晋南驴，河南淮阳驴、泌阳驴、甘肃庆阳驴、陕西佳米驴等。三是小型驴。体高在110厘米以下，体重160～220千克，种公驴也有250千克以上的。如有河南毛驴、陕西滚沙驴、内蒙古库伦驴、宁夏西吉驴、甘肃凉州驴、四川驴、云南驴、西藏驴、辽宁驴等。

主要生活习性与繁殖特性：驴是马属动物，对小农经济有良好的适应性，对草料利用率高，不易得病，易饲养，比牛省草、比马省料，所以俗话说“穷养驴、富养马”。

初配适龄母驴生长发育至成熟时，有了雌性动物的外貌特征。母驴开始配种的体重一般应为其成年体重的70%左右。母驴的初配年龄一般为2.5～3岁。种公驴到4岁时，才能正式配种使用。母驴的妊娠期为348～377天，平均为360天。一般一胎一头。

经济价值与市场行情：驴肉产品作为人们不可缺少的生活食品，驴肉细嫩味美，营养丰富，在中国民间很早就有“天上龙肉，地下驴肉”之说，驴肉中具有瘦肉多，蛋白质含量高，脂肪含量较其他畜肉低，矿物质含量为1.1%左右，胆固醇含量较低，不饱和脂肪酸含量高，可以减轻饱和脂肪酸对人体心血管系统的不利影响，深受广大人民群众喜爱，无论从营养、药用或保健性等方面都具有不可替代的优越性。

肉驴现行价格为2 000元/头左右（表7-4），在山东济宁目前饲养成本为800～1 200元。

表7-4 山东济宁某些养殖企业驴报价

产品名称	报价	公司名称	报价日期
沁阳驴	2 000元/匹	济宁市某养殖专业合作社	2014-09-25
最新佳米驴	1 800元/头	济宁市某个体经营	2014-09-09
德州驴	2 000元/匹	济宁市某养殖专业合作社	2014-09-25

注：资料来自食品商务网。

（二）鹿

主要外部特征与分布：鹿，鹿科。体型大小不等，四肢细长，尾巴较短，同品种通常雄性体型大于雌性，善奔跑。一般仅雄性有1对角，雌性无角，有的种类雌雄都有角或都无角。大多数种类毛色深暗，从黑色、棕色、黄色、深红色至淡黄色不等。足4趾，第3和第4趾发达，支撑身体重量，第1和2趾退化变小。牙齿32～34枚。雌鹿有2对乳头、胃4室，反刍类动物。体长0.75～2.90米，体重9～800千克。共16属约52种（图7-6）。

图7-6 鹿

除南极洲外，其他各洲均有分布。我国目前已驯养的鹿种有梅花鹿、马鹿、水鹿、白唇鹿、坡鹿、驯鹿等，饲养区域主要分布于黑龙江、吉林、辽宁、新疆、内蒙古、甘肃等地。主要是梅花鹿和马鹿等。全国范围内养殖规模在100头以上的鹿场约3 500家，饲养量大约50万头，其中梅花鹿30万头、马鹿10万头，其他茸鹿10万头。人工培育的居国际水平的梅花鹿和马鹿品种或品系饲养量只有约8万头。目前以生产鹿茸为主要目的，年产鹿茸约120吨，梅花鹿茸占50%、马鹿茸占40%、其他鹿茸占10%，鹿茸优质率仅占40%左右。鹿茸80%采用带血加工，20%采用排血加工，成品茸国内市场销售占30%～40%，主要用于中药和保健品原料。大部分销往国际市场。目前，养鹿业已成为全球性产业，新西兰、澳大利亚、俄罗斯、加拿大、韩国等国家养鹿业也得以蓬勃发展，国际鹿产品市场竞争日益激烈。

主要生活习性与繁殖特性：野生状态下生活于苔原、林区、荒漠、灌丛和沼泽。以树叶、草、果实、种子、地衣、苔藓、灌木、花朵、水草、树皮、嫩枝、树苗等为食。

鹿1.5岁时一般就已性成熟，身体适宜的配种年龄应在2.5岁。母鹿每隔18～24天发情1次，每次持续2～4天。种公鹿应选择生长快、产茸多、抗病力强、遗传性稳定的健壮公鹿，一般每15～20只母鹿放1只种公鹿。配种一般交配2～3次。鹿的妊娠期，梅花鹿为231～236天、马鹿为240～250天。鹿的繁殖期是8月下旬至11月。一般每胎产仔1～2只。

经济价值与市场行情：我国是养鹿大国，也是鹿茸销售大国。鹿全身是宝，也是名贵的中药材，在我国已有几百年药用历史。鹿茸、鹿鞭、鹿角、鹿角胶、鹿角霜、鹿血、鹿胎等可以加工生产上百种药品，还可以深加工出很多保健品、化妆品等；鹿肉、鹿尾、鹿筋、鹿皮、鹿毛绒等，也是食品、轻工、纺织等行业的重要产品原料，开发前景看好。尤其鹿茸是名贵的中药材，在我国已有几百年药用历史；鹿肉营养丰富，含蛋白质17%、脂肪6.77%，胆固醇含量比牛肉低30.88%，且氨基酸含量丰富；鹿皮是优良的皮革原料，鞣制后异常坚韧、柔软，可制成高档服装和皮件，还可制造擦拭精密仪器的必备物品。

目前鹿茸价格（表7-5）不是历史最好时期，鹿茸每年收获2次，一般每次0.5～2.5千克。成龄母鹿的养殖成本：饲料（玉米、豆粕、面麸子、微量元素等）以每天1.25千克的量计算，再加上草、盐，总计每月养殖成本不含人工在100～120元，每年的养殖成本在1 200～1 400元。成龄公鹿在产茸之前和产茸期需要加料，这样一来就比成龄母鹿高出一些，每年支出在1 400～1 600元。而仔鹿养殖成本每年在800～1 000元。

表 7-5　2014 年 2 月 26 日梅花鹿茸价格情况

地区	天津大港	山东淄博	上海崇明	浙江嘉兴	广东广州	重庆万州	吉林松原	河南许昌	辽宁大连	山西太原
价格（元/千克）	4 621	4 609	4 446	4 500	4 366	3 449	4 541	7 200	3 449	4 534

注：资料来自 21 保健品网。

（三）特种野猪

主要外部特征与分布：特种野猪，猪科，猪属。是经过人工驯化改良后的一个野猪品种，基因稳定。纯种公野猪与家母猪杂交的后代都叫做“特种野猪”。特种野猪一般分为含 50%野猪血统及含 75%野猪血统等。繁殖的特种野猪的形态和纯种野猪比较相近，其毛色很多情况下与家猪相仿。特种野猪的仔猪身上常常有条纹，长大时猪毛呈黑色或褐红色，毛密，嘴较家猪长，耳小，蹄黑，尾比家猪短，性较温驯；但公猪行动比家猪敏捷。同等体积比家猪重 10%（图 7-7）。

图 7-7　特种野猪

野猪在全世界有 27 个亚种，广泛分布于世界各地。中国的野猪分布主要在黑龙江、吉林、辽宁、云贵地区、福建、广东地区。驯养野猪，我国始于 1991 年，在香港、广州、上海、北京等大中城市十分畅销。

主要生活习性与繁殖特性：特种野猪保持了野猪瘦肉率高、适应性强、野味浓厚的优点，它克服了纯种野猪的野性，既有优良种猪生长快、肉料报酬高，又克服了野生母野猪仅在春季发情和人工圈养下不易成活和难以发展等缺点，使之能正常饲养繁殖，还具有合群性强、耐粗食、抗病能力比家猪强等特点。平均年产仔 2.25～2.5 胎，每胎 8～16 只。

经济价值与市场行情：特种野猪具有野味、保健、经济三大优势，肉质鲜嫩香醇、野味浓郁，瘦肉率比家猪高出 53.5%，脂肪含量低（仅为家猪的 50%），含有 17 种氨基酸、亚油酸含量比家猪高 2.5 倍。亚油酸是目前科学界认为唯一的人体最重要和必需的脂肪酸。人体本身不能合成，必须通过食品摄取而获得的一种脂肪酸。它对人体的生长发育有着极为重要意义（也是治疗冠心病的特效脂肪酸），具有降低血脂功效，有利于动脉硬化所致的冠心病和脑血管硬化性疾病的防治。

表 7-6　特种野猪肉价格情况

公司名称	报价（元/千克）	报价日期
北京某冷冻食品有限公司特种野猪肉价格	60	2013-11-09
上海某食品有限公司特种野猪肉价格	88	2009-08-19
山东某工贸有限公司	60	2011-10-29

注：资料来自 21 食品商务网。

野猪肉有家猪肉不可比拟的品质，价格（表 7-6）也比家猪肉贵许多，而饲养成本却与家猪相差不大（前期购买种猪或育肥猪仔投入要大一些）。关键看行情，普通老百姓不可能天天购买。而野猪肉的消费定位于宾馆、饭店、农家乐等作为高档宴席的一个点缀，一般情况下顾客偶尔品尝一下，批量供应的难度也较大。因此，销路是养殖特种野猪的关键。

三、特禽养殖

我国特禽养殖资源十分丰富，野生物种很多，基因库较大，加上近几年来从国外引进的经培育驯化的生产种群为数已有几十个品种品系，主要分为两类：一类商品性品种有肉鸽、鹧鸪、蓝孔雀、驼鸟、绿壳蛋鸡、七彩山鸡、火鸡、白山鸡、黑化雉、珍珠鸡、丝光鸡、竹鸡、贵妃鸡、黄凤鸡、黑凤鸡、茶花鸡、宫廷黄鸡、朗德鹅、黑天鹅、绿头野鸭、番鸭等。另一类保护性品种有丹顶鹤、绿孔雀、褐马鸡、白腹锦鸡、藏马鸡、红腹锦鸡、黑颈长尾雉、绿尾虹雉、白颈长尾雉、黄腹角雉、榛鸟、火烈鸟、白天鹅、鸳鸯、大鸨、鸿雁、灰雁、豆雁等。如果从体制上、策略上和措施上进行改革和完善，我国特禽养殖将会发挥资源丰富和成本较低的优势，在国际市场竞争中处于有利地位。

（一）肉鸽

主要外部特征与分布：肉鸽，鸠鸽科，鸽属。祖先是野生原鸽，肉鸽是人们经过长期选育而形成的品种，由于它体型大，又不善飞翔，人们饲养它是以吃肉为目的。因此，称为“肉鸽”。肉鸽也叫乳鸽，是指 4 周龄内的幼鸽，周龄内的幼鸽一般可以长到 500～600 克，其特点是体型大（图 7-8）。

目前，世界上家鸽品种和品系极其繁多，总共不下 1 500 多个品种（系）。我国肉鸽养殖业起步于 20 世纪 80 年代初，目前国内肉鸽养殖业已出现了消费市场成熟、高产技术与产业化生产条件成熟、乳鸽产品深加工技术成熟的状况。

图 7-8　肉　鸽

主要生活习性与繁殖特性：肉鸽养殖具有饲养管理简单、疾病少、养殖成本低、效益高、适应性强等特点。养肉鸽的成本大大低于养肉鸡。从母鸽产蛋算起，经过 17～18 天的孵化，育雏 24 天即可出售，饲养期较短。一只种鸽每日耗粮 40 克，一只哺乳鸽每日耗粮 75 克。乳鸽从出壳到 30 日龄出售时，共耗粮 1 000～1 500克，饲料用量比较经济。

经济价值与市场行情：鸽肉细嫩味美，为血肉品之首。经测定，乳鸽含有 17 种以上氨基酸，氨基酸总和高达 53.9%，且含有 10 余种微量元素及多种维生素。因此，鸽肉既是高蛋白、低脂肪的理想食品，又是高级滋补营养品。

随着人民生活水平不断提高，膳食结构发生了根本变化，过去只能出现在高档宾馆宴席上的乳鸽、鸽蛋已进入普通家庭餐桌，甚至开始在国内出现“以鸽代鸡”的趋势，国内肉鸽消费量逐年递增。据有关数据统计：香港近年肉鸽需求量都在 5 000 万只以上，高峰年份全年肉鸽消费竟达 2 亿只；此外，广州、上海、深圳等大城市每年的肉鸽消耗也都在 1 000 万只以上，目前我国养鸽业已有最初的供种阶段向提供商品鸽阶段过渡，肉鸽养殖业进入快速发展时期。

（二）鹌鹑

图 7-9　鹌　鹑

主要外部特征与分布：鹌鹑，雉科，鹑属。是鸡形目中最小的一种，其头小尾秃，俗称“秃尾巴鸡”。家养鹌鹑由野鹑驯化而来，为养禽业中最小的禽种。家鹑外形和雏鸡很相似，头小、喙长、尾巴短。经过长期的遗传改良，家鹑与野生鹌鹑有了很大的差别，如家鹑的颜色变深，体型变大，体重增加，繁殖力增强，体形雌者略大于雄者。成年家鹑蛋用型体重 100～150 克，肉用型 200～250 克，蛋重 8～10 克（图 7-9）。

我国拥有丰富的野生鹌鹑资源，野生普通鹌鹑和野生日本鸣鹑在许多地区都存在，以野生日本鸣鹑居多。野生普通鹌鹑繁殖于新疆，越冬于西藏南部。

野生日本鸣鹑主要生活于内蒙古和东北地区。当然在有些地域也有重叠分布现象。

主要生活习性与繁殖特性：野生鹌鹑的栖息场所一般是茂密的野草或矮树丛的平原，荒地、溪流的岸边，矮小起伏的山坡丘陵地带，比较喜欢温暖安静的生长环境、生长发育快、性成熟早、产蛋力也很强，但是受精率偏低、就巢性差，对外界的刺激反应敏感。家鹑丧失了抱窝就巢的习性和迁徙的能力。

经济价值与市场行情：鹌鹑是美味佳肴，具有较高的营养价值，素有“动物人参”的美誉，其肉蛋营养丰富，味道鲜美，含脂肪少，食不腻人，是我国民间传统的名贵滋补佳品，具有很高的药用价值，主治泻痢，疳疾，能补脏，益中续气，实筋骨，耐寒暑，消结热，有养肝利肺，通利九窍的功效。鹌鹑蛋有“卵中佳品”之称，有美肤、护肤作用。

我国养鹑业经历了几十年的发展，不仅在数量上有了空前的发展，品种类别也出现多元化。到目前为止，不仅引用了新的蛋用、肉用型家鹑品种，而且还建立了专门的种鹑生产基地，养殖户规模发展迅速，饲养量约有2亿只，占世界的1/5，已经成为世界第一养鹑大国。目前养殖的蛋用鹌鹑主要有日本鹌鹑、朝鲜鹌鹑、中国白羽鹌鹑、黄羽鹌鹑、爱沙尼亚鹌鹑等；肉用鹌鹑主要有迪法克FM系肉鹑、中国白羽肉鹑、莎维麦脱肉鹑等。

鹌鹑养殖投入少，养殖鹌鹑占地面积不大，家前屋后皆可，设施、资金投入都比其他家禽低得多，对劳动力的要求上也不是很高。无论蛋用型还是肉用型家鹑，40～50天即可成熟。肉用型42日龄时可达到220克，仅耗饲料700克；蛋用型全年产蛋大约270枚，总重量达3千克，为其体重的20倍。另外，家鹑的适应性和抗病力强，用于防疫的药物开支也很低。鹌鹑蛋的销售价格（表7-7）每千克要高于鸡蛋1～3元，而生产成本相差不多。

表7-7 2014年10月10日鹌鹑蛋价格情况

地区	山东枣庄	河北涿州	河南新乡	河南永城
价格（元/千克）	10.6	10	11	10.4

注：资料来自中国鹌鹑网。

（三）山鸡

主要外部特征与分布：山鸡，雉科，雉属。又名环颈雉、野鸡，体形较家鸡略小，羽毛色彩艳丽斑斓，被誉为龙凤鸟、凤凰鸟。共有31个亚种。雄山鸡羽色华丽，尾巴较长，尾长一般41～53厘米，体长一般90～100厘米（包括尾巴），体重通常 1～1.5 千克。雌鸡的羽色暗淡，大都为褐或棕黄色，常杂以黑斑，尾羽较短（图 7-10）。

分布高度多在海拔 1 200 米以下，在海拔 2 000～3 000 米的高度也有发现。

图 7-10　山　鸡

主要生活习性与繁殖特性：山鸡原为野生动物，具有很强的生命力，对环境要求不高，山鸡耐高温、抗严寒，能耐 46℃的高温和－32℃的严寒，抗病力特强，风险低。山鸡属杂食性。喜欢各种昆虫、小型两栖动物、谷类、豆类、植物的果实、种子、植物叶、绿叶嫩枝、草籽、嫩草茎和草叶等，也常到耕地扒食种下的谷籽与禾苗。性情活泼，善于奔走而不善飞行，喜欢游走觅食。常栖息于低山丘陵、农田、地边、沼泽草地，以及林缘灌丛和公路两边的灌丛与草地中。

山鸡性成熟晚，季节性产蛋，生长到 10 月龄左右才达到性成熟，雄山鸡比雌山鸡晚 1 个月性成熟。人工驯化后的山鸡性成熟期可提前。美国七彩山鸡 4～5 个月就可达到性成熟期。在自然环境中，野生山鸡的繁殖期从每年 2 月份到 6～7 月份，山鸡的产蛋量即达到全年产量 90％以上。在人工养殖环境中，产蛋期延长到 9 月份，产蛋量也较野生山鸡高。野生状态下山鸡在繁殖季节以 1 雄配 2～4 雌组合配种，每年 2～3 月开始繁殖，5～6 月是繁殖高峰期，7～8 月减少，并逐渐停止。人工养殖的山鸡苗要掌握适时放对配种。

经济价值与市场行情：山鸡是一种集食用、药用、毛用于一体，有极高综合利用价值的珍禽。山鸡肉质细嫩鲜美，野味浓，其蛋白质含量高达 30％，是普通鸡肉、猪肉的 2 倍，脂肪含量仅为 0.9％，是猪肉的 1/39、牛肉的 1/8、鸡肉的 1/10，基本不含胆固醇，是高蛋白质、低脂肪野味食品，待客是珍稀野味。据资料显示，含有人体所必需的氨基酸 21 种之多，其中有多种是人体自身所无法合成的，并富含磷、锗、碘、硒、锌、铁、钙等多种人体必需的微量元素，对人体的滋补功能远远高于久负盛名的甲鱼、鳗鱼等。对儿童营养不良、妇女贫血、产后体虚、子宫下垂和胃痛、神经衰弱、冠心病、肺心病等，都有很好的疗效；对贫血患者、体质虚弱的人是很好的食疗补品。野鸡肉还有健脾养胃、增进食欲、止泻的功效。野鸡肉有祛痰补脑的特殊作用，能治咳痰和预防老年痴呆症，是野味中的名贵之品。野鸡中锶和钼的含量比普通鸡高 10％，还有防治癌症的作用。公山鸡的羽毛艳丽，具有观赏价值，标本可以提供给教学、科研和展览用，还可以作为高雅贵重的装饰品，还可以制成羽毛扇、羽毛画、玩具等工艺品。正是山鸡诸多的经济价值，成为节日馈赠亲友的上好佳品，因此成为历代的皇家贡品。

我国山鸡养殖从20世纪80年代中期崛起，经过20多年的发展，已进入产业化发展阶段，养殖的主要品种（表7-8）有中国环颈雉鸡（美国七彩雉鸡）、左家山鸡、黑化雉鸡、白雉鸡等。目前，我国各地山鸡养殖已告别炒种爆利时代，着力向规模化、区域化、专业化发展。近期从市场销售情况来看，全国雏山鸡价格3.0～5.5元/只，商品山鸡20～40元/千克，山地放养山鸡60元/千克。虽然各地行情有所不同，但与家鸡饲养成本却差异不大。

表7-8　几种常见山鸡品种情况

品种	主要外貌特征	年产蛋量（枚/只）	种蛋受精率（%）	受精蛋孵化率（%）	雄鸡蛋重（千克）
中国环颈雉鸡（美国七彩雉鸡）	体型较大，饱满，雄雉鸡头部眶上无白眉，白色颈环较细且不完全，在颈腹部有间断，胸部羽毛红褐色比较鲜艳。雌雉腹部羽毛灰白色，颜色较浅。	70～120	85	86	1.5～2.0
左家雉鸡	雄雉鸡眼眶上方有1对清晰的白眉，白色颈环较宽，不太光整，在颈腹部有间断，胸部羽毛红铜色，背部羽毛棕色，腰部蓝灰色；雌雉 鸡背部羽毛呈棕黄色或沙黄色，腹部羽毛呈灰白色。	平均62.1	88.5	87.6	1.7±
浅金黄色雉鸡	雄雉鸡头顶和额为灰黄色，裸露的面部皮肤和肉垂为鲜红色，眼睛为棕色，瞳孔为黑色，全身羽毛呈浅金黄色，雌雉鸡头顶和额部羽毛比身体的羽毛颜色稍暗，眼睛为棕色，瞳孔为黑色，全身羽毛为浅黄色。	40～50	86	86.5	1.4±

（四）贵妃鸡

主要外部特征与分布：贵妃鸡原产于英国，外貌奇特，体型娇小玲珑，袅娜多姿。鸡冠奇异，头上有一华丽毛冠，形如圆球状的大朵黑白花片羽毛束犹如西洋贵妃之帽，因而被英国皇室命名为“贵妃鸡”。贵妃鸡头戴凤冠，身披蓝黑间白花羽毛，三丛冠，脚上有距，五爪（脚内侧两爪较小），贵妃鸡长有胡髯遮盖部分眼睑，使人们只见到大而灵活的眼睛、小而短的喙，外露的大鼻孔，全身羽毛基色为黑色，白色飞花不规则地分布全身，但以头部、胸部较密集，具有观赏价值，当初专供宫廷玩赏和御用，并禁止民间饲养（图7-11）。

1990年引入我国，1993年全国推广饲养，2002年广东再次从英国引入饲养推广，并在广西、福建等地建立养殖基地。目前，山东、河南、河北等地也多有饲养。

图7-11　贵妃鸡

主要生活习性与繁殖特性：贵妃鸡遗传性稳定，其饲养方法与土鸡完全一样，可放养、笼养，每平方米养8只，其性情温和，抗逆性好，不易得鸡瘟，适合规模化和家庭饲养。体重一般1～1.5千克，种群公母比例为1∶5，养殖5个月开始产蛋，每只母鸡年产蛋170～180枚，蛋重约40克，种蛋受精率达90%，鸡苗成活率高、生长快，饲养3个月可上市，体重1.5千克左右，肉料比为1∶3.2。

经济价值与市场行情：贵妃鸡集观赏、美食、滋补于一体，野味浓，营养丰富，其肉质细嫩，油而不腻，美味可口，富含人体所需的17种氨基酸、10多种微量元素和多种维生素，特别是被称为抗癌之王的硒和锌的含量是普通禽类的3～5倍，是当代最为理想的食疗珍禽，被誉为“益智肉”、“美容肉”、“益寿肉”。各地口服液厂利用它的提取液制成高品质的保健品。既有土鸡的香滑，又有野鸡肉的结实，更有飞禽的野味，白切、红烧、煮汤不用放味精等佐料，仍非常鲜美，比在农贸市场、超市所卖的任何一种肉鸡都好吃，被广大消费者誉为“禽中极品”。

从1993年起至2000年，贵妃鸡市场极为走俏，市价24～30元/千克，上海、广东、广西、香港等市场年销量达1亿只之多。自2003年以来，贵妃鸡养殖业未能长足发展，主要原因是上市的贵妃鸡肉质疏松、淡而无味，有一股鱼腥味，与普通鸡毫无区别。这样必然将导致逐渐失去竞争力。因此，要使贵妃鸡养殖业快速发展，贵妃鸡养殖企业、养殖户必须改进养殖方法，采用自然放牧养殖法，让贵妃鸡自由活动，采食青草、虫子、砂粒，保持其独特的风味和口感。才能取得消费者信赖与认可，在市场竞争中才能站稳脚跟。从近期贵妃鸡市场销势来看，市价平稳，一般在3～50元/千克，生态放养有些地方在70元/千克以上。商品鸡货源偏紧。

（五）鸵鸟

主要外部特征与分布：鸵鸟，鸵鸟科，鸵鸟属。是世界上现存体型最大的草食性禽类，为鸵鸟科唯一的物种，是一种不能飞的鸟，也是世界上现存最大的鸟。全身有黑色的羽毛，头比例小，宽而扁平，颈长而灵活，裸露的头部、颈部及腿部通常呈淡粉红色。喙直而短，尖端为扁圆状。眼大，视力较好，具有很粗的黑色睫毛。脖子长约90厘米。两翼退化，翅羽的功能主要是用来平衡身体、冬季保暖、保护幼鸟及鸟蛋等。腿长约1米，足具2趾，由第3趾和第4趾演化而成，是目前世界上唯一的2趾鸟。雄鸟可以高达3米，最大体重可达160千克，雌鸟较小。雌鸟灰褐色，雄鸟的翼和尾部有白色羽毛（图7-12）。

图7-12 鸵 鸟

鸵鸟原产于非洲，曾广泛分布于欧亚大陆，在我国著名的北京人产地——周口店不仅发现过鸵鸟蛋化石，还发现有腿骨化石。

主要生活习性与繁殖特性：具有寿命长、繁殖力强、生长快、耐粗饲、耐干旱、抗病力强、适应性广等特性。鸵鸟喜群居，常结成5～50只一群生活。适应于沙漠荒原中生活，嗅听觉灵敏，鸵鸟不会飞，奔跑速度快，时速达80千米，最快时速达90千米。在沙漠中采集稀少而分散的食物相当有效率，都要归功于其奔跑的速度、长而灵活的颈子以及准确的啄食。鸵鸟属于杂食性动物，野生状态下主食草、叶、种子、嫩枝、多汁的植物、树根、带茎的花及果实等，也吃蜥、蛇、幼鸟、小哺乳动物和一些昆虫等小动物。人工饲养植物饲料有苜蓿、红三叶、柱花草、象草、皇草、甘薯藤、苦荬菜、胡萝卜、黑麦草、槐树叶等。配合饲料品种有玉米、小麦、豆粕、麸皮、进口鱼粉、苜蓿草粉、食盐、碳酸氢钙、贝壳粉、骨粉、蛋氨酸、赖氨酸、多种维生素、微量元素等。

鸵鸟在2～4岁达到性成熟。雌鸵鸟要比雄鸵鸟早6个月。野生鸵鸟虽然有一夫一妻制，但通常以一夫多妻制为主，多为1公2母。交配季节为每年三四月份到9月。

经济价值与市场行情：鸵鸟全身是宝，具有很高的经济价值。鸵鸟皮的拉力为牛皮的2～3倍，具有美观、轻软、透气、耐用、不易老化变硬和龟裂等优点，皮质优于鳄鱼皮及牛羊皮，其售价为牛皮的3～4倍，是世界上最名贵的皮革之一。鸵鸟肉蛋白质、脂肪和胆固醇的含量分别为25%、2%和0.05%，蛋白质含量较鸡肉、牛肉和鱼肉等高得多，并含有人体必需的21种氨基酸，而脂肪、胆固醇含量又大大低于上述肉类，加之肉质细嫩，味道鲜美，是可口的美味佳肴，被人们推为21世纪人类主要的、理想的肉食品。鸵鸟的羽毛柔软华丽，有很好的保暖性，可作高贵的服饰和头饰。鸵鸟的羽毛不带静电，可用于擦拭高级精密仪器和电脑。鸵鸟蛋营养丰富，含各种氨基酸、维生素和微量元素多达25种，其中人体必需的氨基酸、维生素和微量元素均高于鸡蛋的含量，而非必需的氨基酸又略低于鸡蛋中含量。经加工后的鸵鸟蛋，口感细嫩，味道鲜美，是人们理想的高级营养、保健补品。鸵鸟蛋是现存鸟类中最大、最重的蛋，一只母鸵鸟一年产蛋80～110枚，一枚蛋重达1.5千克，其壳坚硬，壁厚约0.2厘米，呈乳白色，具有象牙光泽，经精心雕刻，可制作高级工艺观赏品。此外，鸵鸟油渗透力强，皮肤很容易吸收，有较好的润肤美容作用，是上佳的化妆品原料。

国外鸵鸟养殖已有150多年的驯化历史。我国鸵鸟养殖业自20世纪80年代后期开始，在经过引种、繁殖的阶段后，现已初步实现了鸵鸟养殖规模化、集约化、产业化、标准化、商品化。在广东、陕西、甘肃、新疆、云南、四川、河北、北京、天津、福建等地近年来新建了一批鸵鸟养殖企业和鸵鸟专用的屠宰企业。鸵鸟肉被誉为21世纪的健康食品，但在占据世界主要消费市场的中东欧，也仅有很少的消费者了解鸵鸟肉的优点，我国了解鸵鸟产品的人则更少。我国鸵鸟养殖业现在还只是进入了育种、上规模的起步期，还没有发展为在有充足的商品鸟源条件下，通过建立鸵鸟屠宰加工厂、皮革加工厂等方式，引导鸵鸟养殖最终向产业化方向发展的阶段。

（六）孔雀

主要外部特征与分布：孔雀，雉科，孔雀属。因其能开屏被视为“百鸟之王”。雄性蓝孔雀羽毛翠绿，下背闪耀紫铜色光泽。孔雀开屏时羽毛绚丽多彩，羽支细长，犹如金绿色丝绒，其末端还具有众多由紫、蓝、黄、红等色构成的大型眼状斑，反射着光彩，好像无数面小镜子，光彩夺目。尾上覆羽特别发达，平时收拢在身后，伸展开来长约1米。雄鸟长约1.4米，雌鸟全长约1.1米。雌孔雀无尾屏，背面浓褐色，并泛着绿光，不如雄孔雀美丽（图7-13）。

图7-13　孔　雀

孔雀有绿孔雀和蓝孔雀两种。绿孔雀又名爪哇孔雀，分布在中国云南省南部，为中国国家一级保护动物。蓝孔雀又名印度孔雀，分布在印度和斯里兰卡。蓝孔雀还有两个突变形态：白孔雀和黑孔雀。人工养殖主要指蓝孔雀。

主要生活习性与繁殖特性：野生状态下，孔雀栖息于开阔低地的森林中，白天结群，夜间栖于高树上。喜欢栖息在海拔2 000米以下的河谷地带，也有生活在灌木丛、竹林、树林的开阔地。多见成双或小群居生活。孔雀平时走着觅食，爱吃黄泡、野梨等野果，也吃蘑菇、嫩草、树叶、谷物草籽、白蚁等其他昆虫。

蓝孔雀的性成熟期一般为22个月。人工饲养的条件下，采用增加光照的方法可使孔雀的性成熟提高到15月龄，开产时体重接近或等于成年体重，约为6千克。春天是孔雀产卵繁殖后代的季节。每年2月中旬进入繁殖期，雄孔雀就展开它那五彩缤纷、色泽艳丽的尾屏，还不停地做出各种各样优美的舞蹈动作，向雌孔雀炫耀自己的美丽，以此吸引雌孔雀。待到它求偶成功之后，便与雌孔雀一起产卵育雏。生殖季节每只雄孔雀配2～5只雌孔雀。产蛋期一般是每年的4～8月份。每窝下蛋4～8枚，产于地面低洼处。产蛋前2小时雌孔雀很不安静，沿栏舍边来回走动。年产蛋30枚左右，平均蛋重约110克，大小为55毫米×67毫米。蛋壳呈褐色，有的偏白色，蛋形呈纺锤形。如采用人工授精技术和加强雌雀营养，则可大大提高受精率和孵化率。蓝孔雀生长速度很快，一只蓝孔雀10个月就能长5千克，蓝孔雀虽原产湿热地区，但也能在北方冬季生存。

孔雀食性较杂，抗病性较强。孔雀的饲料来源广泛，但食量较少，因而要求饲料全价，一般成年孔雀日粮量为100～150克，即可满足各种机体需要。蛋白质饲料中主要植物性饲料有大豆、豆饼、芝麻饼、花生饼、菜籽饼、棉籽饼和葵花籽饼等。蛋白质饲料中动物性饲料主要有鱼粉、骨肉粉、鸡蛋、蚕蛹、羽毛粉、血粉等。能量饲料主要有大麦、小麦、玉米、高粱和稻谷等，矿物质饲料主要有骨粉、沸石粉、贝壳粉和盐等。青绿饲料主要有：野菜、青菜、牧草等。添加剂主要包括矿物质、氨基酸、多维等，但应根据孔雀的不同饲养阶段和孔雀不同种群，在饲养时进行不同配比。

经济价值与市场行情：孔雀在古代因是世间罕有的滋补奇品，只有地位显赫的王侯将相才有机会享用。其肉质细嫩、野味浓郁、味美可口。现代科学技术也证明，孔雀肉含有高蛋白、低能量、低脂肪（仅含1%）、低胆固醇，可作为高档珍馐。含有人体所需的18种氨基酸，蛋白质含量高达到23.2%，远高于一般家禽。其肉质营养成分接近联合国粮农组织及世界卫生组织推荐的理想营养结构。能够达到“极瘦”型食用肉类的标准。随着养殖规模的扩大，蓝孔雀必将成为百姓餐桌上不可缺少的美味佳肴。孔雀浑身是宝，具有巨大的药用价值。我国宋代的《新修本草》将孔雀作为药物正式入药。《本草纲目》中盛赞“孔雀辟恶，能解大毒、中毒、药毒。服食孔雀后，服药必不效，为其解毒也”。除此之外，孔雀羽毛是高档装饰品，还是制作工艺品的材料，有特殊的观赏价值，具有广泛的用途。

我国饲养蓝孔雀始于 1987 年，到 2003 年时，全国有大中型孔雀养殖企业 50 家左右，主要分布在广东、福建、云南、上海、山东、北京、东北等地，存栏总量 10 万只左右。近几年来，我国孔雀养殖业发展很快。目前，商品孔雀市销价一般在 60 元/千克以上。消费对象主要是宾馆、饭店、农家乐、旅游景点等，尚未进入百姓餐桌。饲养孔雀一年生长体重为 4～6 千克，饲养成本每只一般 60～80 元。如将公孔雀做成标本，则现价为每只 3 000～5 000 元。

（七）绿壳蛋鸡

主要外部特征与分布：绿壳蛋鸡，雉科，原鸡属。又名五黑鸡、包黑鸡、黑乌鸡，是天然黑色药用滋补珍禽。其特征是所产蛋绿色，集天然黑色食品和绿色食品为一体，是世界罕见的极品。其显著特征为“五黑一绿”，羽毛全黑、乌皮、乌骨、乌肉、乌内脏均为黑色。公鸡雄健，单冠直立，暗紫色，冠齿 7～8 个，耳叶紫红色，颈羽、尾羽泛绿光且上翘，体重 1.5～2 千克。母鸡羽毛紧凑，冠齿 5～6 个，大部分耳叶呈浅绿色，肉垂深而薄，羽毛片状，成年母鸡体重 1.2～1.5 千克（图 7-14）。

图 7-14 绿壳蛋鸡

绿壳蛋鸡为我国稀有幸存的珍稀禽种。原种主要分布在四川、湖南、河南南阳和三门峡的伏牛山区、湖北丹江口、甘肃成县和庆阳、江西东乡等地的偏远山区和农村。培育的绿壳蛋鸡主要分布在河南、江西、湖北、江苏、山西、河北等地的蛋鸡饲养区。

主要生活习性与繁殖特性：绿壳蛋鸡性情温和，喜群居，抗病力强，适应性广，全国各地均可饲养。绿壳蛋鸡主食五谷杂粮，喜食青草、青菜、嫩树叶。该鸡种具有明显高于普通家鸡抗御环境变化的能力，南北均可养殖。可利用闲房、仓库饲养，也可在果园、山坡放养。母鸡年产蛋 160～190 枚，孵化率、成活率可达 90%。

经济价值与市场行情：绿壳蛋鸡完全具备黑凤乌鸡的五黑特点，含有大量有极高滋补保健价值的黑色素及人体所需的 17 种氨基酸，其中有人体不可缺少的多种维生素和抗癌元素硒、铁等矿物质。鸡肉肉质细嫩、鲜美，口感极好，营养丰富，是上等滋补佳品，具有滋阴补肾、生血补气、强身健脑、调经止带等功效，被誉为“药鸡”。据明代李时珍《本草纲目》中的历史记载：“五黑鸡对慢性营养不良型水肿、肝炎、胃炎、十二指肠溃疡、宫颈炎、赤白带、产后虚弱、风湿性关节炎、哮喘及脑神经痛等疾病有显著疗效”。绿壳蛋鸡的鸡蛋含有大量的卵磷脂、维生素A、维生素B、维生素E和赖氨酸，微量元素硒、碘、铁、锌的含量比普通鸡蛋高5～10倍，属于高维生素、高微量元素、高氨基酸、低胆固醇、低脂肪的理想天然保健食品，被誉为“鸡蛋中的人参”，是第一个获得前卫生部批准的蛋类保健食品，也是第一个经中国绿色食品发展中心认可的蛋类绿色食品。

绿壳蛋鸡由于具有特殊的药用价值，且吃乌鸡的习惯几乎遍布全国城乡。目前绿壳蛋绝大部分地区还属空白，市场上还很难找到，只有北京、上海、广州、海南等大中城市的超市上偶有所见，数量极少，价格40元/千克，且多是有价无货。日本人、韩国人也以吃绿壳蛋为荣。我国有13亿人口，98%的中国人都吃蛋，营养丰富、药食兼用的绿壳鸡蛋必将有广阔的市场前景。

绿壳蛋鸡我国始于1986年饲养推广，至2002年底全国存栏饲养量已接近100万只。2003—2005年受到“非典”和禽流感的影响，市场热销势头回落，商品鸡由30元/千克下跌到8～12元/千克，商品蛋滞销。自2006年开始逐步回温，湖南、山西、江苏、山东等地把绿壳蛋鸡作为一种独特的土鸡进行规模化饲养，特别是许多地方政府，为促进农村产业结构调整，大力发展特色经济，把绿壳蛋鸡作为地方的拳头产业来抓，使绿壳蛋鸡产业初具规模，从而促进了我国绿壳蛋鸡养殖业跨越式的发展。

（八）绿头野鸭

主要外部特征与分布：绿头野鸭，鸭科，河鸭属。别名野鹜、大绿头、大红腿鸭。其因雄鸭头颈暗绿色带金属光泽而得名。雄鸭嘴黄绿色，脚橙黄色，头和颈呈绿色金属光泽，颈部有一明显的白色领环。上体黑褐色，腰和尾上覆羽黑色，两对中央尾羽亦为黑色，且向上卷曲成钩状，外侧尾羽灰褐色，具白色羽缘。胸栗色。两翅灰褐色，翼镜呈金属紫蓝色，其前后缘各有一条绒黑色窄纹和白色宽边。雄鸭

图7-15　绿头野鸭

体型较大，体长55～62厘米，体重1.2～1.4千克。雌鸭嘴黑褐色，头顶至枕部黑色，具棕黄色羽缘，脚橙黄色，两翅似雄鸟，具紫蓝色翼镜及翼镜前后缘宽阔的白边等特征。成年雌鸭体长50～56厘米，体重1千克左右（图7-15）。

除亚洲有分布外，还见于欧洲、北非、北美（中美洲）。我国多有分布，养殖区域主要分布于广东、福建、四川、贵州、江苏、安徽等地。

主要生活习性与繁殖特性：绿头野鸭依然保留着野生绿头鸭成群飞行和群居的特性，喜欢集群生活。夏季以小群方式生活，迁徙和越冬期间，常集成数十、数百甚至上千只的大群栖息。绿头鸭主要栖息于水生植物丰富的湖泊、河流、池塘、沼泽等水域中；冬季和迁徙期间也出现于开阔的湖泊、水库、江河、沙洲和海岸附近沼泽和草地。鸭脚趾间有蹼，但很少潜水，游泳时尾露出水面，善于在水中觅食、戏水和求偶交配。野生绿头鸭翅膀强健，飞翔能力强。在70日龄后，翅膀长大，飞羽长齐，形成翅膀，长而有力，不仅能从陆地飞，还能从水面直接飞起，飞翔较远，可飞行5千至1万米。绿头野鸭神经敏感，反应迅速，对气温要求趋暖避暑，但它性急胆小，容易受惊扰而互相挤压践踏，影响产蛋，甚至造成伤残。

绿头鸭属于杂食性动物。主要以野生植物的叶、芽、茎、种子以及苔藓、浮萍、嫩绿蔬菜、青草等植物性食物为食，也吃软体动物、甲壳类、水生昆虫等动物性食物，秋季迁徙和越冬期间也常到收割后的农田觅食散落在地上的谷物。人工饲养环境下喜食较硬、粒性好的全价饲料。

绿头野鸭性成熟早，繁殖力强，145天即可开始产蛋，全年产蛋期长达9个月。在我国南方地区，春孵的绿头野鸭，在当年10月产蛋，冬季不休产，可连续产蛋到第2年6月末才结束，年产蛋可达120～150枚，蛋重48.5～50克，蛋长径约5.7厘米、短径约4.2厘米，种蛋受精率在90%以上。受精蛋孵化率达80%～85%，孵化期27～28天。

经济价值与市场行情：绿头野鸭肉质鲜嫩，富含营养，胸腿肌肉丰富，肌纤维细，清香滑嫩，野香味浓，特别是没有家鸭那样令人不愉快的腥臊味。普遍认为绿头野鸭加工成食品后味道鲜美，而且具有良好的滋补药用价值，一年四季均可食用。经测定，12周龄的美国绿头野鸭屠宰率为90%，全净膛率达80%，每百克可食部分中含蛋白质21克、脂肪4.3克，且富含各种必需氨基酸。

20世纪80年代开始，我国先后以德国和美国引进数批绿头野鸭，进行繁殖、饲养、推广，成为我国各地开发特禽养殖的新项目。近年来，在广州、南昌、上海、南京、北京、成都等地都已形成了绿头野鸭的繁殖生产基地。随着市场的经营扩展以及人们进一步对绿头野鸭的接受，绿头野鸭不仅在国内市场包括港澳地区大有销路，而且是日本、西欧等国际市场消费的一个新热点，深受国内外市场欢迎，其售价是一般肉鸭的3.5倍。开发绿头野鸭养殖是发展高产、优质、高效养禽业的新途径。

四、药用动物养殖

我国中医药中华民族的宝贵财富，为中华民族的繁衍昌盛做出了巨大贡献。传统医学的治疗理念正逐渐为世界所接受，传统医药受到国际社会越来越多的关注，世界范围内对中医药的需求日益增长，这为中医药的发展提供了广阔的空间。动物类药材在中医药中占有越来越重要的地位，因此动物类药材销量和价格呈逐年上升态势。中国动物种类资源也很丰富，药用动物来源非常广泛。中国现有药用动物11门、33纲、141目、414科、879属、1 574种和种下等级（不含亚种）。其中陆栖动物329科、720属、1 295种，海洋动物85科、141属、275种。现按约翰逊系统（1 977）分门统计。药用动物11个门中，脊椎动物占有较大优势，包含了约62%的药用种；无脊椎类共有10门、199科、362属、606种。这里主要介绍几个常见品种。

（一）蛤蚧

主要外部特征与分布：蛤蚧，壁虎科，壁虎属。别名蛤蚧、仙蟾、多格、哈蟹、蛤蚧蛇。体长大约12～16厘米，尾长10～14厘米，体重50～100克。外貌与一般壁虎相似，背腹面略扁，头较大，呈扁平的三角形，像蛤蟆的头，眼大而突出，位于头部的两侧；口也大，上下颌有很多细小的牙齿。颈部短而粗。皮肤粗糙，全身密生粒状细鳞，背部有明显的颗粒状疣粒分布在鳞片之间。体色变异较大，基色主要有黑、褐、灰、蓝、青等颜色，头部、背部着有黑、褐、灰、蓝、青等颜色的横条纹，身体上散布有横行排列的白色、灰白色或灰色的斑点。尾巴较圆而长，头体长与尾长略相等或尾略长，基部较粗，容易折断，能再生。四肢不很发达，仅能爬行。指（趾）膨大，底部有单行褶皱皮瓣，能吸附墙壁（图7-16）。

图7-16 蛤 蚧

国外分布于西起孟加拉，向东到印度各国，南到印度尼西亚、菲律宾等地方。我国分布于广东、广西、河南、香港、福建及云南，台湾省有记录。

主要生活习性与繁殖特性：栖息在山岩或荒野的岩石缝隙、石洞或树洞内，有时也在住宅的屋檐、墙壁附近活动。听力较强，白天视力较差，怕强光刺激。夜间出来活动和觅食，瞳孔可以扩大4倍左右，视力增强。

蛤蚧的食物以各种活动的昆虫为主，包括蝼蛄、蚱蜢、飞蛾、蟑螂、黄粉虫和蚕蛾等。

大壁虎一般在5～6月间发情交配。大壁虎的繁殖期为5～8月，以6～7月产卵最多。每次产2枚卵，白色，外面有革质鞘，比鸽子的卵略小，呈圆形，卵重5～7克，可以黏附在岩洞的墙壁或岩石面上，孵化期为35～45天，有时需要更长的时间。

经济价值与市场行情：蛤蚧的干制品是驰名中外的名贵药材，也是配制蛤蚧精、蛤蚧酒、蛤蚧大补丸等中成药的主要原料。蛤蚧具有补肾、温肺、壮阳、止喘咳之功能，可治疗神经衰弱、肺结核、老人虚弱性喘咳、心脏性喘咳、面浮身肿等疾病。

蛤蚧各地市场价格有差异，目前每对一般为12～20元，体长越长，价格越高。

（二）穿山甲

主要外部特征与分布：穿山甲，穿山甲科，穿山甲属。是国家二类珍稀保护动物，严禁捕杀。体形狭长，全身披覆瓦状角鳞片，头细呈圆锥状，吻尖，眼小，舌长，无齿，耳不发达，视觉基本退化，嗅觉灵敏。四肢精短，前肢长于后肢，足具5趾，中间趾爪特别粗长，趾（指）爪强健有力，为挖掘的强劲工具。全身的鳞片间杂有数根刚毛，颜面从下颌开始，过胸腹直尾基以及四肢内侧无鳞而着生稀毛。鳞片呈黑褐色。成体身长50～100厘米，尾长10～30厘米。体重1.5～3千克（图7-17）。

图7-17　穿山甲

穿山甲分布在非洲和亚洲各地。亚洲地区主要分布在中国、泰国、印尼、菲律宾、越南、老挝、柬埔寨、马来西亚、印度。我国主要分布于湖南、江苏、浙江、安徽、江西、贵州、四川、云南、福建、广东、广西、海南以及台湾中低海拔之山麓至海拔1 000米左右的山区等。

主要生活习性与繁殖特性：野生状态下生长于热带及亚热带地区。一般多栖息于山麓、丘陵或灌丛杂树林、草莽、小石混杂泥地等较潮湿的地方。挖洞居住，多筑洞于泥土地带。洞道较长，末端有巢。白昼常匿居洞中，并用泥土堵塞。晚间多出外觅食，行动活跃，能爬树。遇敌或受惊时常蜷成球状。

食物以白蚁为主，兼食黑蚁及蚁的幼虫、蜜蜂、胡蜂等其他昆虫幼虫及人工混合饲料。

穿山甲每年繁殖一次，发情期为4～5月份，发情周期12～25天，发情期雌雄同居，交配后便分开。妊娠期5～6个月。12月至翌年的1月产仔，每年1胎，每胎1～2仔。在人工饲养条件下，2年时间可产3胎。初生仔穿山甲体重为90～130克。2个月后可随母穿山甲外出觅食。6个月仔兽体重可达1.5～2千克，可离开母兽独立生活。

经济价值与市场行情：穿山甲是一种珍稀药用动物。穿山甲有较高的药用价值，李时珍在《本草纲目》上就有记载："鳞可治恶疮、疯症、通经、利乳"。它的肉和鳞片都可入药。有多种疾病的治疗都有穿山甲的应用，主要有乳糜尿、肺痈、毒蛇毒虫咬伤、输卵管堵塞性不孕症、结节性红斑、子宫肌瘤、皮肤疣、硬皮病、泌尿系结石、小儿疳症、卵巢肿瘤、乳腺增生、前列腺肥大、前列腺炎、出血、上消化道溃疡、男子不育、寻常疣、银屑病、声带疾病、扁平疣、颈椎病、腮腺炎、中晚期肝癌、早期肝硬化、冠心病心绞痛、乳腺炎、慢性咽炎、慢性结肠炎等。其肉细嫩鲜美，含有17种氨基酸，锌、铁、钙、钾等18种无机元素，其中与人体智力发育有关的锌元素含量最高，是世界各国产地美味佳肴。其皮可用于制造皮鞋、皮靴等。

由于只销不养、滥捕等原因，近年来收购量急剧下降，大部分依赖进口，价格不断上涨，其成交价由几年前的200元/千克，暴涨到现在1 400～2000元/千克。为满足药用需要和保护资源，在有条件山区开展人工养殖，是解决供求矛盾的良好途径。

（三）水蛭

主要外部特征与分布：水蛭，水蛭科。俗名蚂蟥、马鳖，在内陆淡水水域内生长繁殖，是我国传统的特种药用水生动物。体长稍扁，乍视之似圆柱形，体长2～15厘米，宽2毫米～1.5厘米。背面绿中带黑，有5条黄色纵线，腹面平坦，灰绿色，无杂色斑，整体环纹显著，体节由5环组成，每环宽度相似。眼10个，呈∩形排列，口内有3

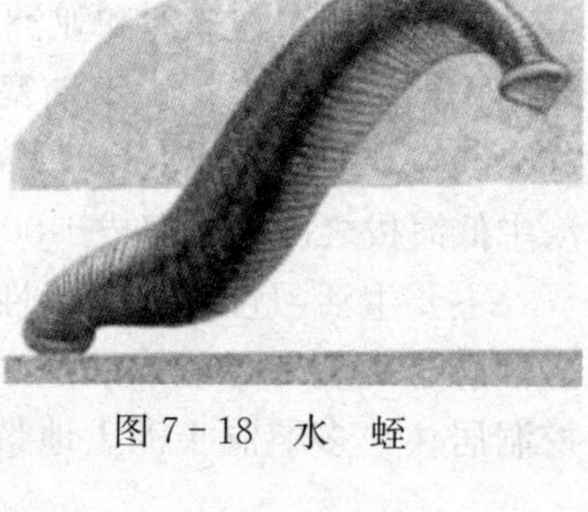

图7-18 水 蛭

个半圆形的颚片围成一Y形，当吸着动物体时，用此颚片向皮肤钻进，吸取血液，由咽经食道而贮存于整个消化道和盲囊中。身体各节均有排泄孔，开口于腹侧。雌雄生殖孔相距4环，各开口于环与环之间。前吸盘较易见，后吸盘更显著，吸附力也强。其运动方式是先用前吸盘固定，后吸盘松开，如此交替前进，行进速度较快（图7-18）。

水蛭世界上有500多种，分布区域较广，在世界各地均有分布，我国发现的有93种。

主要生活习性与繁殖特性：水蛭多数生活在水中，也有生活在山林温湿地区的陆生和两栖种类，以吸取动物血液为生的称为吸血水蛭。少数掠食性和腐食性肉食水蛭并不吸血，而以蚯蚓、田螺和昆虫为主。许多种蚂蟥以脊椎动物或无脊椎动物的血液为生。有的或多或少是固定生活于一个动物的个体上，接近于体外寄生虫；有的只是一时性的侵袭一下寄主，吸饱血液后掉下来；但也有属于普通的掠食性或腐蚀性的。

水蛭繁殖快，再生力强，雌雄同体，异体受精，受精卵直接在茧内生育。一般在5月下旬开始至9月下旬为产卵期。人工饲养的水蛭，卵茧产于饲养池平台水边的泥土中，呈卵圆形，每条水蛭一次产茧4个左右，茧产出后16～25天孵化出幼蛭，每个茧内可出13～35条幼蛭。幼蛭呈茶黄色，生长迅速，孵化后1个月内平均增长2厘长以上。如池内饵料丰富，饲养密度合适，水质环境较好，到9～10月即可长为成蛭。

经济价值与市场行情：水蛭含有水蛭素，能延缓和阻碍血液凝固，从而有抗凝血作用。其干制品炮制后中医入药，具有治疗中风、高血压、清瘀、闭经、跌打损伤等功效。《本草纲目》中记载主要用来治疗跌打损伤，漏血不止以及产后血晕等症。近年新发现水蛭制剂在血痊病、血管病、瘀血不通、无名肿毒、淋巴结核等症医治以及抗癌方面具有显著疗效。

水蛭在历史上以自然捕捞为主，随着化肥、农药的广泛使用，加上近年来对蚂蟥的掠夺性捕捉，使野生蚂蟥资源日益减少，远远不能满足入药需要。由于货源奇缺，现在不少地方开展人工养殖。

水蛭属于高产、高效益水产养殖品种，如果早春期间投放种蛭，每亩水面放养密度以20千克为好，秋季一般可收700～1 000千克鲜水蛭。

（四）蝎子

主要外部特征与分布：蝎子，钳蝎科，问荆属。典型的特征包括瘦长的身体、螯、弯曲分段且带有毒刺的尾巴。成蝎外形好似琵琶，全身表面都是高度几丁质的硬皮，身体分节明显，由头胸部及腹部组成，体黄褐色，腹面及附肢颜色较淡。成蝎体长 5～6 厘米，蝎子雌雄异体，外形略有差异。蝎子没有耳朵，几乎所有的行动都是依靠身体表面十分敏感的感觉毛（图 7－19）。

图 7－19　蝎　子

世界上的蝎子超过 1 000 种，我国的蝎子有 10 多种，主要为东亚钳蝎。主要分布于山东、河北、河南、陕西、湖北、山西等地。

主要生活习性与繁殖特性：蝎大多生活于片状岩杂以泥土的山坡、不干不湿、植被稀疏、有些草和灌木的地方。它们居住在天然的缝隙或洞穴内，自身也能用前 3 对步足挖洞。东亚钳蝎一般在 11 月上旬入蛰，翌年 4 月中下旬出蛰。全年活动期 6 个多月。蝎子属于昼伏夜出的动物，喜潮怕干，喜暗惧怕强光刺激，比较耐寒和耐热。

蝎为肉食性动物，取食无脊椎动物，如蜘蛛、蟋蟀、小蜈蚣、多种昆虫的幼虫等。个别种类会少量摄取植物性饲料。

蝎有求偶行为。东亚钳蝎雄性多在 6～7 月间寻找雌性完成交配。雄蝎体内只有两根精棒，一生只能交配两次。雌蝎交配 1 次，可连续生育 4 年，直到寿命结束。蝎子为卵胎生，受精卵在母体内完成胚胎发育。雌蝎可从生殖孔娩出仔蝎。气温在 30～38℃之间产仔，每胎产 20～50 只幼蝎。

经济价值与市场行情：蝎子有较高的药用价值和食用价值。现在全蝎入药的中西药 150 余种，能够治疗高血压病、动脉硬化引起的头痛，治血栓闭塞性脉管炎、淋巴结核、骨关节结核，治疗小儿惊风、癫痫、耳聋、耳鸣、咳喘、中风、口眼歪斜、半身不遂后遗症、乙型脑炎、抽搐、治皮肤湿疹等。随医学的发展，蝎毒的作用被广泛认识，蝎毒比黄金还贵，每千克约 15 万元。蝎毒具有祛风、解毒、止痛、通络的功效，对食道癌、肝癌、结肠癌等有一定疗效。蝎子营养价值丰富，是重要的滋补保健品。蝎子酒、蝎子罐头、速冻全蝎、蝎粉保健品相继问世，“油炸全蝎”出现在许多宴席上。

多年来，蝎子市场供给多依赖野生捕捉，但随着化肥、农药的大量使用，野生蝎子生态环境受到破坏，自然种群数量急剧减少，人工养蝎成为必然选择。20 世纪 50 年代初期，我国就开始了人工养蝎的试验研究工作，并取得了可喜的进展，20 世纪 80 年代以后进入快速发展时期，在山东、江苏、浙江等省还先后出现了一大批养蝎专业户，率先奔上了小康的道路。

（五）药用蛇

主要外部特征与分布：药用蛇，有鳞目，蛇亚目。所有蛇类都是肉食性动物。身体细长，四肢退化，无可活动的眼睑，无耳孔，身体表面覆盖有鳞。部分有毒，但大多数无毒。在全世界有 2 500 多种蛇，其中毒蛇约 650 种。我国有 200 多种蛇，其中毒蛇约 51 种（图 7－20）。

图 7－20　药用蛇

主要分布在南部和西南各省，尤其以广东、广西、海南等省、自治区最多。

主要生活习性与繁殖特性：蛇类有换皮的习性，一般被称为“蜕皮”。一条年纪较大的蛇每年平均只进行 1～2 次的蜕皮，而一条成长中的幼蛇一年可能会进行 4 次蜕皮。有冬眠的习性，到了冬天盘踞在洞中睡觉，一睡就是几个月，不吃不喝，一动不动地保持体力。待到春暖花开，蛇就醒了，开始外出觅食。

大部分是陆生，也有半树栖、半水栖和水栖的。蛇类喜居荫蔽、潮湿、人迹罕至、杂草丛生、树木繁茂、有枯木树洞或乱石成堆、具柴垛草堆和古埂土墙，且饵料丰富的环境，这些都是它们栖居、出没、繁衍的场所，也有的蛇栖居水中。以鼠、蛙、昆虫等为食。

蛇类的产卵期一般在 4 月下旬到 6 月上中旬，因品种而异。所产蛇卵一般黏结成一个大的卵块，卵块中卵的数量为 8～15 枚不等。

经济价值与市场行情：蛇全身是宝。蛇毒可以用作镇痛、降低血压、止血或抗凝，治疗脑血栓及脉管炎，治疗胃、十二指肠溃疡、抗癌，还用在戒毒和军事领域。蛇胆具有清热解毒、化风祛痰、疗疳杀虫、清热明目之功效。用于治疗大风疾病、木舌胀塞、痰速心窍、风热发狂、眼雾不明、痔疮红肿、皮肤热毒、小儿肺炎、百日咳、支气管炎、咳嗽痰喘等多种疾病，疗效较佳。还可炮制蛇胆酒，长期饮用，能平喘润肺、止咳化痰。蛇鞭含有雄性激素、蛋白质等成分。据测定，蛇鞭含有的补肾物质要比鹿鞭高出 10%，比海狗肾、狗肾高出 30%以上。蛇骨入药在《本草纲目》中早有记载：“赤链蛇骨主治久疟、劳疟”。蛇油中含有人体必需的不饱和脂肪酸、亚油酸、亚麻酸等，尤以亚麻酸的含量特别高，可软化血管。蛇血清中含有细胞毒，可以杀死多种细菌，还可以减轻风湿性关节炎、关节变形的症状。鲜蛇肉入药，可保留较多的生物活性物质，药性胜于蛇干制品。

由于国家严禁捕杀野生蛇，人工养蛇规模与需求仍有偏差，有些品种产量有限，价格持续走高。目前饲养的蛇主要有金环蛇、银环蛇、乌梢蛇、眼镜蛇、眼镜王蛇、大王蛇、尖吻蝮、蝮蛇、蕲蛇等。

五、昆虫养殖

昆虫作为动物界的特殊类群，一直引起人们的极大关注，最为人熟知的是作为农作物和卫生害虫直接或间接地威胁人类的生存和健康。随着科学的发展，人类对昆虫的认识和研究不断加深，既看到了昆虫对人类有害的一面，也看到了昆虫对人类有利的一面，丰富的营养和一些特殊的药理作用使昆虫成为了人类生活中不可缺少的食物资源。现代科技的进步，特别是昆虫学、营养学、药理学及生物技术等领域的发展，为人类开发利用食用药用昆虫资源提供了科学的依据。人类最初食用昆虫的基本目的就是为了减轻害虫对农作物的危害。昆虫作为食品，在全世界人民生活中相当普遍，据不完全统计，全世界可食用的昆虫达 3 600 多种，其中鳞翅目昆虫 1 560 种、直翅目昆虫 730 种、鞘翅目昆虫 495 种，其他目昆虫 300 余种。

中华饮食文化是世界文明的瑰宝。我国人民食虫的历史可追溯到 3 000 多年以前，食用的昆虫种类以蚂蚁、蝉为主。据《周礼·天官》中记载，民间将蚂蚁卵、幼虫加工成蚁卵酱供帝王祭祀和食用。北魏《齐民要术》中就有以蝉的脯内做菜的记载等，而且食虫的传统一直延续到今天，我国可食用的昆虫有 100 余种。并在各地、各民族间形成了吃特色虫的传统和习俗。在国内一些大型昆虫和植保学术会议上，也经常可见昆虫菜出现在餐桌上。由此可见，在幅员辽阔、多民族的中国，食虫已经或正在形成一种民族和区域食虫文化。同时，现代人逐渐开始认识到昆虫作为人类未来的食品是一种宝贵的自然资源。

昆虫物种丰富、资源数量大的特征，为昆虫资源利用奠定了物质基础。人类社会在生存、发展、进化的过程中，将野生动物驯化成家禽和家畜，满足了人类对蛋白质的需求，同样人类也可以培育昆虫作为一种新的蛋白质资源。

昆虫资源在国民经济建设中是前景广阔的、可持续发展的产业化资源。随着现代科学技术的迅猛发展和人们对昆虫的认识与利用程度的加深，资源昆虫利用的注意力将不再是传统的资源昆虫产业，而将从静态的利用进入动态和综合利用，研究利用的范畴将愈来愈广泛。同时，随着市场经济的发展，昆虫资源的开发利用已快步进入国民经济新的产业行列，产业项目将逐渐增加，有些将成为我国国民经济建设中新的经济增长点。

(一) 黄粉虫

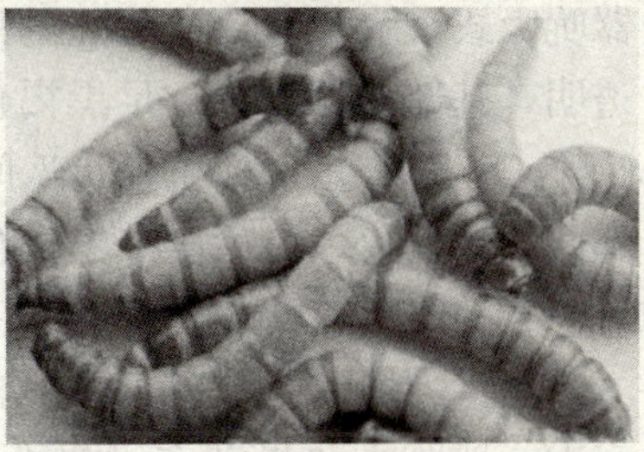
图 7-21　黄粉虫

主要外部特征与分布：黄粉虫，拟步行虫科，粉甲虫属。又称黄粉甲、面包虫。黄粉虫一生（指一个生长周期），分为卵、幼虫、蛹、成虫四个阶段。卵乳白色，很小，长1～2毫米，直径为0.5毫米，呈椭圆形。幼虫黄色有光泽，长35毫米，宽约3毫米，呈圆筒形。蛹幼虫长到50天后，长约2～3厘米，开始化蛹。成虫蛹在25℃以上经过1周后蜕皮为成虫（图7-21）。

黄粉虫原产北美洲，我国于20世纪50年代由北京动物园从前苏联引进饲养，后流于民间。

主要生活习性与繁殖特性：黄粉虫分为卵—幼虫—蛹—成虫几个生长发育阶段。生性好动，昼夜都有活动现象。适宜的繁殖温度为20～30℃。在28～30℃下卵期3～6天，幼虫期100天，蛹期6天，卵发育至成虫只需110天。湿度对其繁殖影响也很大，相对湿度以60%～70%为适宜。喜群居，性喜暗光，黄昏后活动较盛。

黄粉虫主要饲料为麦麸、动物蛋白、菜叶、辅助添加剂等。

经济价值与市场行情：黄粉虫干品含脂肪30%，含蛋白质高达50%以上，此外，还含有磷、钾、铁、钠、铝等常量元素和多种微量元素。因干燥的黄粉虫幼虫蛋白质含量高，被誉为“蛋白质饲料宝库”。据有关报道估计，在21世纪初，昆虫将成为仅次于微生物菌体、单细胞生物之后的第三大蛋白质来源。近几十年来，人们将黄粉虫作为珍禽、蝎子、蜈蚣、蛤蚧、蛇、鳖、牛蛙、热带鱼和金鱼等经济动物的饲料。

黄粉虫因投资低、易饲养、见效快发展迅速。近年来，产量及出口额逐年上升。从2003年出现专业化养殖，到2009年全国黄粉虫养殖户达到万余户，年产量突破万吨。据一亩田农产品商务平台2014年10月20日资料显示，全国黄粉虫价格为29.22元/千克。据养殖户核算，当前养500克黄粉虫需喂1.5～2千克麸子，1.5千克左右青菜，可以根据当地情况测算出成本。

(二) 蝇蛆

主要外部特征与分布：蝇蛆，麻蝇科，家蝇属。成蝇体长5～8毫米，眼红褐色。雄蝇两眼距离近，雌蝇两眼距离相对较远。触角芒的上下侧有较长的纤毛，口器吮吸式。胸背有4条明显的黑色纵纹。翅透明，基部稍带黄色。足黑褐色，末端有爪1对，扁的扑垫1对和刺状爪间突1个。腹部两侧带黄色，最后腹节黑褐色，腹背中央有一直的暗黑纵纹（图7-22）。

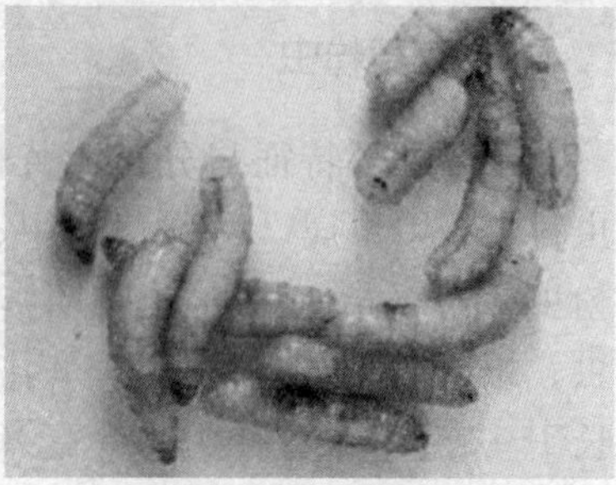
图7-22　蝇　蛆

全世界蝇蛆已知有1万多种。中国幅员广大，地跨古北界和东洋界两大动物区系，蝇类的种类极其繁多，已报道的就有1 500多种。

主要生活习性与繁殖特性：成蝇一般喜欢白天在室外活动，偶尔飞入室内，善飞行。夜间多栖息于树上或室内天花板上，气温低时喜群集在温暖的地方。蝇类喜食甜的瓜果、植物汁液、发酵产物，更贪食新鲜人畜粪便及腥臭物质；幼虫主要孳生在人畜粪便堆、垃圾、腐败物质中，取食粪便及腐烂物质，也有的生活于腐败动物尸体中。幼虫老熟后潜入茅厕及粪坑附近的土表下化蛹，以蛹越冬，越冬蛹在土中深度可达10厘米左右。

其生活史包括卵、幼虫（蝇蛆）、蛹、成虫（苍蝇）四个阶段，共需12～15天。成蝇6～8月为盛发期，苍蝇性成熟后6～8日龄为产卵高峰期，以后逐日下降，到15日龄失去繁殖力。雌蝇一生的产卵期为12天，可产卵1 500粒。多数蝇种类宜在气温25～30℃生产繁殖，12℃以下则停止发育，不交配产卵。

育蛆原料：主要有鲜猪粪、麦麸、花生渣等。

经济价值与市场行情：蝇蛆是优质动物性蛋白质饲料。蝇蛆的营养成分与优质鱼粉相似，蝇蛆含粗蛋白55%～65%、脂肪2.6%～12%，无论是原物质或是干粉、蝇蛆的粗蛋白含量都与鲜鱼、鱼粉及肉骨粉相近或略高，蝇蛆的营养成分较全面，含有动物所需要的17种氨基酸，且每种氨基酸的含量均高于鱼粉，必需氨基酸和蛋氨酸含量分别是鱼粉的2.3倍和2.7倍，赖氨酸含量是鱼粉的2.6倍。蝇蛆原物质和干粉中的必需氨基酸总量分别为44.09%和43.83%，均超过联合国粮农组织和世界卫生组织提出的值40%，必需氨基酸和非必需氨基酸总量值分别为0.79和0.78，均超过联合国粮农组织和世界卫生组织提出的值0.6。同时，蝇蛆还含有多种生命活动所需要的微量元素，如铁、锌、锰、磷、钴、铬、镍、硼、钾、钙、镁、铜、硒、锗等。是蛙类、鸟类、鱼类、家庭宠物等很好的营养型饲料。动物经常食用可以促进身体强壮、皮毛鲜艳、快速增长增重，提高免疫力。

家蝇的工厂化饲养和开发始于20世纪80年代初，在90年代进入高速发展时期，现在正进入产业化发展时期，蝇蛆养殖与利用再度引起人们的关注。在对苍蝇饲养技术的研究上，从实践中取得了网箱粗放养殖、蛹料快速分解、废料重复利用等经验；在加工上，对蝇蛆提取蛋白质、明油、甲壳素技术已在2005年通过了省部级的鉴定。结合畜禽、鱼类、蛙类、兔、鳖类养殖，利用蝇蛆作为优质蛋白质饲料，降低饲料成本，提高品质和生长速度，也是一条提高经济效益的好途径。

(三) 金蝉

主要外部特征与分布：金蝉，蝉科。又名蚱蝉、知了。成虫体长40～48毫米，翅展125毫米。全体黑色，有光泽，被有金属光泽。复眼淡赤褐色。头的前缘中央及颊上方各有黄褐色斑一块。前后翅透明。前翅前缘淡黄褐色，基部黑色，亚前缘室黑色，前翅基部1/3黑色，翅基室黑色，具一淡黄褐色斑点。后翅基部2/5黑色，翅脉淡黄色及暗黑色。足淡黄褐色。雄性腹部第一、二节有鸣器；雌性无鸣器，有听器，腹瓣很不发达，产卵器显著而发达（图7－23）。

图7－23 金 蝉

金蝉广泛分布于我国大部分省、自治区、直辖市。中国南北都有分布，主要栖息在阔叶树上。

主要生活习性与繁殖特性：金蝉从卵到成虫主要靠树或其他植物的根或枝干的汁液作为食物来源，尤其偏爱柳树。

成虫羽化后20天左右，交尾产卵，6月下旬开始产卵，6月底至8月下旬为成虫产卵盛期，9月上旬至10月上旬为产卵末期。

经济价值与市场行情：据中国食品营养学院理化分析与研究发现：每百克黄金蝉若虫富含蛋白质72克、脂肪15克、灰分1.8克；此外，还含有人体必需的钙、磷、铁和多种维生素及微量元素。经科学分析，金蝉体内含有丰富的氨基酸、蛋白质及微量元素，人体必需氨基酸占氨基酸总量的46.63%。同时含有人体所必需的多种营养素，对促进生长发育、补充机体代谢的消耗、体虚患者康复等，都有极佳的辅助治疗作用。因此，成为难得的天然无公害高级营养食品。金蝉羽化蜕除的外壳称蝉蜕，又称“蝉退”，其主要成分含甲壳素及蛋白质，味甘、咸、寒，入肺、肝经，是重要的辛凉解表中药。蝉蜕作为传统中药成分，具有抗菌、祛寒、镇惊、利尿的功能。鲜嫩的金蝉若虫和成虫，特别是若虫不仅营养丰富、味道鲜美，药用价值也特别高，为药膳上品。

蝉既是园林害虫，又是药用动物和城乡人们普遍喜食的美味和佐酒佳肴。由于蝉的风味独特、营养丰富，且具有良好的保健作用。多年来，市场需求量越来越大，市场行情逐年见旺。2014 年 8 月份在山东一带 0.5～0.6 元/只。由于社会需求量不断增大，仅仅依靠自然采集已远远不能满足于市场要求，有一些地方已开始人工规模化饲养的尝试，摸索出养蝉的新技术，收效显著。

(四) 蝗虫

主要外部特征与分布：蝗虫，蝗科。俗称“蚱蜢”，具咀嚼式口器，为植食性昆虫。它的触角呈短鞭状，前翅狭窄而坚韧，盖在后翅上，后翅很薄，适于飞行。后肢很发达，可利用弹跳来避开天敌。头部触角、触须、腹部的尾须及腿上的感受器都可感受触觉。体色有绿色和褐色，是生活环境的保护色。全世界有超过 12 000 种（图 7－24）。

图 7－24　蝗　虫

分布于全世界的热带、温带的草地和沙漠地区。蝗虫生命力顽强，能栖息在各种场所。在山区、森林、低洼地区、半干旱区、草原分布最多。我国主要分布于山东、河南、江苏、上海、广西、新疆、云南、四川、广州等地区。

主要生活习性与繁殖特性：蝗虫以植物叶片为食，喜食芦苇、稗草、白茅、狗牙草及蒿类植物，虾须草和海蓬子。主要危害禾本科植物，是农业害虫。

每年夏、秋为繁殖季节，交尾后的雌蝗虫把产卵管插入 10 厘米深的土中，再产下约 50 粒的卵。产卵时，雌虫会分泌白色的物质形成圆筒形栓状物，然后再把卵粒产下。若虫一生要蜕皮 5 次。由卵孵化到第一次蜕皮，是 1 龄，以后每蜕皮一次，增加 1 龄。3 龄以后，翅芽显著。5 龄以后，变成能飞的成虫。

经济价值与市场行情：蝗虫为药食两用昆虫。蝗虫富含蛋白质高达 74.88%、碳水化合物含量 4.77%、脂肪含量 5.25%，并含有昆虫激素等活性物质、维生素 A、维生素 B、维生素 C 和磷、钙、铁、锌、锰等微量元素。随着社会的发展和生活质量的不断提高，人类餐桌上已由鸡、鸭、鱼肉等传统型转为绿色野味型，蝗虫营养丰富、肉质鲜嫩，味美如虾，在香港等地具有“飞虾”的美称，是各国人民的喜食佳品，在美国还举行“昆虫宴”招待贵宾，其中就有蝗虫。蝗虫不但是美味佳肴，蝗虫作为中药，其性味辛、甘、温，具有定惊止抽、解毒渗透、消肿止痛、滋补强壮等功效。另外，还有降压、减肥、降低胆固醇、滋补强壮、健脾消食功能。《本草纲目》记载，蝗虫单用或配伍使用能治疗多种疾病，如破伤风、小儿惊风、发热、平喘、痧胀、鸬鹚瘟、冻疮、气管炎和防止心脑血管疾病等。

全世界有蝗虫 12 000 多种，而我国已知有 1 000 余种，但并不是每一种都适合饲养。常见的养殖蝗虫种类有东亚飞蝗、中华稻蝗、中华蚱蜢、棉蝗等。据资料显示，全国有千余家规模不等的蝗虫养殖户，他们的年蝗虫生产量从几十斤到几十吨不等，蝗虫养殖面积也从十几平方米到几万平方米不等，差别很大。有较大规模和影响力的约有二三十家，其产品主要供应国内大中城市饭店和蝗虫加工厂家，并出口到日本、澳大利亚、韩国、德国、美国等国家。

（五）蟑螂

主要外部特征与分布：蟑螂，蜚蠊科。学名蜚蠊，体扁平，黑褐色，通常中等大小。头小，能活动。触角长丝状，复眼发达。翅平，前翅为革质，后翅为膜质，前后翅基本等大，覆盖于腹部背面；有的种类无翅。不善飞，能疾走（图 7－25）。

图 7－25　蟑　螂

全世界有蟑螂 3 500 种以上，我国有记录的蟑螂已超过 200 种。

主要分布在热带、亚热带地区。生活在野外或室内。最常见的有饲养与利用价值的有美洲大蠊、澳大利亚大蠊和德国小蠊等 3 种。

主要生活习性与繁殖特性：蟑螂是渐变态的昆虫，整个生活史包括卵、若虫或成虫 3 个时期。蟑螂具有喜暖爱潮、喜暗怕光、昼伏夜出、喜欢群居的习性。不同种类的栖息场所有所差异，多喜选择食物丰富、多缝隙的场所栖居。

蟑螂是杂食性昆虫，食物种类广泛。各类食品，包括面包、米饭、糕点、荤素熟食品、瓜果及饮料等，尤其喜食香、甜、油的面制食品。蟑螂有嗜食油脂的习性，在各种植物油中，香麻油对它们最有引诱力，所以有些地方称它们为“偷油婆”。糖类中，红糖、饴糖对它们的引诱力最强。

雌雄成虫在羽化后的一周左右就能进行交配。雄虫一生能交配多次，但雌虫仅交配1次或2次，1次交配就可使它终生产出受精卵。产卵于卵鞘内。

经济价值与市场行情：在古代《药典》和《本草纲目》记载，蟑螂主治：淤血症坚寒热，破积聚，喉闭塞，腹寒无子，通利血脉，食之下气。在现代医学，据专家介绍，蟑螂体内的抗体对癌细胞有显著的灭杀效果，其提取物被现代医学机构推广应用于各类癌症治疗。蟑螂干的蛋白含量为60%～70%，对鱼类有较好的诱食作用。《本草纲目》、《神农本草经》、《名医别录》、《唐本草》、《陆川本草》等书籍均有蟑螂入药的记载和药方。蟑螂，性寒、成，归肝、脾、肾经，具有活血散瘀、解毒消疳、利尿消肿、养阴生肌、提升免疫、散结消积的功效。目前，入药效果较好的是美洲大蠊。美洲大蠊表皮含有巩膜质、甲壳质以及溴、锌、镍、锰、钾、钙、钛、氯、硫、硅、铝、镁等元素，肌肉能水解成13种氨基酸。此外，身体贮藏维生素 B_1、烟酸和抗坏血酸等，淋巴含海藻糖、海藻糖酶、糖蛋白、肌醇、原儿茶酸葡萄苷等。全体含麦角硫因、龙虾肌碱、葫芦巴碱、甘氨酸、甜菜碱、三甲胺、腺嘌呤等。是治疗慢性乙型肝炎的二类新药，有促进伤口愈合的作用。

人工养殖蟑螂在国内开始专业化养殖。价格高时达到200元/千克左右，现已出现下滑，饲养要考察市场需求稳妥发展。

（六）地鳖虫

主要外部特征与分布：地鳖虫，鳖蠊科。别名土鳖、地乌龟、土元等。呈扁平卵形，长1.3～3厘米，宽1.2～2.4厘米。前端较窄，后端较宽，背部紫褐色，具光泽，无翅。前胸背板较发达，盖住头部；腹背板9节，呈覆瓦状排列。腹面红棕色，头部较小，有丝状触角1对，常脱落，胸部有足3对，具细毛和刺。腹部有横环节（图7-26）。

图7-26　地鳖虫

我国大部分地区均有分布。中华地鳖分布较为普遍，主要在北京、河北、江苏、山东、浙江、安徽、江西、甘肃、四川、福建、广东、广西、上海及辽宁省沈阳等地。

主要生活习性与繁殖特性：生活于阴暗、潮湿、腐殖质丰富的松土中，怕阳光，白天潜伏，夜晚活动，生长最适温度28～30℃，低于0℃或高于38℃会引起成虫和若虫的大量死亡，下降到8℃就停止活动，进入休眠期。

地鳖虫为杂食性昆虫，取食特点中喜食新鲜的食物，最喜吃麸皮、米糠，其次为玉米面、碎杂粮、花生饼、豆粕、杂鱼、肉及各种青草菜叶、瓜果皮、鸡、牛粪等粗料。

地鳖虫完成一个世代，需要经过卵、若虫和成虫三个阶段。雄虫从若虫到长出翅膀，约需 8 个月；雌虫无翅，成熟需 9～11 个月。雄虫交尾后 5～7 天死亡。雌虫交尾后一周即可产卵，且一次交尾终生产卵。

经济价值与市场行情：地鳖虫是一种常用的药用昆虫。据《本草纲目》记载土元是一味传统的中药材，是一种名贵的凉性中药，味咸、寒，有毒，可逐瘀、破积、通络、理伤，是治疗闭经、产后瘀血腹痛、跌打损伤等功效。另外，真地鳖的抗凝血、抗缺氧作用应用于现代临床医学上，治疗冠心病、高血压、风湿筋骨痛等疾病，对白血病、急性乙型肝炎、脑梗塞、恶性肿瘤等也有很高的治疗效果。中成药中的跌打丸、治伤散、七厘散、消肿膏、白药、人参鳖甲虫、追风丸、除伤消、中华地鳖胶囊、中华地鳖酒、通心络胶囊、脑塞通、药痛片、药痛宁、跌打镇痛膏等与土元配伍的中成药达 200 多种。近代药学研究表明：地鳖虫对恶性肿瘤具有抑制作用，主治肝癌、胃癌、肠癌、肺癌等症。故被我国列为尚待开发的 77 种抗癌虫之一，并有可能成为一种预防肿瘤、癌症的食用昆虫。地鳖虫在国内外市场都有销路，也是我国出口的中药材之一。

我国地鳖虫的人工养殖始于 20 世纪 70 年代末，到 80 年代初期，其规模日益发展壮大，并且相继出现了地鳖虫养殖专业户。在上海、江苏、江西、山东等地，地鳖虫的养殖作为新兴养殖业得到普及和推广。在未来几年，地鳖虫行业将会出现稳定发展的态势。

六、蛙类养殖

（一）石蛙

主要外部特征与分布：石蛙，蛙科。又名石鸡、山蛙等（图 7－27）。是两栖纲无尾目蛙科的一种动物。石蛙蝌蚪躯体成长条状，尾巴肥厚，肤色暗黄，并分布黑色星星小点，在躯体与尾部衔接处的背面向下看有黑色的 V 字样花纹，蝌蚪的吻突发达，吸附能力很强。石蛙皮肤粗糙，背部皮肤成暗灰色，上面长有许多油，石蛙的头又宽又扁，吻端成圆形，突出于下颌，两鼻孔之间的距

图 7－27　石　蛙

离与两眼之间的距离几乎相等，同龄石蛙雄性大于雌性，性成熟后的雄蛙前肢极为粗壮，胸部有呈棘状的肉刺，腹部呈淡黄色，雌性胸部无棘刺，腹面光滑呈白色。石蛙体大而粗壮，是我国最大的肉用蛙之一，成蛙一般体长 10～13 厘米，体重 250～400 克，重的可达 750 克以上。

国外分布于越南等地。我国主要分布南方丘陵山区。

主要生活习性与繁殖特性：生活于中国南方的山溪水坑内或石洞岩隙中，习性昼伏夜出，石蛙在傍晚时爬出洞穴，在山溪两岸或山坡的草丛中觅食、嬉戏，异常活跃。但其活动范围一般不大。夜深时，便逐渐返回洞穴，天亮后很少在洞外发现其踪迹。每年 11 月至翌年 4 月冬眠。

野生状态下主要食物为昆虫等其他小动物及其幼体。如：昆虫、蜈蚣、蜂蛛、马陆、蜗牛、螺蚬、虾、蟹、杂鱼、沙鳅，以及蚯蚓、幼蛇、小型鸟类等。石蛙养殖饲料主要是蚯蚓、黄粉虫、蝇蛆等。

石蛙通常在 4 月，气温 20℃以上开始交配、产卵，种蛙雌雄比例为 1∶1，密度为每平方米 15～20 只。种蛙一般在夜间 21 时之后抱对，母蛙在清晨 4～7 时产卵。卵块通常黏附在水草、石块、池壁上。

经济价值与市场行情：石蛙是一类大型野生蛙类，它体大、肉多而细，肉质鲜美，营养丰富，富含蛋白质、氨基酸、维生素和矿物质等多种营养成分，脂肪含量很低。据中国科学院和浙江大学等有关部门化验石蛙含有 18 种氨基酸，其中 8 种人体必需氨基酸含量较高，谷氨酸含量高达 12.46%，脯氨酸和丙氨酸含量也较高。历来是我国南方宴席上的上等佳肴，被国内外美食家誉为“百蛙之王”。石蛙肉可供药用，具有滋阴补肾、产妇产后恢复、清毒解疮、明目、促进骨骼生长、病后体虚、心烦口渴等作用。所以，石蛙以具有很高的食用价值和药用价值。

目前上市的石蛙基本上靠上山捕捉，由于滥捕、滥杀，加上大量使用农药，污染水质，致使生态环境不断恶化，故野生石蛙日趋减少，市场价格不断上扬。目前市场价格很不一致，分为野生和养殖，有的地区 30～50/千克，有的地区高达 200～400 元/千克。利用野生资源及仿生原理大力发展人工养殖石蛙，变野生为家养，使之尽快形成商品生产。目前，石蛙人工养殖投资少、成本低、效益较高，不但能集约化生产，而且更适合山区农民家养。养殖 1 000 只商品幼蛙，只需建池 10～15 平方米，固定投资 1 000 元左右，6～8 个月即能生产 120～150 千克商品蛙。石蛙养殖有一定的市场前景，但要考虑地域特点和市场行情。

（二）牛蛙

图 7-28　牛　蛙

主要外部特征与分布：牛蛙，蛙科，蛙属。因其叫声大似牛得名。牛蛙体大粗壮，雌蛙体长达 20 厘米，雄蛙 18 厘米，重达 1 千克，最大个体可达 2 千克以上。头部宽扁。口端位，吻端尖圆面钝。四肢粗壮，前肢短，无蹼。雄性个体第一趾内侧有一明显的灰色瘤状突起。后肢较长大，趾间有蹼。体背绿棕色，有暗棕色斑纹，腹部灰白色，雄蛙咽部黄皮，皮肤粗糙（图 7-28）。

原产于美国东部数州，后被引进西部各州和其他国家。1959 年我国引进牛蛙驯养，1986 年在我国中部和南部大量饲养。

主要生活习性与繁殖特性：牛蛙的食物构成以动物性饲料为主，尤其喜食活饵。在不同的发育阶段，食性也不尽相同。主要有环节动物，如蚯蚓；节肢动物，如甲壳类虾；软体动物，如螺、蚌；鱼类、两栖类、爬行类的幼体及哺乳类的内脏等。养殖饲料主要是蚯蚓等。

牛蛙到 5～7 月开始产卵，产卵的最适水温为 24～28℃，产卵时间为 10～30 分钟，产卵量随母蛙袋子个体大小而异，一般产卵为数千至 5 万粒。

经济价值与市场行情：牛蛙肉质细嫩，具有营养丰富，味道鲜美，高蛋白、低脂肪、低胆固醇等优点，是名贵食品。每百克蛙肉中含蛋白质 19.9 克、脂肪 0.3 克，是一种高蛋白质、高营养食品，倍受人们的喜爱。蛙皮可制作高级皮革，其草皮薄、柔软、坚韧，是制造上等钱包的材料。是皮带、领带、皮鞋、乐器、外科手术线的优良原料。蛙内脏可以药用，蛙油可制作高级润滑油。牛蛙还有滋补解毒的功效，消化功能差或胃酸过多的人及体质弱的人可以用来滋补身体。牛蛙可以促进人体气血旺盛，精力充沛，滋阴壮阳，有养心安神补气之功效，有利于病人的康复。

全世界有蛙类 400 多种，牛蛙是蛙类中较大的一种，我国养殖主要品种有沼泽绿牛蛙、西方牛蛙、印尼牛蛙、非洲牛蛙、非洲大牛蛙等。1993—1995 年牛蛙市场的售价达到 50～60 元/千克，亩产获益上万元之多，2002—2003 年步入低谷，市场售价直线下降至 10～12 元/千克，获利不多。目前，有些地域市场呈现饱和，养殖应慎重考察。

（三）林蛙

主要外部特征与分布：林蛙，蛙科，林蛙属。又称田鸡、油蛤蟆。头较扁平，头长宽几相等。吻端钝圆而略尖，突出于下唇，吻棱较明显。犁骨齿两小团、椭圆形，舌后端缺刻深，鼓膜圆，皮肤较粗糙，背褶在额部呈折状，在鼓膜上方斜向外侧，腹后及股后腹面有扁平疣，雄蛙背部及体侧为灰棕色且微带绿色，也有褐灰色或棕黑色。雌性为红棕色或棕黄色。鼓膜部有三角形黑斑。咽、胸及腹部有鲜艳的红色与灰色花斑。四肢腹面灰色，间杂红色斑点。体长70～80毫米。一般30～35克重，大的在50克以上（图7-29）。

图7-29　林　蛙

林蛙主要分布在我国黑龙江、辽宁、吉林、内蒙古、青海、甘肃、陕西、山西、河北、河南、山东等地。

主要生活习性与繁殖特性：林蛙与其他蛙类生活习性有所不同，具有两栖性、野生性、冬眠性、群居性、捕食性。它的年生活周期可分为水生生活期和陆生生活期两个不同的阶段。水生生活期是潜藏在较深的水体中进入冬眠期。水中生活期结束后，林蛙离开越冬水体，到沼泽地带完成生殖活动后，开始陆栖生活。

野生状态以多种昆虫为食，饲养有植物饲料和动物饲料。

林蛙产卵期一般在4月中旬至5月上旬。繁殖时按雌雄1∶1比例投放种蛙，种蛙配对后，在水温10℃左右时，7～8个小时便可产卵。

经济价值与市场行情：林蛙肉质细嫩、味道鲜美、营养丰富。长期以来，作为人们宴席上的美味佳肴，被视为上等珍品。在我国特产经济动物出口中，林蛙肉作为名贵出口商品之一，畅销海内外。口感和营养均优于鱼肉和猪、牛、羊肉。蛙卵的营养价值更高，被誉为黑色食品的明星。据分析：中国林蛙油含蛋白质49%～57%、脂肪3.5%～4.4%、糖类10%、矿物质3.7%～4.7%、无氮有机物23%～27%，含有18种氨基酸，蛋白质中氨基酸含量丰富，其中人体必需的8种氨基酸含量较高，尤其是限制性氨基酸，如蛋氨酸、赖氨酸含量很高。还含有维生素A、维生素B、维生素C、维生素E等。在灰分中含有多种微量元素，还含有胡萝卜素、雌二醇、孕酮、甲状腺素、油酸、亚油酸和亚麻酸等。中国林蛙全身都是宝，林蛙的头、皮、肝、胆、油、卵等都可以进一步进行深加工，开发医药卫生、化妆美容及营养保健等名、特、优、稀、新的名牌产品。林蛙油又称蛤士蟆油、田鸡油，为雌性林蛙的干燥输卵管，是一种久负盛名的滋补中药。在我国的《中药大辞典》、《中药志》及日本《本草》中都有记载，哈士蟆体味咸，性寒，无毒，具有养肺滋肾功能。哈士蟆油味咸，性平，具有补肾益精、养阴润肺、退热消炎、提高机体免疫力等功能。常用于治疗身体虚弱、病后失调、精神不足、心悸失眠、盗汗不止、痨嗽咳血等症。蒙医用哈士蟆油清热、解毒、消炎、抗炎。民间验方以哈士蟆油促进产妇泌乳、治疗小儿全身性胎毒、慢性气管炎、神经衰弱等。

随着人们对食用、药用和滋补保健需求的不断增加，林蛙及其产品逐年紧俏，价格不断飙升。林蛙油原售价为 1 200 元/千克，上涨至 2000～2 600 元/千克，一级林蛙油售价为 3 500 元/千克以上，从发展趋势来看，目前中国林蛙的自然资源已受到极大的破坏，大部分利用资源仍荒芜。按现时人们的环保意识来看，想恢复资源、满足市场需求是不大可能的。只有走人工养殖，实现产业化的路子，才能振兴林蛙产业。

七、水产类养殖

（一）大鲵

主要外部特征与分布：大鲵，隐鳃鲵科，大鲵属。又名娃娃鱼、海狗鱼。叫声很像幼儿哭声，因此人们又叫它“娃娃鱼”。大鲵头部扁平、钝圆，口大，眼不发达，无眼睑。身体前部扁平，至尾部逐渐转为侧扁。体两侧有明显的肤褶，四肢短扁，指、趾前四后五，具微蹼。尾圆形，尾上下有鳍状物。一般多呈灰褐色。体表光滑无鳞，但有各种斑纹，布满黏液。是两栖动物中体形最大的一种，全长可达 1 米以上，体重最重的可超百斤，而外形有点类似蜥蜴，只是相比之下更肥壮扁平（图 7－30）。

图 7－30 大 鲵

主要分布于亚洲，我国主要产于长江、黄河及珠江中上游支流的山涧溪流中。主要产地在贵州、四川、湖南、湖北、陕西、河南等省。

主要生活习性与繁殖特性：大鲵一般都匿居在山溪的石隙间，洞穴位于水面以下。夜间静守在滩口石堆中袭击猎物。

大鲵属肉食性动物，以水生昆虫、鱼、蟹、虾、蛙、蛇、鳖、鼠、鸟等为食。

雌鲵每年7～8月间产卵，卵产于岩石洞内，每尾产卵300枚以上，剩下的抚育任务就交给了雄鲵。雄鲵把身体曲成半圆状，将卵围住，以免被水冲走或遭受敌害，直至2～3周后孵化出幼鲵，15～40天后，小“娃娃鱼”分散生活，雄鲵才肯离去。

经济价值与市场行情：大鲵肉味鲜美，是一种名贵佳肴。在中国香港、台湾地区及东南亚、日本等各国及地区的市场上，被视为珍稀名贵的滋补品，对人体补虚有奇效。据分析，在大鲵肌肉的蛋白质中含有17种氨基酸，其中8种是人体必需的氨基酸，其中必需氨基酸含量为39.69%。大鲵肌肉第一限制氨基酸为苏氨酸，第二限制氨基酸为蛋氨酸＋胱氨酸，其氨基酸分（AAS）和化学分（SC）分别为0.53和0.46。将8种必需氨基酸全面分析比较，计算出大鲵肉、牛肉、鹿肉的必需氨基酸指数（EAAI）分别为76.70、66.40和70.93，显然大鲵肉中的必需氨基酸指数（EAAI）高于牛肉、鹿肉。由此可见，大鲵肉的氨基酸模式优于牛肉和鹿肉，其营养价值也高于后两者。大鲵皮肤中含有41%～61%的胶原蛋白，胶原蛋白是人体的美容物之一。大鲵的药用价值在《本草纲目》中早有记载。根据现代临床医学观察，对贫血、霍乱、痢疾、癫痫和血经等疾病均有显著疗效。大鲵具有滋阴补肾、强壮、补血行气的功效。有文献报道，从大鲵肌体中提取出了最有效的防癌物。民间常以大鲵的皮肤粉拌桐油治疗烫伤。另外，大鲵皮、胃、尾、血、脂肪和腺体分泌液，均有较高的药用和保健价值，被专家誉为“水中人参”和“软黄金”，备受中外消费者的青睐，它一直是我国传统出口创汇的高附加值商品。

大鲵的人工养殖经历了30多年的发展历程。改革开放以后，由于南方沿海城市的宾馆和酒楼对大鲵的需求量猛增，过度的偷捕滥捕，致使野生大鲵资源遭受严重破坏而稀少、濒临灭绝。早在20世纪80年代以前，我国就有一吨大鲵换5台卡车外加32吨小麦的出口记录，近10年来国内外市场需求量更大，国内售价每市斤从2002年的500元升至2006年的1 500元，还供不应求，国外市场特别是东南亚每市斤售价高达3 000元左右，但常常是有价无货。据21食品商务网2014年7月11日信息，陕西某公司大鲵价格为600元/千克。可见，大鲵养殖有较好的经济效益和市场前景。

（二）鲟鱼

主要外部特征与分布：鲟鱼，鲟科，鲟属。又称鲟龙。鲟鱼为软骨硬鳞鱼，是远古鱼类，有活化石之称，其形态独特，体呈锥形，头、躯干为一平面，身披五行骨板并带有尖棘，犹如铠甲，游如梭静如艇，体黑灰色，腹部白色，歪尾形，观之有一种幽深、古朴、别致的感觉，观赏价值很高，在东南亚及中国港澳台等地区将其视为上等观赏鱼。目前全世界已知鲟鱼有 27 种，多数种的常见个体都在几十千克至数百千克，欧洲鲟最大个体 1 600 千克，我国中华鲟最大个体 600 千克（图 7－31）。

图 7－31　鲟　鱼

中国是鲟鱼品种多、分布广、资源丰富的国家之一，我国境内野生的鲟鱼有分布于黑龙江中游、松花江下游、乌苏里江流域的鳇氏鲟、达氏鳇和少量的库页岛鲟；分布于长江、金沙江流域的中华鲟、达氏鲟和白鲟；分布于新疆伊宁、绥定、密布察尔等地水域中的裸腹鲟；分布于新疆额尔齐斯河、布伦托海、博斯腾湖的西伯利亚鲟（贝氏鲟）。

主要生活习性与繁殖特性：鲟鱼对水质要求比较严格，喜生活于流水、溶氧含量较高、水温偏低、底质为砾石的水环境中。

鲟鱼喜欢的食物随不同种类而有变化，主要食物是水蚯蚓、甲壳类、软体动物及小型鱼类等。

鲟鱼性成熟时间较长，在天然水域中雌鱼需要 10～18 年，雄鱼需要 6～12 年，多数种类并非每年产卵，而是间隔 2～4 年。繁殖季节一般在秋冬季节。在人工繁殖条件下，可以实行催情繁殖。孵化的水温要求较严。一般适宜的孵化温度为 15～20℃，7 天左右出苗。

经济价值与市场行情：鲟鱼是高品质美味佳品，据中国科学院海洋所检测：肌肉含有 10 多种人体必需的氨基酸，脂肪含有 12.5%的“DHA”和“EPA”（亦称脑黄金），对软化心脑血管，促进大脑发育，提高智商，预防老年性痴呆具有良好的功效；软骨和骨髓（俗称“龙筋”）有抗癌因子，可完全直接食用，素有“鲨鱼翅，鲟鱼骨”之说。《本草纲目·鲟鱼》云：“其脂与肉层层相间、肉色白、脂色黄如蜡。其脊骨及鼻，并鳍与鳃，皆脆软可食。其肚及仔盐藏亦佳。其鳔亦可作胶。其肉骨煮炙及作炸皆美。”当今国际上享有盛誉的鱼子酱在欧美是国宴珍品，素有“绿宝石”之称。

世界各国已进行人工繁殖研究的种类主要有小体鲟、闪光鲟、高首鲟、短吻鲟、俄罗斯鲟、中华鲟、欧洲鲟、鳇氏鲟、达氏鲟等 10 多个种。据粗略统计，至 2009 年 10 月，我国的鲟鱼产量已占据世界上鲟鱼总产量的 80%以上，全国每年养殖的商品鲟鱼产量达到 8 千至 1 万吨。我国的鲟鱼养殖业经历了热、冷、平稳三个发展期。1998 年前后是鲟鱼养殖初期，鲟鱼的市场销价达到400～800 元/千克。在巨大的经济利益驱动下，鲟鱼人工养殖发展迅速，养殖户数量猛增，到 2003 年时，全国每年商品鲟鱼养殖量已达到 4 000 吨。由于鲟鱼产品供应量的大幅提升，消费市场明显滞后，导致 2003 年起，鲟鱼成鱼市场销价暴跌为 40～60 元/千克。预计鲟鱼在未来几年的市场行情呈相对平稳的态势。但决定其发展的思路，应加大开拓大众消费市场并开发深加工产品市场。

（三）石龟

主要外部特征与分布：石龟，龟科，拟水龟属。中文学名黄喉拟水龟，又名石金钱龟。有一副几乎每底壳都是线形式或者是块形式黑色的底板。龟甲长 15～20 厘米，头小，头顶平滑，橄榄绿色，上喙正中凹陷。鼓膜清晰，头侧有两条黄色线纹穿过眼部，喉部淡黄色。背甲扁平，棕黄绿色或棕黑色，具三条脊棱，中央的一条较明显，后缘略呈锯齿状。腹甲黄色，每一块盾片外侧有大墨渍斑。四肢较扁，外侧棕灰色，内侧黄色，前肢五指，后肢四趾，指趾间有蹼，尾细短（图 7－32）。

图 7－32　石　龟

分布于越南、日本、中国台湾岛以及内陆的东部、南部、海南、西至云南等地。民间有南种石金钱龟和北种石金钱龟之分。

主要生活习性与繁殖特性：黄喉拟水龟栖息于丘陵地带，半山区的山涧盆地和河流水域中，野外生活于河流、稻田及湖泊中，也常到附近的灌木及草丛中活动，白天多在水中戏游、觅食，晴天喜在陆地上，有时爬在岸边晒太阳。黄喉拟水龟每年的 4 月底至 9 月底活动量大，最适环境温度为 20～30℃，10℃左右龟进入冬眠。3 月底，温度 15℃左右时龟虽苏醒，但只爬动，不吃食，到 4 月份，温度升至 20℃左右才吃食。

石龟属杂食性，取食范围广，喜食鱼虾、贝类、蜗牛、水草等食物，人工饲养一般投喂鱼、虾、肉或家禽的内脏。

种龟按雌雄比例 2∶1 放入龟池，放养密度为每平方米 4～6 只。黄喉拟水龟在 4～11 月均有交配行为，尤以 9～10 月最盛，水中或陆地均可，尤以水中居多。在 4 月底或 5 月初，黄喉拟水龟开始产卵，5～6 月份的产卵量最大，占 76.3%，窝卵量 1～7 枚，以每窝 2～3 枚为多，占 58.4%。卵重 10～20

克，平均 14 克，长径 3.41～5.53 厘米，短径 1.75～2.67 厘米。孵化期间，温度维持在 25～32℃。定时对沙喷水，室内相对湿度保持在 80%～93%。

经济价值与市场行情：石龟是一种珍贵的动物资源，浑身都是宝，在食用、药用、观赏、工艺制作及现代科学研究等方面都有重要的意义和经济价值。食用石金钱龟已有悠久的历史，其肉质细嫩、味道鲜美，具有滋阴壮阳、去湿解毒、抗癌防癌、益阳补血等功效，并属于龟鳖市场上的高档消费品种。我国战国时代的《山海经》中已有吃石龟的记载。据报道，除玳瑁外，几乎所有的龟类均可食用，其中以乌龟、三线闭壳龟、黄喉拟水龟等龟居多。不但龟肉、龟卵味道极其鲜美，而且其营养价值极高。据分析，每百克石龟肉含蛋白质 16.5 克、脂肪 1 克、糖类 1.6 克，还有丰富的维生素 A、维生素 B_1、维生素 B_2 及丙氨酸转氨酶等多种酶。“龟身五花肉”即是指龟肉中有牛、羊、猪、鸡、鱼等 5 种动物的营养和味道，特别是以龟肉为主要原料配制而成的各种龟肉羹，已成为现时宾宴上的名贵佳肴。石龟作为食用，一般以清炖为主，其次是红烧、爆炒等。石金钱龟类作为药用也有悠久的历史，明代李时珍《本草纲目》中早有记载：治漏下赤白，破症瘕疥……小儿囟不合。龟入药，以龟的背甲（龟甲）、腹甲（龟板）为主。化学成分研究表明：龟甲、龟板含有丰富的骨胶原、蛋白质、钙、磷、脂类和多种人体必需的微量元素。据中医临床研究证实，以龟板为原料制作的龟甲胶和速溶龟甲胶冲剂，具有补血止血、免疫增强的作用。此外，滋阴药理的研究也表明：龟甲对阴虚大鼠的各种阴虚症状均有纠偏作用：龟的头部、肉、胆、血、脑等也可入药，再以茯苓、当归等配伍，具有补肾健骨、滋阴降火的功效。目前已开发出“断板龟片”、“断龟注射液”及“断板胶”等制剂。石龟作为工艺用品的原料，主要是背甲盾片，它色泽艳丽、花纹美观，是世界上著名的工艺品原料。它经熔化可加工成眼睛架、梳子、屏风等工艺饰品。我国民间将石龟养在金龟池或在门前设计的假山中或培育绿毛龟以供观赏。欧美人也以龟作为吉祥物。

石龟一般养到 4～5 年龟龄就可出售，5 年龟龄以上的留为种龟，市场上很少有售；12～13 年龟龄的石龟每只体重至少也有 1.25 千克左右；2012 年 5 月，12～13 年的越南种雌石龟平均价格 2.8～3 元/克，龟苗价格在 200～250 元/只；2012 年 8 月，12～13 年的越南种雌石龟平均价格 3～4.4 元/克，龟苗价格在 270～350 元/只。2014 年 9 月份 8 克以上龟苗每只 730 元。据预测，由于石龟养殖基数小，发展速度缓慢，为此在未来几年内石龟市场依然稳中有升。同时，随着生活水平不断地提高，人们越来越关注自身的健康，一场“养生热潮”也随之而起，作为养生手段之一的龟鳖食品，也格外受到人们的追捧。

（四）观赏鱼

主要外部特征与分布：观赏鱼，硬骨鱼纲。是指具有观赏价值的有鲜艳色彩或奇特形状的鱼类。有的生活在淡水中，有的生活在海水中，有的来自温带地区，有的来自热带地区。有的以色彩绚丽而著称，有的以形状怪异而称奇，有的以稀少名贵而闻名。在世界观赏鱼市场中有几万种，其中可饲养的有 110 多种，由于大量变种和新种的出现，可供饲养的种数很难统计，通常由三大品系组成，即温带淡水观赏鱼、热带淡水观赏鱼和热带海水观赏鱼（图 7－33）。

图 7－33　观赏鱼

广泛分布于世界各地。

主要生活习性与繁殖特性：观赏鱼的食料有多种，主要分为肉食性饲料、杂食性饲料、素食性饲料。

经济价值与市场行情：观赏鱼价值体现在文化价值和经济价值两个方面。文化价值是能够养性怡情，陶冶情操；美化居室，贴近自然；普及科学，促进科研；增进友谊和国际交流等。观赏鱼有较高的经济价值。价格每尾从不到 1 元到上万元，有的甚至十几万元。比较名贵的龙鱼幼鱼价格在几千至几万不等，成鱼多数卖到上万元，甚至十万元以上。除出身名贵、品种稀有外，还有许多人为的因素，比如，龙鱼就被称为“风水鱼”，是驱灾避邪、招财进宝的吉祥物。泰国虎是最近兴起的观赏鱼，原为当地珍贵食用鱼类，来到我国后因为可以将龙鱼和虎鱼混养称为龙虎，被炒作而闻名。常见多为印尼虎和泰北虎，以泰北虎最为珍贵，价格也最高，个别能达到五位数，多为四位数，另外印尼虎和泰北虎依品相和大小价格从几十至一两千不等。罗汉也是较名贵的品种，市面上罗汉鱼苗价格在 1～50 元不等，精品也能上五位数，标价超过 10 万元的珍稀品种也有，市场上以几百居多。台湾的“荧光鱼”体长不足两厘米的小鱼售价竟达上百元。日本锦鲤比较常见，品种数量繁多，价格基本上是按体型大小而体现价值，十公分幼鱼价格在几十到一百多，近一米长的成鱼可达两三万，但是现在很多杂种的日本锦鲤，价格在几十到一两百不等。其余的还有白化雀鳝（几百至几千）、帝王三间（多为几十至几百）、彩雀（几元至上百）、孔雀（1 至上百）、水虎鱼（几十至几百）、粗线银版（几十至几百）。

我国观赏鱼养殖行业历史悠久，经历了许多波折。目前主要养殖金鱼和锦鲤，亦有地方发展热带鱼养殖。观赏鱼饲养风尚在西方社会日益普及，国际市场需求不断增加，一些品种新颖、色彩新奇且个体较大的金鱼等观赏鱼，很受各国消费者欢迎，尤其是近年以来，国内外市场对观赏鱼需求量激增，养殖观赏鱼已成为一条创汇致富的门路。

（五）蜗牛

主要外部特征与分布：蜗牛，腹足纲，柄眼目。蜗牛并不是生物学上一个分类的名称，属于软体动物，一般西方语言中不区分水生的螺类和陆生的蜗牛，汉语中蜗牛只指陆生种类。蜗牛的整个躯体包括眼、口、足、壳、触角等部分，身背螺旋形的贝壳，其形大小、颜色不一。它们的贝壳有宝塔形、陀螺形、圆锥形、球形、烟斗形等。树栖种类的色泽鲜艳，而地栖的通常几种接近的颜色，一般有条纹。头有4个触角，走动时头伸出，受惊时则头尾一起缩进甲壳中等（图7-34）。

图7-34　蜗　牛

在热带岛屿比较常见，但有的也生存在寒冷地区。据有关资料记载，全世界已知蜗牛种类约2.5万种。我国常见的有47种，各省、自治区、直辖市都有蜗牛分布。非洲的玛瑙螺属体型最大，多超过20厘米。

主要生活习性与繁殖特性：蜗牛喜欢在阴暗潮湿、疏松多腐殖质的环境中生活，昼伏夜出，最怕阳光直射，对环境反应敏感，最适合环境：温度16～30℃（23～30℃时，生长发育最快），空气湿度60%～90%，饲养土湿度40%左右，pH 5～7。当温度低于15℃、高于33℃时休眠，低于5℃或高于40℃不适宜生存。

蜗牛为杂食性动物。幼蜗牛多为腐食性，以摄食腐败植物为主；成蜗牛一般以绿色植物为主，食各种植物的根、茎、叶、花、果实等，尤其喜食植物的幼芽和多汁植物，亦食各种废纸、猪粪、植物残渣等。饥饿状态下还会互相残食。

蜗牛两年产卵2～3次，每年6～8月份为产卵高峰期，每次产卵200～300粒，卵都产在2～3毫米深的松土中或落叶、石块下。产卵时暂停摄食，大部分头部先钻入土中，隔一段时间后，头足部缩至壳口、足部平坦附着在地面或石块上。卵呈椭圆形，有石灰质外壳，乳白色或淡青黄色。卵在土中经5～15天后即孵化成幼虫。卵的人工孵化方法，有覆土孵化法、盖布孵化法、罩盆孵化法及干卵、隔土、保温孵化法等，一般要求气温在20～30℃，保持一定湿度，经10天左右可孵化出幼蜗。

经济价值与市场行情：蜗牛肉质肥嫩、营养丰富，是一种高蛋白、低脂肪、胆固醇趋向于零的高级食品。据分析，100 克的蜗牛肉中便含有优质蛋白质 18 克，脂肪仅 0.22 克，富含人体所需的 20 多种氨基酸。另外，蜗牛的消化道中含有 30 多种不同的酶，不仅能帮助人和其他动物酶解食物和参加新陈代谢，而且也能酶解植物的细胞壁，是植物遗传工程的理想助手。蜗牛还有较高的药物价值，《本草纲目》中早有以蜗牛治病的记载。近代中医学也公认蜗牛具有清热、解毒、消肿、治消渴等作用，对糖尿病、高血压、高血脂、气管炎、前列腺炎、恶疮和癌症等疾病有辅助治疗作用。在畜牧业中可作为廉价的高品质蛋白质饲料。有些蜗牛的壳可做成精美的工艺品。

现国内养殖的主要有白玉蜗牛、盖罩大蜗牛、散大蜗牛、亮大蜗牛、褐云玛瑙蜗牛等。自 20 世纪 80 年代起，随着我国蜗牛养殖业的崛起，宾馆、饭店、酒楼开始采购鲜活蜗牛，蜗牛菜肴推出后，深受中外食客的赞赏。从 20 世纪 90 年代起，我国食用蜗牛产业进入扩张高峰期。蜗牛开始进入农贸市场进行批发、零售。据统计，全国一年要吃掉 2 万吨蜗牛。进入 21 世纪后，蜗牛凭借它丰富的营养价值和良好的口感，越来越受到人们的关注，鲜活蜗牛、冷冻蜗牛肉已进入现代水产品消费市场。近几年，欧美、日、韩等国际餐饮集团公司纷纷登陆中国，经营起了异国风味的蜗牛菜肴进一步拉动了我国蜗牛消费市场的扩大。据统计，2006 年全国蜗牛消费量达到 3 万吨；2007 年突破 4 万吨；2008～2010 年，基本上稳定在 5 万吨。市场呈趋旺态势。

实训与思考

1. 特种动物养殖主要有哪些类别？
2. 结合实际你认为养殖哪些特种经济动物有钱赚？为什么？

项目二　园林苗木花卉

随着国家对生态环境建设的高度重视和农业产业结构的调整，苗木花卉生产格局发生了根本性的转变。苗木花卉生产的经营主体过去主要是以国营苗圃为主，现在则转向国有、集体、个体共同参与等多种形式，而且社会参与苗木生产的比例不断提高。近年来，苗木花卉生产领域出现了几个资产上亿、规模上万亩的大型私营园林苗木花卉生产企业。这些大型园林绿化苗木企业在资本运作、品种选育、市场开发、园林绿化苗木销售等方面都有一定的创新。推动了我国绿化种苗产业的快速发展。据农业部种植业司统计数据显示，2010 年我国绿化（观赏）苗木种植面积已达 752.9 万亩，占全国花卉业总种植面积的 54.7%，销售额及出口额均呈每年平稳较快增长，2010 年销售额达到 434.8 亿元人民币，出口额 2.02 亿元人民币，三者较 2006 年分别增长了 25%、62.8%和 76.1%。近年来，随着各地城乡绿化美化工程建设的快速推进，绿化苗木生产得到了迅猛发展，并已成为一些地区农业增效、农民增收的重要项目之一。目前，国务院通过了京津风沙源治理二期工程规划（2013～2022 年），二期总投资预计约 878 亿元；三北防护林五期工程（2011～2020 年）、安徽长江防护林工程和珠江流域防护林体系建设三期工程（2011～2020 年）等重大工程，行业投资将快速增长。据测算，2012—2015 年园林绿化投资总额 12 551 亿元，年均投资额 3 138 亿元；2010—2015 年复合增长率 8.71%，其中市政园林年均投资 1 738 亿元，地产园林年均投资 1 399 亿元。到 2020 年，全国城市要对照《城市园林绿化评价标准》完成等级评定工作，达到国家级标准，其中已获命名的国家园林城市要达到国家级标准。可见，随着人们生活水平的提高，城市化进程加快，园林苗木花卉对生活环境的改善的作用越来越明显，将来有着巨大的发展空间。

一、园林苗木

（一）常绿乔木

1. 雪松

形态特征与分布：雪松，松科，雪松属。常绿乔木，树冠尖塔形，大枝平展，小枝略下垂。叶针形，长 8～60 厘米，质硬，灰绿色或银灰色，在长枝上散生、短枝上簇生。10～11 月开花。球果翌年成熟，椭圆状卵形，熟时赤褐色。产于亚洲西部、喜马拉雅山西部和非洲，地中海沿岸，主要分布于西藏南部及印度和阿富汗一带。海拔 1 300～3 300 米地带，中国多地有栽培（图 7－35）。

图 7－35　雪　松

生物学特性及繁殖方法：雪松喜阳光充足，亦稍耐阴。深根性，生长中速，寿命长，性喜凉爽、湿润气候；喜土层深厚、排水良好之土壤；怕低洼积水，怕炎热，畏烟尘。多采用扦插、播种等繁殖方式。

主要价值：雪松是世界著名庭院观赏树种之一，其树冠塔形，树型高大，枝条平展，叶丛匀称，姿态优美，球果华丽，具有很高的观赏价值。雪松还具有较强的减噪、防尘和杀菌能力。最适宜孤植于草坪中央、建筑前庭之中心、广场中心或主要建筑物的两旁及园门的入口等处。列植于园路的两旁，形成甬道，极为壮观。雪松木材坚实，纹理致密，供建筑、桥梁、枕木、造船等用。雪松是“世界五大庭园树木（金钱松、雪松、巨杉、金松、南洋杉）”之一，《圣经》中称之为“植物之王”或神树。在印度民间视为圣树。雪松木中含有非常丰富的精油，可以经由蒸馏的方式将其从木片或木屑中萃取出来。雪松油具有抗脂漏、防腐、杀菌、补虚、收敛、利尿、调经、祛痰、杀虫及镇静等医疗功效。

市场参考价格：作为优良绿化树种，价格一般保持较好的态势。2014年10月份南京市某园林场网页信息显示，雪松价格：高度2米，45元；3米，85元；4米，180元；5米，280元；6米，450元；7米，650元；8米，1 200元；9米，1 500元；10米，1 800元。育苗扦插密度2万～3万棵/亩。妥善经营能够取得较好的经济效益。

2. 白皮松

形态特征及分布：白皮松，松科，松属。常绿乔木，针叶三针一束；幼树树皮灰绿色，老树树皮呈淡褐灰色，成不规则鳞片状剥落，露出乳白色内皮，树干上都呈斑斓的苍白色，是优美的庭园观赏树种。为我国特产。分布于陕西、山西、河南、四川、湖北、甘肃等地，北京以南许多城市有栽培（图7-36）。

生物学特性及繁殖方法：喜光略耐半阴，是我国华北和西北南部地区的乡土树种，能适应冷凉的气候，能耐－30℃的低温，在深厚、肥沃的钙质土上也生长良好。生长较慢，具深根性，寿命长。抗二氧化硫和烟尘的能力优于油松。主要采用播种的繁殖方法。

图7-36 白皮松

主要价值：其树姿优美，树皮奇特，可供观赏。白皮松在园林配置上用途十分广阔，它可以孤植、对植，也可丛植成林或作行道树，均能获得良好效果。它适于庭院中堂前、山旁、亭侧栽植，使苍松奇峰相映成趣，颇为壮观。干皮斑驳美观，针叶短粗亮丽，既是一个不错的历史园林绿化传统树种，又是一个适应范围广泛、能在钙质土壤和轻度盐碱地生长良好的常绿针叶树种。孤植、列植均具高度观赏价值。

市场参考价格：2014 年 10 月份某园林网页信息显示，白皮松价格：高度 0.1 米，0.8 元；高度 0.3 米，7 元；高度 1 米，60～150 元；高度 2 米，600 元；高度 3 米，2000 元；高度 4 米，3 500 元；高度 5 米，6 000 元。

3. 桧柏

形态特征与分布：桧柏，柏科，圆柏属。常绿乔木。又名圆柏、刺柏。高达 20 米，胸径 3.5 米，树冠尖塔形或圆锥形，老树广卵形。叶 2 型，幼树或基部徒长的萌蘖枝上多为三角状钻形，3 叶轮生；老树多为鳞形叶，对生。球果次年成熟，浆果状不开裂，外被白粉。原产东北南部及华北等地。北至内蒙古及沈阳以南，南至两广，东自海滨省份，西至四川、云南均有分布（图 7－37）。

图 7－37 桧 柏

生物学特性与繁殖方法：耐寒、耐旱性较强，稍耐阴；能抗多种有害气体，并能吸收一定数量的硫和汞。其树形优美，又耐修剪，寿命长。为我国自古喜用的园林树种之一。主要繁殖方法有播种和扦插两种。

主要价值：圆柏幼龄树树冠整齐圆锥形，树形优美，大树干枝扭曲，姿态奇古，可以独树成景，是中国传统的园林树种。桧柏在庭院中用途极广。性耐修剪，又有很强的耐阴性，优良的绿篱植物，下枝不易枯，冬季颜色不变褐色或黄色，且可植于建筑之北侧阴处。在庭园中用途极广，还可以作桩景、盆景材料。市场参考价格（表 7－9）。

表 7－9 2014 年 10 月份部分规格桧柏树价格

苗木名称	高度（厘米）	单位	价格（元）
桧柏	100	株	2.5
桧柏	140	株	8
桧柏	160	株	18
桧柏	200	株	40
桧柏	250	株	70

注：资料来自某网站信息。

4. 大叶女贞

图 7-38　大叶女贞

形态特征与分布：大叶女贞，木犀科，女贞属。灌木或小乔木，高可达 12 米；树皮灰褐色。枝黄褐色、褐色或灰色，圆柱形，疏生圆形皮孔，小枝橄榄绿色或黄褐色至褐色，圆柱形，节处稍压扁，幼时被短柔毛，后无毛。叶片纸质，椭圆状披针形、卵状披针形或长卵形，花枝上叶片有时为狭椭圆形或卵状椭圆形。圆锥花序疏松，顶生或腋生，花期 3～7 月，果期 8～12 月（图 7-38）。

大叶女贞原产亚洲，如中国、越南、泰国、印度、老挝等，在中国主要分布在长江流域及南方各省，华北、西北地区也有栽培。主要培育繁殖基地有江苏、山东、浙江、湖南等地。

生物学特性与繁殖方法：阳性树种，喜光，喜温暖环境。适生于深厚、肥沃、湿润的土壤，对土壤的适应性强，酸性、中性、碱性土及轻度盐碱土均可生长。深根性，侧根广展，抗风力强。忌积水，不耐干旱和贫瘠。生长慢，寿命长。

繁殖方式有播种和扦插等方式。

主要价值：具有滞尘抗烟的功能，能吸收二氧化硫，适应厂矿、城市绿化，是少见的北方常绿阔叶树种之一，常作行道树和公园绿化树种。果实含淀粉，可酿酒，并入药为强壮剂。叶可治疗口腔炎、咽喉炎；树皮研磨可治疗烫伤等；根茎泡酒，治风湿。木材带白色，纹理致密，容易加工，宜作细木工用材，是制烙花筷原料之一。

市场参考价格：N 商务通网 2014 年 10 月份江苏省南京市某园林场网页信息显示，大叶女贞胸径 2 厘米—12 元；5 厘米—55 元；7 厘米—115 元；9 厘米—210 元；12 厘米—680 元。

（二）落叶乔木

1. 银杏

形态特征与分布：银杏，银杏科，银杏属。落叶大乔木。大树树皮不规则纵裂，粗糙；有长枝与生长缓慢的距状短枝。叶互生，在长枝上辐射状散生，在短枝上 3～5 枚成簇生状，扇形，在宽阔的顶缘多少具缺刻或 2 裂，雌雄异株，种子为著名的白果（图 7-39）。

图 7-39　银　杏

系我国特产。在海拔数米至数十米的东部平原到 3 000 米左右的西南山区均发现有生长较好的银杏古树。银杏树的分布以山东、浙江、江西、安徽、广西、湖北、四川、江苏、贵州等地最多。

生物学特性与繁殖方法：阳性树，喜适当湿润而排水良好的深厚壤土，适于生长在水热条件比较优越的亚热带季风气候区。生长较慢，寿命极长，自然条件下从栽种到结银杏果要 20 多年，40 年后才能大量结果。

繁殖方式有播种、分株、扦插、嫁接等方式。

主要价值：具有欣赏、食用、木用、药用等经济价值。银杏果又名白果，营养丰富，含粗脂肪 2.16%、淀粉 62.4%、蔗糖 5.2%、还原糖 1.1%、蛋白 0.26%、矿物质 3%、粗纤维 1.2%。以及维生素 C 66.8～129.2 毫克/100 克、维生素 E 6.17～8.05 毫克/100 克、核黄素、胡萝卜素、类胡萝卜素、花青素。另外，含有 17 种氨基酸、白果醇（十至廿九烷醇）、白果酮、廿八醇、B-谷甾醇、豆甾醇、生物碱等。微量元素有 Fe、Cu、Mn、Zn 及常量元素 Ca、Mg 等。具有很高的食用价值。食用可制成 13 类共 400 余道菜，常用于高级宴席接待宾客。食用银杏果可以抑菌杀菌，祛疾止咳，抗涝抑虫，止带浊和降低血清胆固醇。但也含有氢氰酸、白果酸、氢化白果酸、氢化白果亚酸、白果酚、白果醇等有毒物质，所以食用时应注意白果的食用方式。医药界认为，生白果应控制在一天 10 粒左右。银杏叶中含有有毒成分，服用剂量过大或时间较长，会危害心脏健康。

市场参考价格：目前绿化是银杏树的主要功能之一，其苗木价格行情不错（表 7-10），每年长约 1 厘米，育苗 3 万棵/亩，栽培苗树 2 万棵/亩，成树 250 棵/亩。经营妥当经济效益可观。

表 7-10　2014 年 10 月份部分规格银杏树价格

苗木名称	银杏树规格（厘米）	银杏树价格
实生银杏树	5 银杏树	50 元
实生银杏树	8 银杏树	130 元
实生银杏树	10 银杏树	200 元

（续）

苗木名称	银杏树规格（厘米）	银杏树价格
实生银杏树	13 银杏树	280 元
实生银杏树	15 银杏树	450 元
实生银杏树	18 银杏树	1 000 元
实生银杏树	20 银杏树	1 600 元
实生银杏树	25 银杏树	6 500 元
实生银杏树	30 银杏树	面议

注：资料来自某银杏苗木网。

2. 法桐

形态特征与分布：法桐，悬铃木科，悬铃木属。又名三球悬铃木，落叶大乔木。本属还有一球悬铃木（*P. occidentalis*）和二球悬铃木（*P. acerifolia*）。高达 30 米，树皮薄片状脱落；嫩枝被黄褐色绒毛，老枝秃净，干后红褐色，有细小皮孔。叶大，轮廓阔卵形。果枝有头状果序 3～5 个，稀为 2 个，常下垂（图 7-40）。

图 7-40　法　桐

欧亚大陆多地有栽培。中国晋代即已引种，北自大连、北京、河北，西至陕西、甘肃，西南至四川、云南，南至广东及东部沿海各省、自治区、直辖市都有栽培。

生物学特性与繁殖方法：生长迅速，寿命长，耐修剪，树姿优美，抗空气污染能力强。法桐喜光，喜湿润温暖气候，较耐寒。繁殖方式有扦插、播种等方式。

主要价值：法桐是一种生长速度较快的一类树种，具有很高的经济价值，用于园林绿化、城市绿化、行道树比较普遍，市场比较广阔。法桐的药用价值，味甘、平，无毒。梧桐子含咖啡因、树胶，能够补气养阴，明目平肝，乌须发。梧桐花鲜品能够治疗头癣秃疮。梧桐树皮能够治疗脱肛等。

市场参考价格：目前法桐为主要绿化乔木之一。据西北苗木网 2014 年 10 月 14 日公布河北苗木价格信息显示，米径 10 厘米法桐—220 元；米径 12 厘米法桐—320 元；米径 15 厘米法桐—600 元。法桐种植扦插速生小苗 4 000～5 000棵/亩，定植一般 200～300 棵/亩。目前年亩效益 1 万～5 万元不等。

3. 白蜡

形态特性与分布：白蜡，木犀科，梣属。别名中国蜡、虫蜡、川蜡、黄蜡等，落叶乔木，高 10～12 米；树皮灰褐色，纵裂。小枝黄褐色，粗糙，皮孔小，不明显。羽状复叶长 15～25 厘米；小叶通常 7 枚。花期 4～5 月，果期 7～9 月。该属约 70 种，主要分布于北半球温带，极少数向南延伸至热带。中国约有 20 余种白蜡树，各省、自治区、直辖市均有分布（图 7－41）。

图 7－41　白　蜡

生物学特性与繁殖方式：属温带树种，较耐寒（－18℃）；较耐水湿。对土壤要求不严，在壤土及黏土上均能生长，具有一定的耐盐碱的能力；但以在土层深厚、肥沃，地下水位低、盐渍化程度轻的壤土上生长最好。耐二氧化硫和烟尘，能适应城市环境。

繁殖有播种、扦插等方式。

主要价值：白蜡具有多方面的价值。树枝茂密，绿荫盖地，庄重典雅，净化空气，是公园、风景区、城区街道、行政机关、企业、院校和住宅小区最理想的绿化、美化、净化树种，具有较高的观赏价值；速生白蜡的生态价值也很高，速生白蜡树在园林绿化中，适应性强，各种土壤、肥料、气候均适应生长，抗烟尘，无污染，耐旱涝，无病虫害，移栽成活率高，而且造价低廉，是北方最常用的树种之一，是重要的行道树品种；白蜡还具有较高的药用价值，具有止血、生肌、定痛。治金疮出血、尿血、下血，疮疡久溃不敛，下疳等作用。此外，其木材坚韧，耐水湿，制作家具、农具、胶合板、枝条可编筐等作用。以白蜡杆为原料，通过精深加工，可以生产成套三人、双人沙发，成套餐桌、餐椅、室内外装饰用的各式花架，沙滩、游泳池旁边用的沙滩躺椅等，休闲用的可调式躺椅、逍遥椅、休闲椅、成套穿条沙发、茶几、电脑转椅、老板办公椅等多种精美工艺品和家具，产品远销上海、北京、广州、深圳、武汉、郑州、香港等地，并出口到西班牙、美国、加拿大、澳大利亚、日本、新加坡等国家和地区，深受国内外消费者的青睐。

市场参考价格：目前白蜡也是常见的主要绿化乔木之一，价格适中（表 7－11），种植时扦插速生小苗 4 000～5 000 棵/亩，定植一般 150～300 棵/亩。育苗每年每亩收入在万元左右。

表 7-11 2014 年江苏沭阳白蜡树价格表

苗木名称	米径（厘米）	高度（厘米）	地径（厘米）	单位（棵）	单价（元）
白蜡	5	450	6	棵	70
白蜡	8	450	9	棵	240
白蜡	10	500	11	棵	450
白蜡	13	500	14	棵	900
白蜡	15	500	16	棵	1 800

注：资料江苏沭阳绿化苗木某公司信息网。

4. 国槐

形态特征与分布：国槐，豆科，槐属。树型高大。树皮灰褐色，具纵裂纹。复叶长达 25 厘米；叶柄基部膨大，包裹着芽；种子卵球形，淡黄绿色，干后黑褐色。花为淡黄色，可烹调食用。其荚果念珠状，俗称“槐米”，也是一种中药。花期 7～8 月，果期 8～10 月（图 7-42）。

图 7-42 国 槐

原产中国，现南北各省、自治区、直辖市广泛栽培，华北和黄土高原地区尤为多见。日本、越南也有分布，朝鲜并见有野生，欧洲、美洲各国均有引种。

生物学特性与繁殖方式：喜光，略耐阴、耐寒、耐旱；喜深厚土壤；深根性，根肉质；忌涝；萌芽力强，耐修剪；生长中速，寿命长，栽培容易；抗二氧化硫等有害气体，适应城市环境。是城市内的良好行道树和庭阴树，又是龙爪槐的嫁接砧木。

繁殖方式有扦插、播种、埋根等方式。

主要价值：国槐是优良的蜜源植物；国槐种子榨油供工业用；槐角的外果皮可提馅糖等；国槐木材耐水湿，有弹性，材质优良，供建筑或制农具和家具用；对二氧化硫、氯气等有毒气体有较强的抗性。花和荚果入药，有清凉收敛、止血降压作用；叶和根皮有清热解毒作用，可治疗疮毒。

国槐是吉祥、幸福、美好的象征，是城乡人民自古以来就喜欢栽植的树种，作为一种庭院树和行道树在我国被广泛种植。

市场参考价格：2014 年 10 月份南京市某园林场网页信息显示，米径为 12 厘米、15 厘米、20 厘米、25 厘米、30 厘米的国槐，对应价格分别为 400、

750、1 500、2000、3 200 元/棵。经营国槐苗木也是一种选择。

5. 槭树类

形态特征与分布：槭树属，槭树科。本属包括五角枫、元宝枫、鸡爪槭、三角枫、茶条槭、复叶槭等多种。枝条棕红色到棕色，有小孔，冬季枝条是黑棕色或灰色。叶对生，单叶掌状裂或不裂，或奇数羽状复叶，稀掌状复叶。枫叶色泽绚烂、形态别致优美，可制作书签、标本等。花期 4～5 月，果期 9～10 月（图 7－43）。

图 7－43　槭树类

全世界的槭树科植物有 199 种，分布于亚洲、欧洲、北美洲和非洲北缘，中国也是世界上槭树种类最多的国家，目前已有 151 种，全国各地均有分布，主产于长江流域及其以南各省、自治区，是世界槭树的现代分布中心。在槭树属植物中有很多是世界闻名观赏树种。

生物学特性与繁殖方式：槭树类在充足的阳光下生长良好，适合全遮阴和潮湿到干燥，排水良好的土壤。

繁殖方式有扦插、播种、组织培养等方式。

主要价值：槭树类木材是最有价值的高级木材之一。重量适中，有弹性，坚韧结实的木材不易萎缩，抗屈能力强。一直以来槭树类木材只用在内部扩建的工程和家具中。其表面加工容易，抛光、酸洗和着色难度小，容易上漆。槭树类具有药用价值，在《本草纲目》中记述：枫树的木皮主治水肿。枫树的根叶主治痈疽。某些种类的枫树可以产出枫树糖浆。

在世界众多的红叶树种中，槭树树姿优美，叶形秀丽，秋季叶渐变为红色或黄色，还有青、紫色，极具魅力，是著名的秋色叶树种。与其他秋色叶树或常绿树配置，彼此衬托掩映，增加秋景色彩之美。

市场参考价格：随着我国各地对城市绿化质量和新园林树种推广工作的重视，槭树的观赏价值日益突显。价格一直居高态势。百纳网信息显示，南京市某苗圃场 2014 年 10 月份红槭价格，米径 2 厘米，20 元；3 厘米，55 元；4 厘米，120 元；5 厘米，230 元；6 厘米，550 元。槭树妥善经营效益可观。

6. 栾树

形态特征与分布：栾树，无患子科，栾树属。又名灯笼树。落叶乔木。树皮厚，老时纵裂；皮孔小，灰至暗褐色；小枝具疣点。奇数羽状复叶，花淡黄色，稍芬芳；蒴果圆锥形，具3棱；种子近球形。花期6～8月，果期9～10月。原产我国北部及中部，多分布于低山区和平原（图7-44）。

图7-44 栾 树

生物学特性与繁殖方式：喜光，能耐半阴，耐寒。具深根性，产生萌蘖的能力强。耐干旱、瘠薄，但在深厚、湿润的土壤上生长最为适宜。能耐短期积水，对烟尘有较强的抗性。

主要采用播种的繁殖方式。

主要价值：栾树耐寒耐旱，常栽培作庭园观赏树。木材黄白色，易加工，可制家具；叶可作蓝色染料，花供药用，亦可作黄色染料。树形端正，枝叶茂密而秀丽，春季嫩叶多为红叶，夏季黄花满树，入秋叶色变黄，果实紫红，形似灯笼，十分美丽；栾树适应性强、季相明显，是理想的绿化、观叶树种。宜做庭荫树、行道树及园景树，栾树也是工业污染区配植的好树种。观赏特性栾树春季观叶、夏季观花、秋冬观果，已大量将它作为庭荫树、行道树及园景树，同时也作为居民区、工厂区及村旁绿化树种。

市场参考价格：根据某苗木网站显示，栾树价格如表7-12。

表7-12 栾树部分规格参考价格

产品名称	米径（厘米）	单位	价格（元）
栾树	7	株	130
栾树	9	株	260
栾树	10	株	330
栾树	15	株	600
栾树	18	株	1 500
栾树	20	株	1 800

注：资料来自某网站信息。

7. 樱花

形态特征与分布：樱花，蔷薇科，樱属。落叶乔木。高4～16米，树皮灰

图 7-45 樱 花

色。小枝淡紫褐色，无毛。叶片椭圆卵形或倒卵形。每个花序着 3～5 朵，成伞状花序，花瓣先端缺刻，有重瓣花和单瓣花，花色有绿色、红色、白色、粉红色和浅紫红色等。目前栽培的主要品种有东京樱花、垂枝樱花、染井吉野樱、云南早樱、寒绯樱、山樱花、河津樱、关山樱、菊樱、松月樱、郁金樱、冬樱、科樱花、御衣黄、大寒樱、毛樱花、大山樱、十月樱等（图 7-45）。

原产于中国，樱属植物有百余种，布于北半球温和地带的亚洲、欧洲至北美洲，主要种类分布在中国西部和西南部及日本和朝鲜。1 000 多年前引入日本，现世界各地都有生长，主要在日本国生长，被日本称为国花。

生物学特性与繁殖方式：樱花为温带、亚热带树种，性喜阳光和温暖湿润的气候条件，有一定抗寒能力。

繁殖方式主要有播种、扦插、嫁接等方式。

主要价值：樱花花色鲜艳亮丽，枝繁叶茂，是早春重要的观花树种，常用于园林观赏。可植于山坡、庭院、路边、建筑物前。樱花还可以食用。樱花汁可制成樱花豆腐，和入面粉煎饼即成樱花饼，还可以与海鲜料理结合成樱花海参蒸、樱花干醋黄金虾、樱花汤等，花瓣晒干可代替茶叶使用，也可做糕点，可治高血压、强心、清血管，加入饭前的开胃沙拉，颇能提振食欲。洒在浴缸里泡澡，内含丰富的维生素 A、维生素 C，美容养颜之外，尚有强化黏膜促进糖分代谢的效果。樱树叶及樱花作为传统中药材，其功能具有止咳、平喘、宣肺、润肠、解酒的药用功效。

市场参考价格：随着我国城乡绿化事业的发展，樱花作为重要的叶花观赏植物得到了迅速发展。2014 年 10 月份中国商品网信息显示南京市某园林场日本樱花价格，地径 2 厘米，12 元；3 厘米，22 元；4 厘米，35 元；5 厘米，90 元；6 厘米，150 元；7 厘米，280 元；8 厘米，420 元；10 厘米，800 元；12 厘米，1 500 元。发展樱花有一定的市场空间。

（三）常绿灌木

1. 大叶黄杨

形态特征与分布：大叶黄杨，卫矛科，卫矛属。又称冬青卫矛，灌木，高可达 3 米；小枝四棱，具细微皱突。叶革质，有光泽，倒卵形或椭圆形，长

3～5 厘米，宽 2～3 厘米，先端圆阔或急尖，基部楔形，边缘具有浅细钝齿。花期 6～7 月，果熟期 9～10 月。最先于日本发现，引入栽培，观赏或做绿篱，中国南北各省、自治区、直辖市均有栽培（图 7-46）。

图 7-46　大叶黄杨

生物学特性与繁殖方式：喜光，稍耐阴，有一定的耐寒力，在淮河流域可露地自然越冬，华北地区需保护越冬，在东北和西北的大部分地区均作盆栽。对土壤要求不严，在微酸、微碱土壤中均能生长，在肥沃和排水良好的土壤中生长迅速，分枝也多。

可采用扦插、嫁接、压条繁殖，以扦插繁殖为主，极易成活。

主要价值：大叶黄杨是优良的园林绿化树种，可栽植绿篱及背景种植材料，也可单株栽植在花境内，将它们整成低矮的巨大球体，相当美观，更适合用于规则式的对称配植。木材细腻质坚、色泽洁白、不易断裂，是制作筷子、棋子的上等木料。

市场参考价格：大叶黄杨价格如表 7-13。

表 7-13　大叶黄杨部分规格参考价格

产品名称	高度（厘米）	冠幅	单位	价格（元）
大叶黄杨	30	—	棵	0.3
大叶黄杨	50	30	棵	0.55
大叶黄杨	60	40	棵	1.2
大叶黄杨	60	40	棵	1.2

注：资料来自某网站信息。

2. 红叶石楠

形态特征与分布：红叶石楠，蔷薇科，石楠属。常绿小乔木，枝浓叶茂，树冠球形。叶革质，长椭圆形，先端尾尖，基部圆形或宽楔形。春季和秋季新叶亮红色，后渐为深绿色，4～5 月开白色小花，密生，复伞房花序顶生。梨果球形，紫红色，光亮。11 月成熟时呈紫褐色。产于我国中部及南部，现北京以南各城市有栽培（图 7-47）。

生物学特性与繁殖方式：喜光，稍耐阴，喜温暖湿润气候，耐干旱瘠薄，不耐水湿。喜温暖、潮湿、阳光充足的环境。耐寒性强，能耐最低温度－

18℃。喜强光照，也有很强的耐荫能力。适宜各类中肥土质。耐土壤瘠薄，有一定的耐盐碱性和耐干旱能力。不耐水湿。红叶石楠生长速度快，萌芽性强，耐修剪，易于移植、成形。

图 7-47　红叶石楠

红叶石楠的繁殖主要通过组织培养或扦插两种方法。多采用扦插的繁殖方法。

主要价值：枝繁叶茂，树冠圆球形，早春嫩叶绛红，初夏白花点点，秋末累累赤实，冬季老叶常绿，园林观赏价值高。其新梢和嫩叶鲜红且持久，艳丽夺目，果序亦为红色，秋冬季节，红绿相间，极具观赏价值，是绿化树种中不可多得的红叶系列的观叶彩叶树种。其萌芽性强，耐修剪，在黄河流域及其以南几乎全年都可以拥有亮丽的火焰般红色，从而延长观赏期，在园林绿化上用途广泛。

市场参考价格：红叶石楠目前栽培比较广泛，其市场参考价格如表 7-14。

表 7-14　红叶石楠部分规格苗木参考价格

产品名称	高度（厘米）	冠幅	单位	价格（元）
红叶石楠	20	—	株	0.25
红叶石楠	40	20	株	0.8
红叶石楠	80	50	株	8
红叶石楠	100	70	株	20
红叶石楠	150	120	株	80
红叶石楠	170	150	株	110

注：资料来自某网站信息。

3. 山茶

形态特征与分布：山茶，山茶科，山茶属。常绿灌木和小乔木。叶片革质，互生，椭圆形、长椭圆形、卵形至倒卵形，边缘有锯齿，叶片正面为深绿色，多数有光泽。花两性，常单生或 2～3 朵着生于枝梢顶端或叶腋间。花朵直径5～6厘米，色大红，花瓣先端有凹或缺口。蒴果圆形，外壳木质化。山茶原产中国，除了东北、西北、华北部分地区因气候严寒不宜种植外，几乎遍植中国各地园林之中。山茶的品种极多，是中国传统的观赏花卉，“十大名花”中排名第七，亦是世界名贵花木之一（图7-48）。

图7-48 山 茶

生物学特性与繁殖方式：山茶性喜温暖湿润的气候环境，忌烈日，喜半阴的散射光照，亦耐阴。

繁殖可以采用扦插、嫁接、播种、压条、组织培养等方式。

主要价值：山茶为中国的传统园林名贵花木，树姿优美，枝叶繁茂，四季常青，花大色艳，清丽超逸，形色多变，高雅纯洁，花期长久。片植或群植营造山茶园，花时艳丽如锦，奇葩争艳，美不胜收。盆栽放置门厅入口、阳台、窗台优美雅致，清新自然。“雪里开花到晚春，世间耐久孰如君”，尤为难得。山茶开花正值花事冷落之际，又恰逢中国元旦、春节、元宵节等传统佳节，可为节日增添喜庆气氛。山茶对二氧化硫有很强抗性，对硫化氢、氯气、氟化氢和铬酸烟雾有明显的抗性，是优良抗污染绿化花木。山茶木材结构致密、坚硬，可作雕刻和制造工具的材料。花可食用，入佳肴，具有营养和保健作用，菜肴有“山茶花羹”、“茶花鱼”等，药膳有“茶花糯米粥”、“茶花饼”等，还可配茶花酒，制饮料。花、叶、根均可入药。花有凉血、止血、散瘀、消肿之效，叶能治疗痈疽、肿毒；根能治疗腹胀痛。种子可供食用、润发、防锈、制皂、钟表润滑及药用。山茶还是友谊的象征，也是世界上普遍采用的礼仪花卉。目前依据品种、规格、姿态不同盆花由几元到几百元不等。

目前山东一带市场参考价值：高度100米，冠幅60厘米，60元/株；高度130厘米，冠幅100厘米，180元/株；高度200厘米，冠幅130厘米，300元/株。

（四）落叶灌木

1. 月季

形态特征与分布：月季，蔷薇科，蔷薇属。绿或半常绿直立灌木，通常具钩状皮刺。小叶3～5，两面无毛，叶片有光泽。花常数朵簇生，罕单生，深红、粉红至近白色，微香；果卵形至球形，红色。花期4月至10月下旬。月季种类主要有藤本月季、大花香水月季（切花月季主要为大花香水月季）、丰花月季（聚花月季）、微型月季、树状月季、壮花月季、灌木月季、地被月季等。原产长江流域及以南地区，现全国各地普遍栽培（图7-49）。

图7-49　月　季

生物学特性与繁殖方式：月季对环境适应性颇强；对土壤要求不严，但以富含有机质、排水良好而微酸性土壤最好。喜光，但过于强烈的阳光照射又对花蕾发育不利，花瓣易焦枯。夏季的高温对开花不利。以春、秋两季开花最多、最好。

可采用播种、扦插和嫁接的方式繁殖。

主要价值：月季在园林绿化中，有着不可或缺的价值，月季在南北园林中，使用次数是最多的一种花卉。月季花是春季主要的观赏花卉，其花期长，观赏价值高，价格低廉，受到各地园林的喜爱。可用于园林布置花坛、花境、庭院花材，可制作月季盆景，做切花、花篮、花束等。

花可提取香料。根、叶、花均可入药，具有活血消肿、消炎解毒功效。而且是一味妇科良药。

市场参考价格：据2014年10月份某网站显示，株高25厘米，0.6元/株；株高60厘米的月季价格为0.8元/株。但月季亩产量大，经济价值可观。

2. 牡丹

形态特征与分布：牡丹，毛茛科，芍药属。多年生落叶小灌木。茎高达2米；分枝短而粗。叶通常为二回三出复叶，偶尔近枝顶的叶为3小叶。顶生小叶宽卵形，表面绿色，无毛，背面淡绿色，有时具白粉。花单生枝顶，直径10～17厘米。花梗长4～6厘米。花期5月，果期6月（图7-50）。

图7-50　牡　丹

在栽培类型中，主要根据花的颜色，可分成上百个品种，色泽较多，以黄、绿、肉红、深红、银红为上品，尤其黄、绿为贵。牡丹花大而香，故又有“国色天香”之称。

原产于中国西部秦岭和大巴山一带山区，为中国国花。广泛分布于各省、自治区、直辖市，尤以洛阳、菏泽、北京、临夏、彭州、铜陵县等地为集中产区。

生物学特性与繁殖方式：牡丹性喜温暖、凉爽、干燥、阳光充足的环境。喜阳光，也耐半阴，耐寒，耐干旱，耐弱碱，忌积水，怕热，怕烈日直射。

繁殖方式有扦插、压条、播种、分株、嫁接、组织培养等方式。

主要价值：牡丹雍容华贵，卓立于群芳之中，素有“国色天香”和“花中之王”的美誉。端庄绚丽，流光溢彩，秀韵多姿，从古到今牡丹被文人墨客竞相赞美。牡丹花茶养血和肝、散郁祛瘀，适应于面部黄褐斑、皮肤衰老、常饮可使气血充沛、容颜红润、精神饱满。能减轻生理疼痛、降低血压，对改善贫血及养颜美容有助益。牡丹干燥根皮具有清热凉血、活血化淤、退虚热等功效。

市场价格：目前依据不同品种、规格盆花由几十元到几百元不等。

3. 紫薇

形态特征与分布：紫薇，千屈菜科，紫薇属。落叶灌木或小乔木，树皮片状脱落后，光滑。小枝四棱，并有窄翅，叶互生或对生。圆锥花序顶生，花瓣6枚，边缘皱缩，基部有爪，玫瑰红色。花期6～9月。蒴果椭圆状圆球形。紫薇品种多，有红薇、翠薇和银薇。产长江流域，现各地多有栽培（图7-51）。

图7-51 紫 薇

生物学特性与繁殖方式：喜光，较耐寒、耐旱、怕水湿，在石灰土上生长较好，在湿润温暖肥沃的土壤上生长茂盛。萌芽力强，寿命较长。

主要价值：紫薇作为优秀的观花乔木，在园林绿化中，被广泛用于公园绿化、庭院绿化、道路绿化、街区城市等，在实际应用中可栽植于建筑物前、院落内、池畔、河边、草坪旁及公园中小径两旁均很相宜。也是做盆景的好材料。

市场参考价格：根据南京某网站显示2014年紫薇的价格如下：紫薇地径1厘米、2厘米、3厘米、4厘米、5厘米，对应价格分别为6、18、25、45、80元/棵。

4. 紫叶小檗

形态特征与分布：紫叶小檗，小檗科，小檗属。别名红叶小檗，落叶灌木。高1～2米。叶深紫色或淡红色。幼枝紫红色，具刺。叶全缘，菱形或倒卵形，在短枝上簇生。4月开花，花黄色。果熟期9～10月份。果实椭圆形，果熟后艳红美丽（图7-52）。

原产于中国东北南部、华北及秦岭。多生于海拔1 000米左右的林缘或疏林空地。同属约有500种，我国有200种。

图 7-52　紫叶小檗

生物学特性与繁殖方式：紫叶小檗的适应性强，喜阳，耐半阴，萌蘖性强，耐寒，耐炎热高温，不耐水涝。中国各省、自治区、直辖市广泛栽培。

繁殖方式主要有播种、扦插、分株等方式。

主要价值：紫叶小檗主要用于园林绿化，也具有药用价值，对慢性气管炎、小儿肺炎、痢疾、肠炎等均有疗效。

紫叶小檗春开黄花，秋缀红果，是叶、花、果俱美的观赏花木，园林常用作花篱或在园路角隅丛植，点缀于池畔、岩石间、草坪之中。也用作大型花坛镶边或剪成球形对称状配植。适宜坡地成片种植，常与金叶女贞、大叶黄杨组成色块、色带及模纹花坛，是园林绿化中色块组合的重要树种。此外，紫叶小檗也是制作盆景的好材料。

市场参考价格：2014 年 10 月份江苏省沭阳县某花木专业合作社网页信息显示，紫叶小檗 50 厘米高度价格为 0.25 元/棵。一般 100 平方米苗床可育苗 10 万株以上，从扦插到苗木移栽仅需 40 天左右，1 年可育 2～3 次，育苗 20 万株以上，从而大大缩短了育苗周期，降低了育苗成本。

(五) 藤本类

1. 紫藤

图 7-53　紫　藤

形态特征与分布：紫藤，蝶形花科，紫藤属。又名藤萝、朱藤，大型木质藤本，枝粗壮，具极强的攀缘能力。奇数羽状复叶互生，总状花序下垂，花蓝紫色、白色、芳香、花期 4～5 月，荚果 9～10 月成熟。除西北、东北外，各地均有栽培（图 7-53）。

生物学特性与繁殖方式：性喜光，略耐阴，稍耐寒，对土壤适应力强，耐干旱，怕积水，耐修剪。

播种、扦插繁殖均可。

主要价值：本种中国自古即栽培作庭园棚架植物，先叶开花，紫穗满垂缀以稀疏嫩叶，十分优美，是优良的观花藤本植物，一般应用于园林棚架，春季紫花烂漫，别有情趣，适栽于湖畔、池边、假山、石坊等处，具独特风格，盆景也常用。

市场参考价格：根据2014年10月份某网站显示，紫藤的价格如下：米径3厘米、4厘米、5厘米、6厘米、7厘米/棵，分别对应价格：50、60、70、120、180元/棵。

2. 凌霄

形态特征与分布：凌霄，紫葳科，凌霄属。别名紫葳、女藏花、凌霄花落叶藤本，长达10余米。茎上有攀缘的气生根，攀附于其他物上。树皮灰褐色，小枝紫色。叶对生，奇数羽状复叶，小叶7～9枚。卵形，有锯齿，无毛。顶生聚伞花序或圆锥花丛，花冠漏斗状，唇形五裂，鲜红色或橘红色，花期7～8月。蒴果长如豆荚，种子多数扁平，果实10月成熟。其品种只有中国凌霄和美国凌霄两种。产地与分布原产长江中下游地区，各地均有栽培（图7-54）。

图7-54 凌 霄

生物学特性与繁殖方式：性喜阳、温暖湿润的环境，稍耐阴。喜欢排水良好土壤，较耐水湿，并有一定的耐盐碱能力。

主要用扦插、压条繁殖，也可分株或播种繁殖。

主要价值：凌霄生性强健，枝繁叶茂，入夏后朵朵红花缀于绿叶中次第开放，十分美丽，可植于假山等处，也是廊架绿化的上好植物。凌霄是理想的垂直绿化、美化花木品种，可用于棚架、假山、花廊、墙垣绿化。

市场参考价格：青青花木网2014年10月份信息显示，河南省洛阳市某苗圃长度为1米，价格为每棵2元；江苏省沭阳某公司地径为8厘米，长度为10米，价格为每棵2 500元。

二、花卉

（一）观叶类

1. 马拉巴栗

形态特征与分布：马拉巴栗，木棉科，爪哇木棉属。又称发财树、瓜栗、中美木棉、鹅掌钱等。常绿小乔木。树高8～15米，茎直立，叶大互生，有长柄，掌状复叶。花大，花瓣条裂，花色有红、白或淡黄色，色泽艳丽。原产拉丁美洲的哥斯达黎加、澳洲及太平洋中的一些小岛屿，我国南部热带地区亦有分布（图7-55）。

图7-55　马拉巴栗

生物学特性与繁殖方式：马拉巴栗为多年生常绿灌木，性喜温暖、湿润，向阳或稍有疏荫的环境，生长适温20～30℃。

繁殖方式主要有播种、扦插等方式。

主要价值：20世纪六七十年代马拉巴栗的果实在墨西哥一带主要用于榨植物油，这种植物油对心脑血管疾病有非常好的保健作用；其种子是非常好的小食品，口感像核桃仁，20世纪70年代末，马拉巴栗被开发成观赏植物后，马拉巴栗的种子主要用于繁殖。

市场参考价格：马拉巴栗是能够观赏花叶的植物。株形秀美、叶色亮绿，树干呈锤形，盆栽后适于庭院、居室布置和美化使用，又因其名称深受商家及一般市民的欢迎。2006年来在中国花卉市场上发展甚快。每逢节日，各宾馆、饭店、商家及市民多争相采购，以图吉祥如意。盆栽马拉巴栗一般情况下多株比单株的贵，目前价格情况因品种、规格、造型不同盆花由几十元到几百元不等。

2. 苏铁

形态特征与分布：苏铁，苏铁科，苏铁属。俗名铁树，又名，凤尾蕉、避火蕉、凤尾松等。树干高约2米，稀达8米或更高，圆柱形如有明显螺旋状排列的菱形叶柄残痕。羽状叶从茎的顶部生出，下层的向下弯，上层的斜上伸展，整个羽状叶的轮廓呈倒卵状狭披针形，叶轴横切面四方状圆形，柄略成四角形，两侧有齿状刺，水平或略斜上伸展。一说是因其木质密度大，入水即沉，沉重如铁而得名。另一说因其生长需要大量铁元素，故而之名。苏铁最为出名的是其开花，被称之为“铁树开花”。苏铁雌雄异株，花形各异，雄花长椭圆形，挺立于青绿的羽叶之中，黄褐色；雌花扁圆形，浅黄色，紧贴于茎顶。花期6～8月。种子成熟期为10月份。在中国南方热带及亚热带南部树龄10年以上的树木几

图7-56　苏　铁

乎每年开花结实，而长江流域及北方各地栽培的苏铁常终生不开花，或偶尔开花结实。多种植在南方，现广泛分布于中国、日本、菲律宾和印度尼西亚等国家（图 7－56）。

生物学特性与繁殖方式：苏铁喜光、喜铁元素、喜暖热湿润的环境，稍耐半阴，不耐寒冷，生长甚慢，寿命约 200 年。

苏铁有分蘖、播种等繁殖方式。

主要价值：苏铁除主要作为盆栽观赏植物外，也有药用价值，其叶收敛止血，解毒止痛。其花理气止痛，益肾固精。其种子平肝，降血压。其根祛风活络，补肾。但也要注意苏铁种子和茎顶部树心有毒，谨慎使用。

市场参考价格：2014 年 10 月 24 日青青花木网苏铁价格信息：高度 60 厘米、冠幅 160 厘米，500 元/棵。

3. 红豆杉

形态特征与分布：红豆杉，红豆杉科，红豆杉属。又名紫杉。常绿乔木，树皮灰褐色、红褐色或暗褐色，裂成条片脱落；大枝开展，一年生枝绿色或淡黄绿色，秋季变成绿黄色或淡红褐色，二、三年生枝黄褐色、淡红褐色或灰褐色；叶条形，雌雄异株，种子扁圆形，种子用来榨油，也可入药。花腋生，雌雄异株，雌花只有一个胚珠，下托鳞片数枚；扁卵形种子，两侧各有一不明显的棱脊，围有红色杯状假种皮（图 7－57）。

图 7－57　红豆杉

中国红豆杉有 4 种一变种，分布于中国大部分地区。东北红豆杉主要分布在吉林省长白山和黑龙江一带，辽宁东部山区也有少量分布。红豆杉在中国南北各地均适宜种植。

生物学特性与繁殖方式：浅根植物，其主根不明显、侧根发达。生长速度缓慢，再生能力差。红豆杉具有喜荫、耐旱、抗寒的特点。繁殖有种子、扦插等繁殖方式。

主要价值：红豆杉作为中国一级保护树种，有很好的生态价值和极高的经济价值，红豆杉的树皮含有抗癌物质——紫杉醇，令其身价倍增，对卵巢和乳腺癌有突出的疗效。此外，对高血压、糖尿病、冠心病也有一定效果。美国的临床证明目前 98％纯度的紫杉醇国际市场价格为每千克 40 万～60 万美元，我国纯度为 70％的紫杉醇售价为 160 万～180 万元/千克，比黄金价格还要昂贵。

市场参考价格：由于其具有的药用价值和观赏性，是重要的园林绿化树种，近些年也常见作为花卉以盆栽植物形式用于家庭居室美化环境和净化空气（价格见表 7－15）。

表 7－15　2014 年 8 月 28 日四川某基地红豆杉价格信息

类别	规格	价格
红豆杉工程树	直径 10 厘米特等	1 500 元/件
红豆杉盆景	高 50～80 厘米特等	200 元/件

注：资料来自中国木业信息网。

4. 橡皮树

形态特征与分布：橡皮树，桑科，榕属。常绿乔木。主干明显，少分枝，长有气根。单叶互生，叶片长椭圆形，厚革质，亮绿色，侧脉多而平行，幼嫩叶红色，叶柄粗壮。橡皮树原产印度及马来西亚，故又名印度橡皮树、印度榕。中国各地多有栽培（图 7－58）。

图 7－58　橡皮树

生物学特性与繁殖方式：橡皮树其性喜高温湿润、阳光充足的环境，也能耐阴，但不耐寒，适宜生长温度 20～25℃，忌阳光直射。安全越冬温度为 5℃。

繁殖有扦插、压条等繁殖方式。

主要价值：橡皮树观赏价值较高，是著名的盆栽观叶植物。极适合室内美化布置。中小型植株常用来美化客厅、书房；中大型植株适合布置在大型建筑物的门厅两侧及大堂中央，显得雄伟壮观。

市场参考价格：中华园林网 2014 年 10 月 25 日显示江苏沭阳某园林绿化苗木场橡皮树价格：冠幅 2 米，220 元/棵。

5. 富贵竹

形态特征与分布：富贵竹，百合科，龙血树属。别名竹蕉、万年竹、万寿竹、距花万寿竹、开运竹、富贵塔、竹塔、塔竹等。多年生常绿草本植物。茎节表现出貌似竹节的特征，株高可达 4 米，如作商品观赏，栽培高度为 80～100 厘米为宜，盆栽 40～60 厘米，其品种有绿叶、绿叶白边（称银边）、绿叶黄边

(称金边)、绿叶银心(称银心)。原产于非洲西部的喀麦隆。在1970年后期被大量引进中国作观赏之用，现在为中国常见的观赏植物(图7-59)。

生物学特性与繁殖方式：富贵竹性喜阴湿高温、半阴的环境，耐涝、耐肥力强，抗寒力强。适宜生长温度为20～28℃，可耐2～3℃低温，但冬季要防霜冻。

扦插很容易繁殖，可采用土培、水培方式。

主要价值：富贵竹茎叶纤秀，柔美优雅，姿态潇洒，富有竹韵，主要作盆栽观赏植物，观赏价值高，中国有“花开富贵，竹报平安”的祝辞，象征着“大吉大利”，名字也因此而得。

图7-59 富贵竹

市场参考价格：目前市场常见截取不同高度茎干捆扎，堆叠成塔形，或用其茎干捆扎成各种造型，置于潜水中养护，每盆价格在几十到几百不等。种植富贵竹产量高，每亩可种植1.8万～2.5万株，具有较高的经济效益。

6. 绿萝

形态特征与分布：绿萝，天南星科，麒麟叶属。学名黄金葛，大型常绿藤本植物。成熟枝上叶柄粗壮，叶片薄革质，翠绿色，有不规则的纯黄色斑块，全缘，不等侧的卵形或卵状长圆形，先端渐尖，基部深心形。主要品种有青叶绿萝、黄叶绿萝、花叶绿萝(图7-60)。

图7-60 绿 萝

原产中美、南美的热带雨林地区。在世界上广泛分布，包括南澳大利亚、马来西亚、中国、日本、印度。现代已被引进到世界大部分的热带和亚热带森林。

生物学特性与繁殖方式：绿萝喜湿热的环境，越冬温度不应低于15℃。属阴性植物，忌阳光直射，喜阴。

主要是扦插繁殖，可以水培，也可以土培。

主要价值：绿萝叶色斑斓，四季常绿，长枝披垂，摇曳生姿，是极优良的观叶植物。绿萝能吸收空气中的苯、三氯乙烯、甲醛等，因而具有极强的空气净化功能，有绿色净化器的美名。还具有活血散瘀药用功效，对于跌打损伤有疗效，是居家常见花卉。

市场参考价格：目前大小、品种和造型规格不同，其价格盆花由十几元到几百元价格不等。

（二）观花类

1. 仙客来

形态特征与分布：仙客来，报春花科，仙客来属。别名萝卜海棠、兔耳花、兔子花、一品冠、篝火花、翻瓣莲等，多年生草本植物。仙客来块茎扁圆球形或球形、肉质。叶片由块茎顶部生出，心形、卵形或肾形，叶缘有细锯齿，叶面绿色，具有白色或灰色晕斑，叶背绿色或暗红色，叶柄较长，红褐色，肉质。花单生于花茎顶部，花朵下垂，花瓣向上反卷，犹如兔耳，因而得名兔耳花；花有白、粉、玫红、大红、紫红、雪青等色，基部常具深红色斑；花瓣边缘多样，有全缘、缺刻、皱褶和波浪等形。花瓣通常五瓣，花期10月至翌年4月（图7-61）。

图7-61 仙客来

仙客来原产地在欧洲南部希腊等地中海地区，栽培已有300多年的历史。在18世纪的时候曾以德国为栽培中心，后来更风靡了整个欧洲。后经不断品种改良，逐渐成为世界性的观赏花卉，备受推崇，因此被推举为盆花女王。

生物学特性与繁殖方式：仙客来性喜温暖，怕炎热，在凉爽的环境下和富含腐殖质的肥沃沙质壤土中生长最好。较耐寒，可耐0℃的低温不致受冻。

繁殖方式主要有播种、块茎分割、组织培养等方式。

主要价值：仙客来有“仙客翩翩而至”的寓意，因其株型美观、别致，花盛色艳，具有香味，同时对空气中的有毒气体二氧化硫有较强的抵抗能力，它的叶片能吸收二氧化硫，并经过氧化作用将其转化为无毒或低毒的硫酸盐等物质，适宜于盆栽观赏，可置于室内布置，尤其适宜在家庭中点缀于有阳光的几架、书桌上，深受人们青睐。也是装点客厅、商店、餐厅等公共场所的理想盆花。

市场参考价格：21食品商务网2014年10月24日信息显示，山东青州某苗木基地价格5元/棵，如组成盆栽形式，则依品种和规格不同，由几十元至几百元不等。

2. 君子兰

图 7－62　君子兰

形态特征与分布：君子兰，石蒜科，君子兰属。别名剑叶石蒜、大叶石蒜，是多年生草本植物。君子兰根肉质纤维状，为乳白色，十分粗壮。根系粗大，很有肉质感。君子兰茎基部宿存的叶基部扩大互抱成假鳞茎状。叶片从根部短缩的茎上呈二列迭出，排列整齐，宽阔呈带形，顶端圆润，质地硬而厚实，并有光泽及脉纹。基生叶质厚，叶形似剑，叶片革质，深绿色，具光泽，带状。花期长达30～50天，以冬春为主，元旦至春节前后也开花。原产于南非南部。君子兰于19世纪20年代传至欧洲，在德国、英国、丹麦、比利时等国栽培。君子兰传入中国有两个渠道，一个是由日本传入中国长春，另一个是从德国传入中国青岛。君子兰是长春市的市花。主要品种有垂笑君子兰、大花君子兰、细叶君子兰、有茎君子兰、奇异君子兰、沼泽君子兰（图 7－62）。

生物学特性与繁殖方式：喜肥厚、排水性良好的土壤和湿润的土壤，忌干燥环境。忌强光、高温，喜凉爽，为半阴性植物。生长适温为15～25℃，低于5℃则停止生长。

繁殖方式主要有播种、分株等方式。

主要价值：君子兰是一种品种独特的花卉，其株形端庄典雅，叶片对称挺拔，四季常青，翠绿，如谦谦君子，其花姿优美舒展，雍容潇洒华贵，花色艳丽多彩。有“高贵”、“宝贵”、“丰盛”、“君子之风”寓意，具有很高的观赏价值，中国常在温室盆栽供观赏。

市场参考价格：目前依品种、规格、年限等不同，市场价格差异很大，有的高达几千元/盆。

3. 蝴蝶兰

形态特征与分布：蝴蝶兰，兰科，蝴蝶兰属。多年生草本植物。茎短，花大，因花形似蝶得名。叶大，叶片稍肉质，常3～4枚或更多，上面绿色，背面紫色，椭圆形、长圆形或镰刀状长圆形，长10～20厘米，宽3～6厘米，先端锐尖或钝，基部楔形或有时歪斜，具短而宽的鞘。白色粗大的气根露在叶片周围，除了具有吸收空气中养分的作用外，还有生长和光合作用。新春时节，蝴蝶兰植株从叶腋中抽出长长的花梗，并且开出形如蝴蝶飞舞般的花朵，花姿优美，颜色华丽，为热带兰中的珍品，有“兰中皇后”之美誉，深受花迷们的青睐，素有“洋兰王后”之称。原产于马来西亚热带雨林地区，为附生性兰花。分布在泰国、菲律宾、马来西亚、印度尼西亚及中国台湾（图 7-63）。

图 7-63 蝴蝶兰

生物学特性与繁殖方式：蝴蝶兰出生于热带雨林地区，本性喜暖畏寒。生长适温为 15～20℃，冬季 10℃以下就会停止生长，低于 5℃容易死亡。

繁殖方式主要有播种、花梗催芽、组织培养等方式。

主要价值：蝴蝶兰的学名按希腊文的原意为“好似蝴蝶般的兰花”。纯白、粉红、金黄等色彩斑斓，象征着高洁、清雅，不同的花色有不同的美好寓意，是馈赠亲友的上好礼品。

市场参考价格：目前盆花依规格、品种不同，价格由几十元到几百元不等。

4. 中国兰

形态特征与分布：中国兰，兰科，兰属。主要为春兰、蕙兰、建兰、寒兰、墨兰五大类，有上千种园艺品种（图 7-64）。

图 7-64 中国兰

叶自茎部簇生，线状披兰的叶终年常绿，它多而不乱、仰俯自如、姿态端秀、别具神韵。总状花序，花被 2 轮，肉质状，内轮 3 瓣中，两瓣向上直立，下方一瓣唇形，向外反卷，上具紫红色斑或无，雄蕊和花柱合生成合蕊柱，花色由黄褐至浅黄，以不具褐色的纯颜色者为贵异。兰花的花果期在 7～11 月。由于地生兰大部分品种原产中国，因此兰花又称中国兰，并被列为中国十大名花之首。中国分布于山东、江苏、浙江、安徽、江西、湖北、湖南、云南、四川、贵州、广西、广东及陕西等地。日本、朝鲜也有分布。

生物学特性与繁殖方式：兰花喜半阴半阳，喜湿润透风的生长习性。

繁殖方式主要有分株、播种、组织培养等方式。

主要价值：中国自古以来对兰花就有看叶胜看花之说。它的花素而不艳，亭亭玉立。倍受国人喜爱，与竹、菊、梅合称“四君子”。兰花的叶终年常绿，它多而不乱、仰俯自如、姿态端秀、别具神韵。蒴果三角形，种极小。草入药，有解热清暑、化湿健胃、止呕的作用。兰花以它特有的叶、花、香独具四清（气清、色清、神清、韵清），具高洁、清雅的特点。古今名人对它评价极高，被文人墨客奉为上品，被喻为花中君子。

市场参考价格：兰花珍品每盆花曾一度被热炒至几百万，甚至上千万元价格。目前价格差异较大，有点品位兰花每盆价格由几百元到几千元不等，有的高达几十万元。

5. 红掌

形态特征与分布：红掌，天南星科，花烛属。多年生常绿草本花卉。其株高一般为50～80 厘米，因品种而异。具肉质根，无茎，叶从根茎抽出，具长柄、单生、心形，鲜绿色，叶脉凹陷。花腋生，佛焰苞蜡质，正圆形至卵圆形，鲜红色、橙红肉色、白色，肉穗花序，圆柱状，直立。四季开花（图 7－65）。

图 7－65　红　掌

红掌原产于哥斯达黎加、哥伦比亚等热带雨林区。常附生在树上，有时附生在岩石上或直接生长在地上，通过引种改良和用光、温、水调节系统的大棚栽培，欧洲、亚洲、非洲皆有广泛栽培。

生物学特性与繁殖方式：性喜温暖、潮湿、半阴的环境，忌阳光直射。其适宜生长昼温为 26～32℃，夜温为 21～32℃。所能忍受的最高温为 35℃，可忍受的低温为 14℃。

红掌主要采用分株、扦插、播种和组织培养进行繁殖。

主要价值：红掌是重要的热带切花，佛焰花序，其佛焰花苞硕大、肥厚，具蜡质，色泽有红、粉、白、绿、双色等。其色泽鲜艳，造形奇特，应用范围广，经济价值高，是全球发展快、需求量较大的高档热带切花和盆栽花卉。

其花朵独特，为佛焰苞，色泽鲜艳华丽，色彩丰富，是世界名贵花卉。花期长，切花水养可长达 1 个半月，切叶可作插花的配叶。可作盆栽，盆栽单花期可长达 4～6 个月，周年可开花。

市场参考价格：目前盆花依规格、品种不同，价格由几十元到几百元不等。

6. 观赏凤梨类

形态特征与分布：观赏凤梨类，凤梨科。多年生草本植物，原产于中、南美洲的热带、亚热带地区，以附生种类为主。常见的种类和品种，主要是属于凤梨科的珊瑚凤梨属（*Aech-mea*）、水塔花属（*Billbergia*）、果子蔓（*Guzmania*）、彩叶凤梨属（*Neo-regelia*）、铁兰属（*Tillandsia*）和莺歌属（*Vriesea*）这 6 个类群。它们以观花为主，也有观叶的种类，其中还有不少种类花叶并貌，既可观花，又可观叶（图 7－66）。

图 7－66　观赏凤梨类

生物学特性与繁殖方式：观赏凤梨一般附生于树干或石壁上，性喜温暖、潮湿的半遮阴环境。

可采用扦插、播种等繁殖方式。

主要价值：观赏凤梨的株型独特，叶形优美，花型、花色丰富漂亮，花期长，观花观叶俱佳，而且绝大部分耐阴，适合室内长期摆设观赏。

市场参考价值：目前盆花依规格、品种不同，价格由几十元到几百元不等。

实训与思考

1. 根据当前实际你认为园林苗木花卉前景如何？
2. 分组讨论经营园林苗木花卉成功的关键在哪里？为什么？

项目三　设施园艺

设施园艺是指利用特定的设施（保温、增温、降温、防雨、防虫），创造适于作物生长的环境，以生产优质、高产、稳产的蔬菜、花卉、水果等园艺产品的一种环控农业。近些年我国农业现代化使得我国的设施园艺得到迅速发展。主要表现在：一是生产规模不断扩大，2014 年 3 月份举办的第二届中国设施园艺产业发展峰会资料表明，2012 年我国设施园艺面积达到 5 790 余万亩，设施园艺产业净产值为 5 800 多亿元。预计到 2015 年，全国设施园艺面积可达6 500万亩以上。塑料拱棚和日光温室居世界第一位，成为主要设施类型，比1981年增长了约150倍。在一些大中城市郊区蔬菜设施栽培面积已超过当地菜田总面积的10%以上，某些地区已接近30%。二是初步形成我国特色的设施园艺体系。基本消灭了冬春蔬菜淡季。2014年5月份召开的"中国蔬菜产业大会·2014"资料表明，我国蔬菜面积达到3亿多亩，年产量超过7亿吨，人均占有量500多千克，均居世界第一位。三是设施园艺工程的总体水平有明显提高。小型简易类型比重下降约20%，通过大型现代化温室及配套设施的引进，促进了我国温室产业的发展。使我国新型优化节能日光温室和国产连栋塑料温室得到进一步推广。设施结构设计建筑更科学合理，使得设施内的光温水气环境得以优化；为高产优质奠定了基础。四是都市周边设施园艺向休闲观光农业的方向发展。将现代化的温室园艺与观光旅游结合起来，与向青少年进行农业科普教育结合起来，一举多得，拓展了设施园艺的功能。五是引进高科技、现代化智能温室。全国引进的现代化温室已达170多公顷。其中1995年以后引进的占总面积的83.4%，通过对国外高科技设施园艺技术的全面引进、消化、吸收，也全面提高了我国设施园艺的学科水平，取得了理想效果。六是为设施农业工程专业提供发展商机。一些相关政策向农业倾斜。使得不少企业家也开始关注农业项目，他们看到农业现代化的美好前景，把投资热点转向农业。这为相关产业提供了难得的商机。设施园艺生产包括蔬菜、水果、食用菌、花卉等，花卉在前面的项目中已作阐述，这里不再介绍。

一、蔬菜生产

蔬菜生产的种类有很多，这里仅介绍几种常见蔬菜。

（一）黄瓜

形态特征与分布：黄瓜，葫芦科，黄瓜属。果实颜色呈油绿或翠绿，表面有柔软的小刺。中国各地普遍栽培，现广泛种植于温带和热带地区（图7-67）。

图7-67 黄 瓜

生物学特性：黄瓜喜温暖，不耐寒冷，生育适温18～30℃，光合作用适温为25～32℃，最适宜地温为20～25℃，最低为15℃左右。为主要的温室产品之一。

主要价值：黄瓜营养丰富，据分析，含有微量的维生素C、胡萝卜素及少量糖类、蛋白质、钙、磷、铁等人体必需营养素。现代药理学研究认为，鲜黄瓜中含有一种叫丙醇二酸的物质，它有抑制糖类转化为脂肪的作用。因此，认为多吃黄瓜有减肥作用。据动物实验证明，黄瓜头中含有一种葫芦素C，这种物质具有明显的抗肿瘤作用。鲜黄瓜中还含有非常娇嫩的纤维素，有降低血液中胆固醇的功能。近年来的临床实践还证明：黄瓜藤有良好的扩张血管、减慢心率、降低血压和降低胆固醇的作用。黄瓜叶和藤部则具有清热、利水、除湿、滑肠、镇痛等功效。黄瓜霜具有治疗咽喉肿痛的作用。除此之外，黄瓜还有一种特殊的美容功能，用黄瓜汁来清洁和保护皮肤，或用捣碎的黄瓜来舒展皱纹都颇为有效。

【教学案例】

据北京市农业技术推广站数据资料显示，2013—2014年度，北京市顺义区大孙各庄镇老公庄村高产示范户徐某日光温室黄瓜亩产25 984千克超过2.5万千克，增产3.7%，再次刷新全市高产纪录，走在全国前列。2013—2014年度示范点的黄瓜平均单产达到16 160千克/亩，比高产创建初增产81.3%。

（二）番茄

形态特征与分布：番茄，茄科，茄属。别名西红柿、洋柿子，全体生黏质腺毛，有强烈气味。茎易倒伏。原产南美洲，中国南北广泛栽培（图7-68）。

图7-68　番　茄

生物学特性：番茄是喜温、喜光性蔬菜，同化作用最适温度为20～25℃，番茄根系生长的最适宜温度为20～22℃；最低地温8℃，最高为32℃，所以早春番茄移栽时间就应该是地温稳定达到8℃以上。

主要价值：番茄营养丰富，具特殊风味。具有减肥瘦身、消除疲劳、增进食欲、提高对蛋白质的消化、减少胃胀食积等功效。

【教学案例】

据北京市农业技术推广站统计，2013—2014年度，北京市大兴区礼贤镇东段家务村高产示范户张某生产的番茄亩产25 084千克，超过2.5万千克，增产4.9%，创造全国高产纪录。2013—2014年度示范点的番茄平均单产

11 651 千克/亩，比高产创建初增产 57.4%。

（三）辣椒

图 7-69 辣 椒

形态特征与分布：辣椒，茄科，辣椒属。又叫牛角椒、长辣椒、番椒、海椒、辣子等，属一年或多年生草本植物。辣椒的果实因果皮含有辣椒素而有辣味，原产于中南美洲热带地区。明代末期，由海路从美洲的秘鲁、墨西哥传入中国。现全国各地普遍栽培，成为一种大众化蔬菜（图 7-69）。

生物学特性：辣椒适宜的温度在 15～34℃，辣椒定植需要地温稳定在 10℃一周时进行，不耐旱，也不耐涝，喜欢干爽的空气条件。

主要价值：辣椒营养丰富，维生素 C 的含量在蔬菜中居第一位，所含的维生素 C 相当茄子的 36 倍、苹果的 21 倍、西红柿的 9 倍、大白菜的 3 倍、白萝卜的 2 倍，每人每天只要吃上 60 克鲜辣椒，就可以满足身体对维生素 C 的需求。胡萝卜素的含量为苹果的 19 倍；维生素 B_1 和维生素 B_2 分别是苹果的 4 倍和 3 倍；维生素 P 含量较一般蔬菜多 5～6 倍，在蔬菜中名列前茅。据测定，每百克辣椒中含蛋白质 1.6 克、脂肪 0.2 克、糖 4.5 克、钙 12 毫克、磷 40 毫克、铁 0.8 毫克、胡萝卜素 0.37 毫克、维生素 C198 毫克及少量的维生素 B_1、维生素 B_2 及脂肪油、挥发油、戊聚糖、矿物质等。辣椒素对消化系统、心血管系统、呼吸系统和神经系统具有抗病菌、抗肿瘤和镇痛消炎作用，还可作为健胃剂，促进食欲、改善消化等生物学功能。

保护地栽培干鲜两用一般每亩 2000～3 000 千克，直接做蔬菜用的大尖椒、柿椒等可以每亩地 3 000～4 000 千克。

（四）茄子

形态特征与分布：茄子，茄科，茄属植物。果实为浆果，形状圆形、长棒状或卵圆形，颜色紫色、红紫色、绿色、白色等。茄子最早产于印度，公元 4～5 世纪传入中国，现全国各地广泛栽培（图 7-70）。

生物学特性：茄子喜高温，生长适宜温度 20～30℃，同化作用最适宜温度 20～25℃；地温 12～25℃，以 18～20℃为宜。低于 10℃时，根系生长缓慢，高于 25℃时更利于根系发育。

对光照时间强度要求较高。喜水又怕水，土壤潮湿通气不良时，易引起沤根，空气湿度大容易发生病害。

图 7-70　茄　子

主要价值：茄子是为数不多的紫色蔬菜之一，也是餐桌上十分常见的家常蔬菜。茄子的营养价值丰富，其主要成分有葫芦巴碱、水苏碱、胆碱、蛋白质、钙、磷、铁及维生素A、维生素 B_1、维生素C，尤其是糖分含量较番茄高一倍，而茄子纤维还含一定量的皂草苷，并且在紫茄子含有较丰富的维生素 B_3。

中医认为茄子性味苦寒，有散血瘀、消肿止疼、治疗寒热、祛风通络和止血等功效。

【教学案例】

2011 年，北京市农业技术推广站在全市范围内开展春大棚茄子高产高效创建活动。北京市大兴区庞各庄镇北顿垡村农户王某示范点采取了优新品种（京茄一号），通过前期密植、后期连续换头等一系列高产栽培技术措施，茄子亩产达到 8 972 千克，产值达到 1.92 万元，获得春大棚茄子高产高效竞赛一等奖。

（五）丝瓜

形态特征与分布：丝瓜，葫芦科，丝瓜属。又称菜瓜，攀援草本植物。果实棒形，有棱或无棱，绿色或墨绿色，一般长 20～100 厘米甚至更长，横径 3～10 厘米。原产于印度，现我国广泛栽培（图 7-71）。

图 7-71　丝　瓜

生物学特性：丝瓜为短日照作物，喜较强阳光，而且较耐弱光。喜温、耐热，丝瓜生长发育的适宜温度为 20～30℃。喜湿、不耐干旱。

主要价值：丝瓜富含多种营养成分，含蛋白质、脂肪、碳水化合物、钙、磷、铁，还有皂甙、植物粘液、木糖胶、丝瓜苦味质、瓜氨酸等。每百克含蛋白质 1.4～1.5 克（比黄瓜、冬瓜高出 1～2 倍），脂肪 0.1 克，碳水化合物 4.3～4.5 克，粗纤维 0.3～0.5 克，灰分 0.5 克，钙 18～28 毫克，磷 39～45 毫克，核黄素 0.03～0.06 毫克，尼克酸 0.3～0.5 毫克。抗坏血酸 5～8 毫克。丝瓜中含防止皮肤老化的 B 族维生素，增白皮肤的维生素 C 等成分，能够抗坏血病、健脑美容，保护皮肤、消除斑块，使皮肤洁白、细嫩，是不可多得的美容佳品，故丝瓜汁有“美人水”之称。女士多吃丝瓜还对调理月经不顺有帮助。

【教学案例】

中国寿光网 2014 年 7 月 7 日信息，寿光洛城街道复兴村菜农张某大棚丝瓜亩收入超过 8 万元。

（六）西瓜

形态特征与分布：西瓜，葫芦科，西瓜属。主要的食用部分为发达的胎座。果实外皮光滑，呈绿色或黄色，果瓤多汁为红色或黄色，罕见白瓤。西瓜堪称“瓜中之王”，原产于非洲。唐代引入新疆，目前在我国南北广泛栽培（图 7－72）。

图 7－72 西 瓜

生物学特性：西瓜喜温暖、喜光照、干燥的气候、不耐寒，西瓜生长的适宜温度为 18～32℃，西瓜根系生长的适温为 25～30℃，伸长的最低温度为 8～10℃，而根毛发生的最低温度为 13～14℃。耐旱，不耐湿。

主要价值：西瓜性寒，味甘甜；它有清热解暑、生津止渴、利尿除烦的功效；有助于治胸膈气壅，满闷不舒服，小便不利，口鼻生疮，暑热，中暑，解酒毒等症。皮还可以做菜、入药等。

一般大型西瓜亩产 3 000～5 000 千克，多茬次栽培更高。小型西瓜亩产 1 500～3 000 千克。

【教学案例】

北京市农业技术推广站 2011 年在京郊 10 个区县开展了高产创建活动。建示范点 34 个，41 户农民参赛。至 7 月中旬，高产田温室小型西瓜平均亩产量 2 917.8 千克，亩效益 2.58 万元；春大棚小型西瓜平均亩产量 3 515.4 千克、亩效益 1.65 万元。大兴区庞各庄南礼渠张世同示范点 0.8 亩春大棚，采收三批（5 月 17 日，3 769.2 千克；6 月 17 日，1 903.3 千克；7 月 7 日，980.6 千克），总产 6 653.1 千克，折合亩产达到 8 316 千克。

（七）甜瓜

形态特征与分布：甜瓜，葫芦科，黄瓜属。是一年生蔓性草本植物。茎被短刚毛。卷须不分叉；叶柄有短刚毛；叶片近圆形或肾形，两面有柔毛，下面脉上有短刚毛，边缘有锯齿。雌雄同株；雄花常数朵簇生，雌花单生；花萼裂片钻形，花冠黄色，裂片卵状矩圆形，急尖。果实的形状、颜色因品种而异，有香味，果皮平滑；种子乳白色。广泛栽培于温带至热带地区。我国各地均有栽培，品种繁多，果实变化也较大（图7-73）。

图7-73　甜　瓜

生物学特性：甜瓜喜光照，喜温耐热，极不抗寒。植株生长温度以25～30℃为宜。甜瓜根系生长适宜温度20～32℃，最低温度为10℃，14℃以下、40℃以上时根毛停止发生。在10厘米地温稳定在15℃以上时直播或定植。

主要价值：果实香甜或甘甜，每百克果肉含水分90～93克、碳水化合物9.8克、维生素C 29～39毫克，还含有少量蛋白质、脂肪、矿物质及其他维生素等。鲜果食用为主，也可制作瓜干、瓜脯、瓜汁、瓜酱及腌渍品等。甜瓜是夏令消暑瓜果，其营养价值可与西瓜媲美。据测定，甜瓜除了水分和蛋白质的含量低于西瓜外，其他营养成分均不少于西瓜，而芳香物质、矿物质、糖分和维生素C的含量则明显高于西瓜。多食甜瓜，有利于人体心脏和肝脏及肠道系统的活动，促进内分泌和造血机能。祖国医学确认甜瓜具有“消暑热，解烦渴，利小便”的显著功效。

甜瓜一般亩产1 500～2 000千克，高产品种亩产可以达到2 500～3 000千克。栽培条件优越情况下，有的甚至亩产达到5 000千克以上。

【教学案例】

扶农网2011年1月7日消息：2008年疏勒县示范种植架子甜瓜87公顷，平均每亩单产4 244千克，最高产5 711.4千克。

二、水果生产

瓜果种类繁多，这里仅介绍少量类别。

（一）葡萄

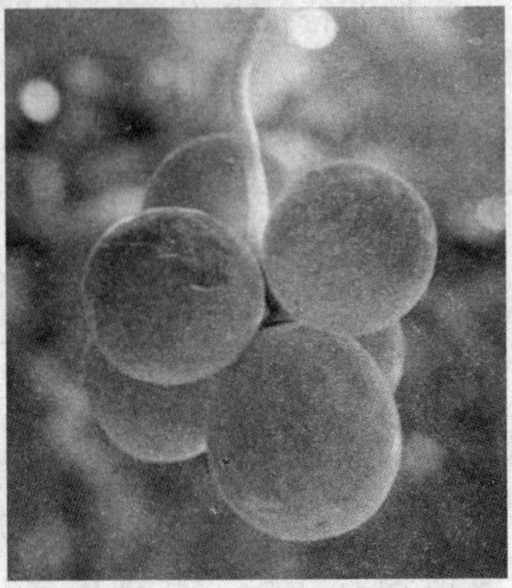
图 7-74　葡　萄

形态特征与分布：葡萄，葡萄科，葡萄属。落叶藤本植物。掌状叶，叶互生，基部心形，两侧靠拢，边缘粗齿 3～5 缺裂，复总状花序，通常成圆锥形，也叫圆锥花序。浆果多为圆形或椭圆形，色泽随品种而异。原产于欧洲、亚洲西部地区，世界上大部分葡萄园分布在北纬 20～52℃之间及南纬 30～45℃之间，绝大部分在北半球。我国长江流域以北各地均有产，主要产于新疆、甘肃、山西、河北、山东等地（图 7-74）。

生物学特性：葡萄种植要求海拔高度一般在 400～600 米。喜光、喜暖温、对土壤的适应性较强。

主要价值：葡萄含糖量高达 10%～30%，以葡萄糖为主。葡萄中的多量果酸有助于消化，适当多吃些葡萄，能健脾和胃。葡萄中含有矿物质钙、钾、磷、铁及多种维生素 B_1、B_2、B_6、C 和 P 等，还含有多种人体所需的氨基酸，常食葡萄对神经衰弱、疲劳过度大有裨益。把葡萄制成葡萄干后，糖和铁的含量会相对高，是妇女、儿童和体弱贫血者的滋补佳品。我国历代医药典籍对葡萄的药用均有论述。中医认为，葡萄味甘微酸、性平，具有补肝肾、益气血、开胃力、生津液和利小便之功效。《神农本草经》载文说：葡萄主“筋骨湿痹，益气，倍力强志，令人肥健，耐饥，忍风寒。久食，轻身不老延年。”葡萄不但具有广泛的药用价值，还可用于食疗。头晕、心悸、脑贫血时，每日饮适量的葡萄酒 2～3 次，有一定的治疗作用。现代医学研究表明，葡萄还具有防癌、抗癌的作用。葡萄具有极高的观赏性，人们将其制作成各种盆景放置室内，清香幽雅美观别致，是美化环境的佼佼者。

【教学案例】

山西农民报 2014 年 10 月 17 日消息：浙江省台州天台县的“葡萄教授”葛凌腾算得上当地搞农业的“亩产冠军”。在“九穗儿生态种植园”里，葛凌腾对他种植的葡萄如数家珍。“这个园区里，最高亩产 12 万元，平均每亩产值 6.8 万元，但是我的葡萄产量要比别人低很多。”葛凌腾说，他一开始就把葡萄定位在高端，所以品质要有保障，每年花很大精力疏花疏果，控制产量，保证“九穗儿”品牌的含金量。“不用称，我知道每亩产量 1 100 千克。”葛凌腾笑着说，他种的葡萄每串都是1斤，不用过秤，直接装袋。

【案例分析】

有些产品不是仅仅靠产量出效益，而是产量与品质的统一。现代农业更注重品质。

（二）大樱桃

形态特征与分布：大樱桃，蔷薇科，樱桃属。别名车厘子、莺桃、荆桃、楔桃、英桃、牛桃、樱珠、含桃、玛瑙等，落叶乔木果树。在世界上主要在北半球分布，在国内主要产于辽宁、河北、陕西、甘肃、山东、河南、江苏、浙江、江西、四川等地（图7-75）。

图7-75　大樱桃

生物学特性：对水分状况很敏感，既不抗旱，也不耐涝，喜温而不耐寒。冬季最低温度不能低于－20℃。以壤土和沙壤土为最好。

主要价值：樱桃是上市最早的一种乔木果实，号称“百果第一枝”。樱桃不仅颜色艳丽，而且味道甘美、营养丰富。它既含碳水化合物、蛋白质，也含有钙、磷、铁和多种维生素。尤其是铁的含量，每百克高达5.9毫克，比苹果、桔子、梨高20～30倍，维生素A的含量比苹果、桔子、葡萄高4～5倍，居各种水果之首。所以食用樱桃具有促进血红蛋白再生及防癌的功效。

中医认为，樱桃具有很大的药用价值。其根、枝、叶、核、鲜果皆可入药，鲜果具有发汗、益气、祛风、透疹的功效，适用于四肢麻木和风湿性腰腿病的食疗。李时珍在《本草纲目》中记载，樱桃有益气、祛风湿、透疹、解毒等多种药效。但需要注意的是樱桃仁含氰苷，水解产生氰氢酸，误食可能出现中毒症状。

盛果期樱桃亩产量一般在750～1 000千克。保护地高产园能达到2 000千克。

（三）草莓

形态特征与分布：草莓，蔷薇科，草莓属。又叫红莓、洋莓、地莓等，属多年生草本植物。高10～40厘米。茎低于叶或近相等。叶三出，小叶具短柄，质地较厚，倒卵形或菱形，侧生小叶基部偏斜，边缘具缺刻状锯齿，锯齿急

图 7-76 草 莓

尖，上面深绿色，几无毛，下面淡白绿色，疏生毛，沿脉较密。聚伞花序，花序下面具一短柄的小叶；花两性；萼片卵形，副萼片椭圆披针形；花瓣白色，近圆形或倒卵椭圆形。聚合果大，直径达 3 厘米，鲜红色，宿存萼片直立，紧贴于果实；瘦果尖卵形，光滑。花期 4～5 月，果期 6～7 月。原产南美、欧洲等地。我国各地都有草莓栽培，主要产地分布在辽宁、河北、山东、江苏、上海、浙江等东部沿海地区，近几年四川、安徽、新疆、北京等地区也得到较快发展（图 7-76）。

生物学特性：草莓喜温凉气候，草莓根系生长温度 5～30℃，适温 15～22℃。草莓为喜光植物，但又有较强的耐阴性。

主要价值：草莓富含氨基酸、果糖、蔗糖、葡萄糖、柠檬酸、苹果酸、果胶、胡萝卜素、维生素 B_1、B_2、烟酸及矿物质钙、镁、磷、铁等，这些营养素对生长发育有很好的促进作用，对老人、儿童大有裨益。国外学者研究发现，草莓中的有效成分，可抑制癌肿的生长。每百克草莓含维生素 C 50～100 毫克，比苹果、葡萄高 10 倍以上。科学研究业已证实，维生素 C 能消除细胞间的松弛与紧张状态，使脑细胞结构坚固，皮肤细腻有弹性，对脑和智力发育有重要影响。草莓味甘、酸，性凉，无毒；具有润肺生津、健脾、消暑、解热、利尿、止渴的功效。

依品种和栽培措施不同，亩产量有较大差异，一般草莓亩产量在 1 500～3 500 千克。高产可达 5 000 千克/亩。

【教学案例】

中国三农网 2012 年 9 月 17 日消息：新疆生产建设兵团农四师六十二团从 2010 年开始采用异地脱毒原种草莓苗，在本地扩繁生产，9 月中下旬栽植在温室大棚，翌年 2 月上中旬草莓上市，每亩温室大棚产量平均在 3 000 千克左右，亩收入 2.5 万～3 万元，经济效益较高。

三、食用菌生产

食用菌生产种类也很多，这里主要介绍平菇和木耳。

（一）平菇

形态特征与分布：平菇，侧耳科，侧耳属。又名侧耳、糙皮侧耳、蚝菇、

图 7-77　平　菇

黑牡丹菇。平菇芽管不断分枝伸长，形成单核菌丝。性别不同的单核菌丝结合后，形成双核菌丝。双核菌丝经过一段时间的生长发育后达到生理成熟，遇到适宜的温度、湿度、光照、通风等条件，形成一团团粒状的菌蕾如桑葚状，称"桑葚期"。几天后长成参差不齐的短菌柄，形如菌盖，称"珊瑚期"，之后菌柄不断伸长、加粗，并在顶端形成菌盖，长成子实体。在子实层中，双核菌丝顶端产生担子，其遗传物质进行重组和分离，形成 4 个担孢子。孢子成熟后，从菌褶上弹射出来，完成一个生活周期（图 7-77）。

生物学特性：多数种和品种在 5～35℃下都能生长，20～30℃是它们生长共同的适宜温度范围，低温和中低温类品种的最适生长温度为 20～26℃，中高温类和广温类品种的最适生长温度为 28℃左右，凤尾菇的最适生长温度25～27℃。

主要价值：平菇含丰富的蛋白质、氨基酸、矿物质。特别是大部分动植物缺乏赖氨酸、亮氨酸，亮氨酸几乎没有。赖氨酸对促进记忆，增进智力有独特的作用，对婴儿和老人的发育健康十分重要。平菇还含有十分丰富的维生素 B 族。近年经研究已知平菇等食用菌中，普遍含有能刺激机体产生干扰素的诱导物质（能抑制病毒的抗体，即蘑菇核糖酸），它能强烈地抑制病毒增生。所以常吃平菇等菌类食品，对减少人体血清胆固醇、降低血压和防治肝炎、胃溃疡、十二指肠溃疡、高血压等有明显的效果。能减少流感、肝炎等病毒性感染的疾病和防癌等功效。一般人均可食用，对预防癌症、调节妇女更年期综合征、改善人体新陈代谢、增强体质都有一定的好处。

【教学案例】

2014 年 1 月 22 日广西壮族自治区贺州新闻网消息：在昭平县北陀镇立教村，建设标准大棚 15 个，每个大棚占地 200 平方米。于 2013 年 8 月上旬堆料，10 月上旬收获第一茬菇，每个大棚的鲜菇产量达到 2 500～3 000 千克，产值1.75 万～2.2 万元。除去栽培用料、人工及建大棚投入 0.7 万元，生产周期 5 个月可获纯利 1 万～1.5 万元。

（二）木耳

形态特征与分布：木耳，木耳科，木耳属。黑木耳状如耳朵，系寄生于枯木上的一种菌类。新鲜的木耳呈胶质片状，半透明，侧生在树木上，耳片直径

5～10 厘米，有弹性，腹面平滑下凹，边缘略上卷，背面凸起，并有极细的绒毛，呈黑褐色或茶褐色。干燥后收缩为角质状，硬而脆性，背面暗灰色或灰白色；入水后膨胀，可恢复原状，柔软而半透明，表面附有滑润的黏液。

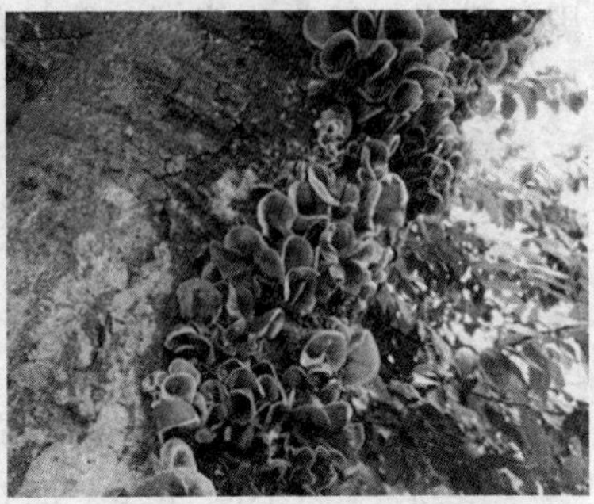
图 7－78　木　耳

中国是木耳的主要生产国，产区主要分布在吉林、黑龙江、辽宁、内蒙古、广西、云南、贵州、四川、湖北、陕西和浙江等地，其中黑龙江省牡丹江地区海林市和吉林省蛟河县黄松甸镇是中国最大的黑木耳基地（图 7－78）。

生物学特性：木耳寄生于阴湿、腐朽的树干上，生长于栎、杨、榕、槐等 120 多种阔叶树的腐木上，单生或群生。人工培植以椴木袋料的为主，潮湿地带生长比较多。黑木耳属于腐生性中温型真菌。菌丝在 6～36℃均可生长，但以 22～32℃最适宜；15～27℃都可分化出于实体，但以 20～24℃最适宜。

主要价值：黑木耳含蛋白质、脂肪、多糖和钙、磷、铁等元素及胡萝卜素、维生素 B_1、维生素 B_2、烟酸等，还含磷脂、固醇等营养素。木耳营养丰富，被誉为“菌中之冠”。每百克木耳中，水分占 93%，另含蛋白质 0.5 克、碳水化合物 7 克，能提供 104.7 千焦的热量。木耳能帮助消化系统将无法消化的异物溶解，能有效预防缺铁性贫血、血栓、动脉硬化和冠心病，还具有防癌作用。木耳散具有治疗溃烂诸疮和血崩的药理作用。

【教学案例】

2013 年国庆前夕，河南省汝州市庙下镇寺上村的木耳又喜获丰收，这都得益于该镇寺上村白女士创办的种植示范园。

2011 年 10 月白女士成立庙下镇首家黑木耳种植专业示范园和大学生创业示范园，由此开始她艰辛又坚定的创业路。2012 年春节前，她到处买木料，菌种，当年种植园累计吸纳农村留守的老人和妇女劳动力 1 万余人次，为群众增加收入 70 余万元，每家每户都从小木耳里得到了大收益。

2012 年底，她和村里的致富能手合作，先后有近十家村民加入，注册资金 300 万元，成立了汝州市宏锦种植专业合作社，再次流转土地 40 亩，尝试种植袋料黑木耳，并且成立理事会、监事会，鼓励更多人加入，使黑木耳种植成为寺上群众致富的主力军。2013 年为群众实现收入约 150 万元。

实训与思考

1. 根据当前实际你认为应该怎样经营设施园艺项目？
2. 结合当地情况考察一家设施园艺企业，分析其经营状况并写出调查报告。

模块小结

项目一　特种动物养殖项目

一、毛皮动物养殖

（一）狐狸
（二）水貂
（三）貉
（四）獭兔

二、兽类养殖

（一）驴
（二）鹿
（三）特种野猪

三、特禽养殖

（一）肉鸽
（二）鹌鹑
（三）山鸡
（四）贵妃鸡
（五）鸵鸟
（六）孔雀
（七）绿壳蛋鸡
（八）绿头野鸭

四、药用动物养殖

（一）蛤蚧
（二）穿山甲
（三）水蛭
（四）蝎子

（五）药用蛇

五、昆虫养殖

（一）黄粉虫

（二）蝇蛆

（三）金蝉

（四）蝗虫

（五）蟑螂

（六）地鳖虫

六、蛙类养殖

（一）石蛙

（二）牛蛙

（三）林蛙

七、水产类养殖

（一）大鲵

（二）鲟鱼

（三）石龟

（四）观赏鱼

（五）蜗牛

项目二　园林苗木花卉

一、园林苗木

（一）常绿乔木

1. 雪松

2. 白皮松

3. 桧柏

4. 大叶女贞

（二）落叶乔木

1. 银杏

2. 法桐

3. 白蜡

4. 国槐

5. 槭树类

6. 栾树
7. 樱花
（三）常绿灌木
1. 大叶黄杨
2. 红叶石楠
3. 山茶
（四）落叶灌木
1. 月季
2. 牡丹
3. 紫薇
4. 紫叶小檗
（五）藤本类
1. 紫藤
2. 凌霄

二、花卉

（一）观叶类
1. 马拉巴栗
2. 苏铁
3. 红豆杉
4. 橡皮树
5. 富贵竹
6. 绿萝
（二）观花类
1. 仙客来
2. 君子兰
3. 蝴蝶兰
4. 中国兰
5. 红掌
6. 观赏凤梨类

项目三　设施园艺

一、蔬菜生产

参考文献

（美）彼得．德鲁克著．2009. 卓有成效的管理者［M］．机械工业出版社．

常秀坤，徐乃香．2011. 农村创业与项目选择［M］．高等教育出版社．

程冉．2009. 插花与盆景技艺［M］．化工出版社．

程冉．2012. 园林植物栽培与养护［M］．中国农业出版社．

冯汝英．1993. 农业经济管理概论［M］．中国农业出版社．

傅桦等．2008. 生态学原理与应用［M］．中国环境科学出版社．

高梅．2009. 果树生产技术（北方本）［M］．化工出版社．

郝宏伟．2013. 大学生创业基础［M］．广东高教出版社．

何向东．1999. 逻辑学教程［M］．高等教育出版社．

刘召乾等．2013. 猪禽生产技术［M］．上海交通大学出版社．

（美）欧文·M·柯匹等．2008. 逻辑学导论［M］．中国人民大学出版社．

钱东伟．1995. 农业经济与管理［M］．中国农业出版社．

任国栋等．2011. 特种经济动物养殖技术［M］．化工出版社．

苏保忠．2009. 领导科学与艺术［M］．清华大学出版社．

孙儒泳．2001. 动物生态学原理（第三版）［M］．北京师范大学出版社．

徐润华．2009. 创新思维［M］．知识出版社．

许开录等．2008. 农业经济管理［M］．化工出版社．

于承鹤．2013. 设施蔬菜生产与实验指导［M］．光明日报出版社．

张礼建．2007. 逻辑学教程［M］．重庆大学出版社．

张雪萍．2011. 生态学原理［M］．科学出版社．

赵有生．2002. 现代企业管理［M］．重庆大学出版社．

图书在版编目（CIP）数据

新型职业农民创业实务教程/刘云海编著. —北京：中国农业出版社，2015.9
农业教育精品系列教材
ISBN 978-7-109-20964-0

Ⅰ.①新… Ⅱ.①刘… Ⅲ.①农民—劳动就业—中国—教材 Ⅳ.①F323.6

中国版本图书馆CIP数据核字（2015）第230335号

中国农业出版社出版
（北京市朝阳区麦子店街18号楼）
（邮政编码100125）
责任编辑 王玉英

北京中科印刷有限公司印刷 新华书店北京发行所发行
2015年9月第1版 2015年9月北京第1次印刷

开本：720mm×960mm 1/16 印张：21
字数：367千字
定价：38.00元